CULTURAL

内蒙古大学"百村社会调查行动计划"系列丛书

内蒙古农村牧区社会经济发展调研报告2025

文化卷

阿拉坦宝力格 杨常宝 赵艳丽 编 著

Research Report on Social and Economic Development in
Rural and Pastoral Areas of Inner Mongolia in 2025

经济管理出版社

ECONOMY & MANAGEMENT PUBLISHING HOUSE

图书在版编目（CIP）数据

内蒙古农村牧区社会经济发展调研报告. 2025. 文化
卷 / 阿拉坦宝力格，杨常宝，赵艳丽编著. -- 北京：
经济管理出版社，2025. 6. -- ISBN 978-7-5243-0217-9

Ⅰ. F326.372.6

中国国家版本馆 CIP 数据核字第 2025L3L898 号

组稿编辑：任爱清

责任编辑：任爱清

责任印制：张莉琼

责任校对：蔡晓臻

出版发行：经济管理出版社

（北京市海淀区北蜂窝 8 号中雅大厦 A 座 11 层 100038）

网 址：www. E-mp. com. cn

电 话：（010）51915602

印 刷：唐山玺诚印务有限公司

经 销：新华书店

开 本：710mm×1000mm /16

印 张：16

字 数：311 千字

版 次：2025 年 8 月第 1 版 2025 年 8 月第 1 次印刷

书 号：ISBN 978-7-5243-0217-9

定 价：98.00 元

本书获得内蒙古大学"部省合建"科研专项高端成果培育项目资助。

本书为国家社会科学基金专项重大项目"铸牢中华民族共同体意识视域下北部边疆安全建设机制研究"（22VMZ013）；内蒙古自治区基本科研业务费项目"'有形有感有效'开展铸牢中华民族共同体意识研究"（20300-54220344）；内蒙古自治区基本科研业务费项目"中国式现代化视域下内蒙古文化建设现状及成效研究"（20300-54230327）；内蒙古自治区北疆文化学科群科研项目"多学科交叉视阈下的北疆文化研究"（10000-25220301）的阶段性成果。

序

2020 年 2 月，内蒙古大学入选中央统战部、中央宣传部、教育部和国家民族事务委员会首批"铸牢中华民族共同体意识研究培育基地"。该基地依托学校二级科研机构——中华民族共同体研究中心建设，2023 年 1 月接受中央四部委的三年建设期考核，考核合格并申请新一轮建设资格，成功入选中央四部委第二批建设单位（共 28 家）。入选 28 家基地是一件很光荣的事情，光荣在于可以为国家重大战略需求、为各民族共同繁荣发展、为中国式现代化建设做出内蒙古大学的贡献，更具体地说就是能够让内蒙古大学民族学学科为祖国北部边疆地区的经济、文化、社会、生态建设做出应有的贡献。但我们必须面对的挑战是如何为各民族共同繁荣发展做出更具体的贡献，哪怕是一点点具体事情，这是我们团队自始至终在思考的事情。当年在写申请书时我们一直在思考如何发挥好民族学学科优势，为人们了解区情、了解国情做出民族学学科和我们团队的贡献。为此，我们规划在建设期内完成一项"百村社会调查"项目。我很清楚地记得这个项目的提法引起了中央四部委基地面试答辩现场专家的极大兴趣与共鸣。

民族学是内蒙古大学的传统优势学科，具有深厚的历史积淀。自 1957 年内蒙古大学建校起，老一辈学者立足北方民族地区，以马克思主义民族理论为指导，在北方民族史、民族语言文字、民族文化等领域开展深入研究，取得了丰硕成果，为学科发展奠定了坚实根基。2007 年，内蒙古大学整合全校民族学相关资源组建了民族学与社会学学院，开启了系统性建设民族学学科的新阶段。2017 年，民族学学科入选内蒙古自治区一流学科，2023 年入选内蒙古自治区"一流拔尖培育学科"。经过 70 多年的建设，民族学学科已发展成为北部边疆地区民族学人才培养、科学研究、社会服务和文化传承创新重要基地，为促进民族团结、边疆稳固和繁荣发展做出了重要贡献。截至目前，内蒙古大学民族学学科已进行了 20 多年实体化建设，在社会调查方面积累了丰富的经验。自 2002 年成立民族学专业以来，该学科在教学科研工作中一直重点强调民族学研究的基本方法，即以田野工作为主的社会调研方法。我是内蒙古大学民族学学科人才培养中第一个承担"田野调查与民族志写作"课程教学的教师，同时从事北部边疆地区社会文化调研工作多年，也经常带学生完成田野实习工作。我于 2014 年出版的《游牧生态与市场经济》学术著作也是在承担国家社会科学基金项目时，带领学生做田野工作的基础上完成的学术著作。

自 2017 年起，内蒙古大学民族学与社会学学院每年在"双一流"建设经费中安排专项资金用于资助学科团队的田野工作。我们一方面进行广泛资助与支持指导工作；另一方面也一直想如何把在边疆地区经济、生态、社会、文化调研工作中的思考和成果比较系统地呈现给社会各界，为大家在深入研究边疆地区社会文化现状时有一个比较可靠的一线调研报告，作为有力的支撑材料。今天，终于有了一点呈现。

一、民族学研究方法

习近平总书记多次强调调查研究的重要性。"希望广大专家学者深入实际、深入群众、深入基层，倾听群众声音，掌握真实情况，广泛调研，潜心研究，不断拿出具有真知灼见的成果，为党中央科学决策建言献策，为推进决策科学化、民主化多做贡献。"[1] 总书记强调"要'身入'基层，更要'心到'基层，听真话、察真情、真研究问题、研究真问题，不能搞作秀式调研、盆景式调研、蜻蜓点水式调研。"[2]

其实，基层调查是民族学学科的一个基本的研究方法。研究人员可通过观察、访谈、查阅资料等方式深入了解基层社会整体面貌。这种基层调查方法会推动研究人员与研究对象互动，为更深入了解基层社会、各地区的具体情况、中国

①② 中共中央党史和文献研究院，中央学习贯彻习近平新时代中国特色社会主义思想主题教育领导小组办公室．习近平关于调查研究论述摘编［M］．党建读物出版社，中央文献出版社，2023.

的基本国情，其至加深对世界的理解提供最基本的第一手资料。此方法对"两个共同体"建设，即中华民族共同体建设与人类命运共同体建设都会起到积极作用，主要体现在以下三个方面：

第一，民族学学科以人群为研究对象，了解社会、认识社会、分析社会，通过教授学生使其掌握社会调查基本方法并对其进行专业训练，培养具有民族学专业素养的人才，为深入了解国情、分析现代化建设中面临的问题，以及推进各民族共同繁荣发展提供有力支持。

第二，民族志学者既是研究者也是实践者，在研究者与研究对象的"他我"互动中培养民族志学者。民族志学者是在"他我"互动中成长的，对任何问题的研究都会包括观察与反思，在此过程中不断发现问题、分析问题、解决问题。通过田野工作，研究具有规模效应的社会文化现象，以小见大，从微观分析方面，思考国家发展战略实施路径与人类社会发展的普遍规律，为中华民族共同体建设与人类命运共同体建设建言献策。

第三，田野调查是交往交流交融实践的重要方法。无论是学者还是学生，他们一旦进入一个规模社会中进行实习或研究，就要和对方进行交往交流，在交往交流中交换信息，取得信任，达到更深层次的心理互动。为此，学者和学生通过田野工作为各民族社会文化交往交流交融提供可参考的案例，同时通过亲身体会，讲授亲身经历，为跨文化的交往交流交融搭建桥梁。这本身也是广大学者和学生通过社会实践等实际行动传递信息，增强共同性，为铸牢中华民族共同体意识做出贡献。因此，民族学研究方法是将研究与实践融为一体，在积累第一手科研资料的同时承担为社会服务的任务。

二、中国特色民族学研究方法

习近平总书记在主持中共中央政治局第九次集体学习时强调，"要优化学科设置，加强学科建设，把准研究方向，深化中华民族共同体重大基础性问题研究，加快形成中国自主的中华民族共同体史料体系、话语体系、理论体系"①。新中国

---

① 习近平在中共中央政治局第九次集体学习时强调　铸牢中华民族共同体意识　推进新时代党的民族工作高质量发展［N］.人民日报，2023-10-29（001）.

成立以来我国老一辈学者立足祖国大地，以马克思主义民族理论为指导，深入开展了民族学调查研究，尤其是在边疆民族地区开展深入的田野工作，为各民族共同走向社会主义道路提供了重要理论支撑。在以往的研究中郝时远[①]、杨圣敏[②]、何明[③]、麻国庆[④]、张继焦[⑤]等都深入探讨了中国特色民族学学科建设与方法论等问题。

习近平总书记在主持中共中央政治局第九次集体学习时强调，全面建成社会主义现代化强国，一个民族也不能少。实现各民族共同繁荣发展，我们必须通过实地调研，了解各地区、各民族的生活现状、现代化现状。中国特色民族学学科为此做出了巨大贡献。相较与西方的人类学田野工作，中国的民族学田野工作有自己的学术特色。首先，从方法论的角度来看，我国民族学学科建设以马克思主义为方法论，立足中华优秀传统文化，从将马克思主义与中国实际相结合的视角看问题、分析问题、解决问题。其次，从研究领域和研究目的的角度来看，相较于早期国外人类学研究热衷于亚非拉地区，我国老一辈学者的民族学研究更多集中于中国国内各民族地区，其研究目的是促进边疆民族地区各族人民共同繁荣发展、为共同走向社会主义道路提供理论与实践探索。今天我国的田野工作也不是为了开发落后地区、开拓第三世界资源与市场，而是为实现中国式现代化建设建言献策。最后，从成果应用的角度来看，中国的民族学学者一直坚持以人民为中心的田野工作。在和访谈对象的互动中，学者更多的是思考如何提高当地居民的生活水平，而不是为特定的开发机构服务。大多数中国学者利用国家社会科学基金或地方政府的社会科学基金等项目资助，为国家的发展、地区的发展、中国特色社会主义现代化建设建言献策。从以上三点来看，中国的民族学学科在理论和实践探索中不断构建具有中国特色的民族学学科建设与研究方法。

---

① 郝时远.中国民族学学科设置叙史与学科建设的思考——兼谈人类学的学科地位［J］西北民族研究，2017（1）:5–17.
② 杨圣敏.方法论与民族学研究方向［J］.思想战线，2023（1）：115–124.
③ 何明.从单一走向多元：民族研究方法创新的构想［J］.西北民族研究，2019（4）：102–110.
④ 麻国庆.破土而出——流动社会的田野呈现［M］.北京：北京师范大学出版社，2020.
⑤ 张继焦，吴玥.中国人类学民族学：世界人类学民族学的第五种学术传统［J］青海民族研究，2022（4）：134–144.

三、民族学研究与边疆地区现代化建设

民族学作为一门综合性学科，在边疆地区现代化建设中可以发挥重要作用，主要体现在以下四个方面：

第一，民族学研究为科学决策提供了深刻的文化理解。通过深入研究不同地区的社会结构、文化传统和生活方式，能够综合考虑边疆地区的特有情况，从而更好地探索共同繁荣发展的方法和路径，节约投入成本，保障各级各类发展策略精准有效。

第二，民族学田野调查方法使研究者能够亲临当地，深入了解边疆地区的文化。这种深入参与和观察的方法使研究者能够客观把握民情民意，客观反映当地居民的生活现状与内心世界，有助于抓住问题的本质，为决策者提供更具体、实际的信息，从而更好地推动边疆地区现代化建设进程。

第三，通过民族学研究，可以更好地理解当地自然环境的特点与社会环境结构，有效防范并应对在现代化建设中北部边疆地区可能面临的空心化等问题，确保资源和人口稳定，保持现代化进程的持续性。

第四，民族学田野调查方法能够为现代化建设实践提供理论和现实指导。调查分析当地产业和资源禀赋，了解地区经济的优势和劣势，能够为制定科学合理的现代化发展战略提供重要依据，同时促使地区产业升级，着力发展特色优势产业，促进经济繁荣和就业增长，实现富边固边目标。

因此，民族学在边疆地区现代化建设中，在深刻理解当地社会文化、提供实地调查数据、防范空心化趋势以及促进可持续发展方面发挥着不可替代的作用。

四、"百村社会调查"的内容结构

此次"百村社会调查"的调研工作主要在内蒙古自治区进行，内蒙古地处祖国北疆，在国家发展战略中处于重要的地理位置。2021 年 3 月 5 日，习近平总书记在参加十三届全国人大四次会议内蒙古代表团的审议时指出，内蒙古要"立足新发展阶段、贯彻新发展理念、构建新发展格局，按照把内蒙古建设成为我国北方重要生态安全屏障、祖国北疆安全稳定屏障，建设国家重要能源和战略资

源基地、农畜产品生产基地，打造我国向北开放重要桥头堡的战略定位"，在全面建设社会主义现代化国家的新征程上书写内蒙古发展新篇章。2022年，党的二十大报告也明确提出，"支持革命老区、民族地区加快发展，加强边疆地区建设，推进兴边富民、稳边固边"。

我们必须加快内蒙古边疆地区新农村新牧区的现代化建设，要解决发展不平衡不充分问题，缩小城乡发展差距，实现人的全面发展。我们也必须按照中国式现代化建设要求，进行结构调整，发展优势特色产业，提高农牧民的收入。首先，现代化建设是一个系统工程，现代化建设要解决的根本任务是人的现代化。边疆地区的农牧民要在教育、科学、法律、文化、社会各个层面实现现代化。其次，现代化的目的是要解决发展不平衡不充分的问题，通过"兴边富民、稳边固边"，实现共同繁荣发展，推动各民族对伟大祖国、中华民族、中华文化、中国共产党、中国特色社会主义的高度认同，铸牢中华民族共同体意识。最后，从现代化建设的结果来看，加快内蒙古边疆地区现代化建设，为全方位建设"模范自治区"和把内蒙古建设成为我国北方重要生态安全屏障、祖国北疆安全稳定屏障、建设国家重要能源和战略资源基地、农畜产品生产基地、打造我国向北开放重要桥头堡五大任务的完成做贡献。

此次"百村社会调查"调研主要聚焦内蒙古自治区的经济、生态、社会、文化四个领域。在此简单介绍。

经济卷共分九章。第一章是对内蒙古西部牧区某嘎查奶山羊产业进行调研，分析其面临的发展困境问题，探索发展奶山羊产业新道路。第二章是分析内蒙古东部某农业旗县农户收入现状和往年旱灾情况，揭示旱灾对农户收入的影响程度，发现现存问题并提出相应的对策。第三章调研内蒙古自治区巴彦淖尔市某村产业融合发展情况，揭示新型城镇化背景下农村产业融合发展的现状与挑战。第四章调研内蒙古自治区鄂尔多斯市伊克布拉格嘎查在遭遇生态困境背景下牧民收入情况，分析其影响因素，并提出了建议。第五章调研内蒙古自治区最西部阿拉善盟巴特日布拉格嘎在草原补奖政策背景下的牧民生计现状，分析其影响因素，提出政策建议，解决牧民生计问题。第六章调研内蒙古自治区东部巴林右旗太本艾勒嘎查小规模肉牛养殖业，分析小规模肉牛养殖模式存在的问题，旨在为其他地区的肉牛养殖产业发展提供有价值的参考和借鉴。第七章调研通辽市查干塔拉布拉嘎查奶食品加工销售，探讨奶食品传统制作技艺的机械化改造以及如何利用现代网络技术拓展销售渠道，促进奶食品行业的可持续发展。第八章调研内蒙古自治区锡林郭勒盟巴彦淖尔嘎查草地流转的现状，分析其存在的问题。第九章基于内蒙古西部某嘎查的田野调查，探讨该村在乡村振兴战略背景下的生计转型与调适过程。

生态卷共分十章。第一章是调研内蒙古新巴尔虎左旗某苏木，探究了草原牧区生态畜牧业发展及其影响因素。第二章是调研内蒙古锡林郭勒盟某嘎查牧民们防灾减灾能力，探讨"浩特阿寅勒"机制在牧区防灾减灾中的具体作用，以及其对牧区社区可持续发展提供有益的启示和借鉴。第三章调研内蒙古自治区东部阿鲁科尔沁旗某嘎查垃圾处理情况，研究农牧区人们对垃圾的认识及多元处理方式。第四章以内蒙古乌兰察布市岱海沿海某村作为田野调查点，分析生计调适与岱海生态治理耦合之间的互动逻辑性关联。第五章是调研内蒙古东乌珠穆沁旗汗敖包嘎查草场利用现状，来研究牧民的生活、经济状况以及草原文化的变迁。第六章以呼和浩特市霍寨村为案例，探讨了在自然保护区背景下，村落生计方式的变迁及其对本土知识的影响和重构。第七章以呼和浩特市恼包村为案例，探讨了在美丽乡村建设背景下乡村旅游业的发展现状及其影响因素。第八章调研内蒙古乌兰察布市平地泉镇南村乡村生态产业振兴的具体实践路径及其发展模式，为更广泛的农村地区及生态文明绿色发展道路提供具有借鉴意义的参考案例。第九章调研辽宁省农牧交错带某村生计方式中的土地资源、水资源、秸秆资源、农作物的种植知识和种子储存方式等方面的变迁，分析农牧民面临的困境，提出将本土知识与现代科技相融合，实现人与自然和谐发展。第十章调研内蒙古戈壁地区四子王旗脑木更苏木生态本土认知对环境保护和发展的影响。

社会卷共分十二章。第一章调研赤峰市敖汉旗西部 W 乡基层党组织如何实现对乡村的有效领导，引领乡村走向善治进行调研，以期为其他地区乡村治理提供一定的经验借鉴。第二章调研内蒙古兴安盟巴彦温都尔嘎查在空间、文化、经济、社会、心理等方面民族互嵌内涵与机制，探讨民族互嵌对铸牢中华民族共同体意识的价值与功能，希望能为其他地区构建民族互嵌式社区提供实践案例。第三章是探究仪式教育在助推铸牢中华民族共同体意识中存在的问题与困难。第四章调研内蒙古鄂伦春自治旗移民村落毛家铺村驻村工作队入驻前后的变化，包括产业、人均收入、社会保障，提出打破内卷化、实现区域协同发展的策略，为类似村落的可持续发展提供政策建议和实践指导。第五章以赤峰市为例，探究内蒙古农地流转制度中存在的问题，为完善农地流转制度、促进内蒙古农业现代化发展提出对策建议。第六章调研内蒙古锡林郭勒盟西部苏尼特右旗养老服务体系建设与发展情况，结合国内外养老服务体系建设的经验以及牧区独有的特点提出一些建议。第七章调研内蒙古通辽市库伦旗某村社会资本在推动乡村振兴中的作用，分析了社会资本如何通过增强村民间信任、引导社会规范和构建社会网络来促进乡村发展。第八章调研内蒙古通辽市科左中旗大努日木嘎查女性择偶观，探讨影响择偶观变迁的因素。第九章调研内蒙古赤峰市某村基层党建引领乡村发展情况，发挥"五个振兴"合力之效，激活乡村发展内生动力，提出基层党建引领专业合作社的实践路径。第十章调研内蒙古赤峰市翁牛特旗巴音套海苏木高日罕嘎查从游牧到半农半牧混合经济模式的历史转型过程，探讨了定居和圈养对传统游牧文化的冲击。第十一章以呼和浩特市"博物馆之城"为例，将"北疆文化"空间作为"博物馆之城"建设的主线，分析呼和浩特市"博物馆之城"建设的现状、存在问题、基本路径与提升方向。第十二章以山东省东营市某村为例，探讨生态移民村落居民在全面二孩政策背景下，二孩生育意愿的现状、影响因素及政策建议。

　　文化卷共分十二章。第一章是探讨通辽市市级非物质文化遗产奈曼王府木雕，通过分析揭示木雕图案背后的象征意义。第二章梳理了科右中旗蒙古族四胡音乐的历史脉络和现状，分析了该地区蒙古族四胡音乐传承人形成文化认同的成因和影响因素，提出文化认同视角下蒙古族四胡未来的传承与保护路径，以期更好地促进民族优秀文化的保护传承。第三章论述了敖汉旗小米产业助力乡村振兴研究报告。第四章探讨内蒙古自治区级非物质文化遗产太阳花手工艺品在保护、传承与发展的现状，展示了其在地方经济和文化中的重要作用，指出了太阳花手工艺品发展中的困境。第五章探讨内蒙古鄂尔多斯市准格尔旗国家级非物质文化遗产民间曲艺漫瀚调在铸牢中华民族共同体意识中的时代价值。第六章内蒙古呼和浩特市赛罕区的巴音希密奶酪工厂铺为调研对象，展现了奶食品店铺的创业、运营和销售过程中对奶食文化的传承与创新，解读了奶食文化传承发展与北疆文化之间的关联。第七章以赤峰市克什克腾旗罕达罕嘎查为例，讨论"压岁钱"在牧区的变迁。第八章调研锡林郭勒盟苏尼特右旗的新民社区、巴彦淖尔市临河区和乌海市乌达区等三个典型蒙汉杂居地区汉族牧民饮食文化，探讨其变迁历程、影响因素以及与其他民族饮食文化的对比。第九章探讨包头市东达沟村传统技艺类非物质文化遗产面塑手工艺的传承与保护。第十章以内蒙古锡林郭勒盟阿巴嘎旗特有的阿巴嘎黑马为切入点，探讨牧民与马、故土的情感依存关系。第十一章以内蒙古呼伦贝尔市锡尼河地区的糕点文化为切入点，探讨饮食文化与民族互嵌。第十二章调研呼伦贝尔市敖鲁古雅鄂温克民族乡旅游业发展情况，探讨旅游发展对使鹿鄂温克人的文化传承、文化创新发展和民族交往交流交融等方面的影响。

从四卷的调研报告整体来看，这次的调研工作继承优良传统的基础上进一步凝练方向，重新整合团队力量，创新观点，推出高质量的调研报告为宗旨，提升调研的质量，扩大范围，是一次系统的调研工作。报告基本覆盖了从东到西横跨2400千米的内蒙古地区农村、牧区、城镇等，观察了在这一边疆地区人们的生产生活，具体分析其经济、生态、社会、文化四大领域的现实状况，以第一手的调研报告形式呈现给大家。这里仅希望这次调研工作能够为边疆地区中国式现代化建设研究提供参考资料。我们花费了几年时间，从总体策划、资金规划到组织调研，再到成果，编辑投入了大量的人力物力，但还是会有疏漏、错误与不足之处，敬请广大读者批评指正！

此次"百村社会调查"项目调研活动得到内蒙古大学"双一流"建设项目以及"部区合建"项目的支持，编写整理工作得到了内蒙古自治区直属高校基本科研业务费项目"'有形有感有效'开展铸牢中华民族共同体意识研究"的支持，这里我代表调研组表示感谢！本报告的出版得到了经济管理出版社任爱清编辑的大力支持，衷心感谢各位编校人员付出的辛勤劳动！

阿拉坦宝力格

2025 年 6 月

CONTENTS

目 录

第一章

象征人类学视角下的奈曼王府木雕图案调研报告

席美丽 *

【内容摘要】本章从象征人类学的视角，探讨奈曼王府木雕图案的象征意义。在人类学领域的图案本身的象征意义或人们在解释图案时，并不只局限于对图案本身的语义阐释，而是始终伴随着对图案背后的文化传承与仪式习俗等的解释，即为自己的解释寻找合理性出处的过程。采用文献研究法、田野调查法、访谈法和图像分析法等研究方法为撰写论文提供合理的数据来源，旨在探讨奈曼王府木雕图案，在对奈曼王府木雕进行初步研究之后，先了解图案具体应用在哪些部位，这些木雕图案背后有着什么样的象征意义，之后再进一步研究奈曼王府的王府木雕图案的社会意义。

【关键词】象征人类学；奈曼王府；木雕图案；文化认同

一、引言

2016 年，在通辽市公布的第五批市级非物质文化遗产名录中，奈曼王府木雕成功入选非物质文化遗产代表性项目。奈曼王府木雕作为内蒙古地区的木雕，具有鲜明的地域特色。这些木雕图案通常以花卉、瓜果、瑞兽、文字和几何图案等形式展现，充满了中国传统审美理念。此外，奈曼王府木雕作为通辽市市级的非物质文化遗产，它不仅具有装饰作用，还承载着丰富的象征意义。但现如今，在大众的眼里奈曼王府木雕图案，它只是供人们游览观光的装饰品或者是艺术品。如今的奈曼王府木雕图案脱去了以往庄严肃穆的外衣，剩下的是最为直观的艺术审美功能。从象征人类学的视角来看，图案不仅是视觉的表达，更是文化的传递。通过对奈曼王府木雕图案进行细致的分析，我们可以揭示木雕图案背后的象征意义。这不仅有助于我们更好地保护奈曼王府木雕这一项珍贵的非物质文化遗产、传承和弘扬中华优秀传统文化，还能够为现代社会的文化建设做出贡献。

* 席美丽，内蒙古大学 2022 级民族学专业硕士研究生。现为中共巴彦淖尔市委员会党校教师。

20 世纪 80 年代以来国内学者借助象征人类学理论方法从不同的角度对中国文化尤其是中国传统文化展开了多方面的研究，其中主要是围绕象征展开的一系列实证研究。有学者把这方面的专题研究成果分为对物质文化的研究和对非物质文化的研究两大类：物质文化领域涉及的内容包括服饰与象征、饮食与象征、建筑与象征、吉祥物的深层内涵与象征意蕴；非物质文化领域涉及的内容包括仪式与象征、神话与象征、性与象征、语言与象征和舞蹈与象征等。

物质文化方面的研究如服饰与象征方面的文献有谭洋洋等（2006）的《哈尼族服饰图纹的象征及美学特点》、李玉琴（2010）的《沟通人神：藏族服饰的象征意义及解读》、刘吉平（2010）的《太阳、月亮、星星及鱼——白马藏族人服饰中的符号语言特征探析》、胡周艳和李若青（2020）的《姚安县彝族女性服饰文化的象征人类学考察》、杨昌国和李宁阳（2020）的《历史·记忆·情感·符号——西江苗族服饰文化的文化人类学阐释》等；论文有白永芳（2005）的《哈尼族女性传统服饰及其符号象征》、周莹（2012）的《意义、想象与建构——当代中国展演类西江苗族服饰设计的人类学观察》、陈红（2012）的《民族服饰与民族身份——基于内蒙古蒙古族服饰口述史、“老照片”和文献记载材料》等。以上文献皆从民族学、人类学的角度去研究或者观察服饰与象征的关系。总之，服饰不仅是遮体保暖的实用工具，更是承载着社会、文化、个人身份等多重象征意义的复杂的符号系统。建筑与象征方面的文献有钟璞（2023）的《永顺土司建筑艺术王权独尊和国家认同的文化象征与隐喻》、亚力坤·吐松尼牙孜（2017）的《和田维吾尔族民居象征意义探析——非物质文化遗产保护的视角》、马海云和晏妮（2016）的《清真寺建筑的象征人类学分析》、龙珠多杰（2016）的《藏式佛塔建筑的象征体系探析》、周传斌和马文奎（2014）的《回族砖雕中凤凰图案的宗教意蕴——基于临夏市伊斯兰教拱北建筑的象征人类学解读》等；论文有伊西旺姆（2017）的《象征与符号：拉卜楞寺院门文化研究》。建筑与象征之间存在着复杂的关系，建筑不仅是为了满足人们日常的居住，它还是历史、文化、社会和宗教的集中体现，具有非常重要的象征意义。建筑不仅在形式、结构、装饰和用途等方面体现着文化内涵，对其进行深入的研究和了解后，我们可以感受到更深层次的文化价值和社会价值。

非物质文化方面的研究如仪式与象征方面的文献有刘慧（2013）的《从象征人类学的视角解析贵州盘县淤泥乡彝族丧葬仪式》、李小芳和阿华（2020）的《作为通过仪式的凉山彝族“尼木措毕”及其象征意义——基于甘洛县格尔家支的田野调查》、杨婷婷（2012）的《身体认知体系下的洁净观——回族“逊奈”仪式的象征人类学研究》、余舒（2011）的《象征人类学视野下的彝族丧葬仪式研究——以威宁县浆子林村为例》；论文有陈锦均和度戒（2014）的《对公母山瑶族一项宗教仪式的民族志研究》、阿拉坦苏布达（2022）的《象征人类学视角下婚礼礼物交换研究——以乌珠穆沁婚礼为例》、拉姆央金（2022）的《"温巴顿"的仪式象征建构与文化功能表述研究》、赛哈娜（2020）的《内蒙古东部敖包祭祀的象征人类学研究——基于翁牛特旗村落的田野调查》、黄启香（2021）的《象征人类学视野下布依族丧葬礼物研究》、包永兰（2013）的《蒙古族萨满仪式结构与象征研究——以科尔沁、布里亚特萨满入巫仪式为例》、丁木乃（2020）的《洁净与污秽——凉山彝族尼木措毕中祛污洁灵仪式案例研究》等。在上述文献中，仪式与象征有着密不可分的关系。仪式通过象征性的符号和行为，传达了仪式更深层的意义，通过仪式的进行，个体、群体或者是社会都有可能经历从一个阶段到另一个阶段的过渡，象征性的告别，往新的方向走。刺绣与象征方面的论文有瞿天凤（2011）的《石林彝族撒尼人刺绣象征文化研究》、彭阳（2016）的《符号与象征：剑河县苗族红绣、锡绣之图案研究》、鲍可心（2019）的《翁牛特蒙古族刺绣的象征人类学阐释》、廖璇（2020）的《民族艺术、集体记忆、符号象征——贵州水族马尾绣研究》等。对刺绣文化的研究还是比较多，大多从刺绣与服饰、图案以及美学价值等方面入手来分析和揭示它们所包含的意义。刺绣作为一种手工艺，它是文化的一部分，其背后的象征意义远远超过了表面的美感，它的花纹、色彩都与象征有联系。

本章运用了文献研究法、田野调查法和图案分析法，以奈曼旗奈曼王府木雕图案为研究对象，对奈曼王府木雕图案从题材分类、具体应用、装饰功能、象征意义和社会意义等多方面进行分析，为保护奈曼王府木雕这一项非物质文化遗产贡献一份力量。

二、田野点概述

奈曼王府（见图1-1）坐落于内蒙古自治区通辽市大沁他拉镇，是当今内蒙古地区现存规模较大，保存比较完好的清代官式建筑群之一。奈曼王府始建于清同治二年（1863年），距今已有161年的历史，是清代奈曼旗最高行政机构的所在地。现为国家三级博物馆，全国重点文物保护单位，国家4A级旅游景区。1636~1936年，奈曼旗共世袭二代16任郡王，这座王府是成吉思汗的第28代孙，奈曼旗的第11任扎萨克多罗达尔罕郡王德木楚克扎布1863年修建的，他是道光皇帝的皇后钮祜禄氏四公主固伦寿安公主的驸马，是身份最高的固伦额驸，他在道光、咸丰、同治三朝任职，身份是非常尊贵的。1863年当德木楚克扎布回来时，皇帝拨了专款修建了这座王府。以王府古建为依托的奈曼旗王府博物馆，总占地面积 31000 多平方米，在中轴区和东西两个跨院前后五进院落，12 座套院，211 间房屋。中轴区包括王府主殿堂及扎萨克寝居区、西路包括旗政常务及王府后花园区、东路包括内务府及亲族居住区。

图 1-1　奈曼王府

资料来源：2024 年 5 月 7 日笔者摄。

第一，奈曼旗古代地域史陈列厅。此陈列厅包括奈曼建旗前 8000 年到近 800 年的地域沿革和行政归属，了解中国古代北方草原，各民族在这片土地上不同凡响的历史。陈列厅内展示了新石器时代、夏商时期、西周至秦汉时期、南北朝时期、唐宋辽金时期、元朝时期的生产工具和生活器具。其中，比较引起笔者注意的是夏家店下层文化典型的一个器物，如云卷纹彩绘陶罐和彩绘猪型罐（见图 1-2），当时的猪是富贵富裕的象征，在古代，部落长去世之后，在身体的一侧陪葬猪，后来才有的猪型器陪葬。

图 1-2　彩绘猪型罐

资料来源：2024 年 5 月 12 日笔者摄。

第二，正殿院。正殿院是内蒙古自治区唯一留存的带有台榭回廊的古建小院，保留比较完好、原汁原味的、位于中心院落的四合院。中心是举行室外典礼的地方，如迎接圣旨、叩拜皇恩，以表天恩浩荡。正殿院正中间有一个宝座（见图1-3），但它不是郡王的宝座，而是神圣的祖先宝座，在奈曼王府中，它就是成吉思汗的座位。正殿院原来是王爷家的司典处，是礼仪性的殿堂。

图1-3　宝座

资料来源：2024年5月12日笔者摄。

第三，政务院。政务院是郡王和下属官员办公的地方。因为郡王常驻在北京，只有遇到重大活动，需要进行决策的时候才来这里商讨，文官一侧、武官一列。用蒙古族的话是以西为大、以长为尊，西侧的官职是大于左侧的官职。两侧各有一个龟鹤同寿烛台，底下的龟是龙生九子之一的赑屃，它是长寿的象征。

第四，寝宫院。寝宫院正殿为寝宫也称为后罩楼，建成两层不仅是生活的需要也是建筑学的一种假设，认为后面的建筑最高最壮观，才能把整个大院的精气神收敛在院内。一楼分为三个区，分别是中间的厅堂、两侧的内室。东侧是郡王和福晋夏天居住的地方，里面是架子床；西侧是郡王和福晋冬天居住的地方，里面是小条炕。西配殿是侧福晋居住的地方，东配殿是孩子们居住的地方。其中，引起笔者注意的是正殿内的隔断（见图1-4），它是徽雕，是从贵州运过来的，样式精美。

图 1-4　隔断

资料来源：2024 年 5 月 12 日笔者摄。

　　第五，佛堂院。这是王府的家庙佛堂，供奉的是释迦牟尼、宗喀巴大师和绿度母（见图 1-5）。佛堂院的三间房是保存最完好的，里面的雕梁画栋（见图 1-6～图 1-8）都是原来的。因为这里当时是教育委员会主任办公的地方，当时他用报纸糊上了，所以是没有进行过修复的。佛堂院内放着两口大铜锅和一个钟。大铜锅是蒙古族举行佛教活动时用来熬肉粥的，吃了这碗粥，才能保佑信众吉祥如意。院内的这钟已经有 301 年的历史了，上面写着"风调雨顺、国泰民安"。

　　第六，卫队院。卫队院是王府卫队居住的地方。现在，是一位名为宝石柱老师的美术家，他遗留下来的非常重要的泥塑作品。这套泥塑作品是以四川省大邑县地主庄园的一套名为《收租院》为灵感，用了长达三年的时间，完成了这套 108 个人物泥塑群像作品，这套作品就像连环画一样，是分段的，向大众生动地展示着旧社会地主阶级对农民群众的压迫和剥削从而迫使农民阶级逐步站起来反抗的故事。

图 1-5　佛堂院

资料来源：2024 年 5 月 12 日笔者摄。

图 1-6　佛堂院雕梁画栋

资料来源：2024 年 5 月 7 日笔者摄。

图1-7　雕梁画栋（麒麟彩绘）　　　　图1-8　雕梁画栋（双龙戏珠彩绘）

资料来源：2024年5月7日笔者摄。　　资料来源：2024年5月12日笔者摄。

　　总之，奈曼王府是一道独特而亮丽的风景线，更是一部活生生的历史教科书。通过对奈曼王府的初步了解和之后的深入研究，我们不仅能够让每一位到访的旅人都能深刻感受到奈曼王府这一古建筑的风采与魅力。

三、奈曼王府木雕图案基本概况

　　本章主要从三个方面阐述奈曼王府木雕图案基本概况，分别是奈曼王府木雕图案的题材分类、具体应用以及象征意义等。首先，是奈曼王府木雕图案的题材分类。

（一）奈曼王府木雕图案分类

　　奈曼王府木雕是通辽市市级的非物质文化遗产，对其进行研究具有非常重要的意义。奈曼王府木雕图案可以根据其题材、象征意义、装饰功能等进行分类。但装饰功能将与奈曼王府木雕图案具体应用一起阐述，不再单独列出一条。下面是几种常见的奈曼王府木雕图案分类方式。

1. 按照题材分类

　　根据表1-1的数据显示，奈曼王府木雕图案从题材上主要分为四类，分别是动物题材、植物题材、几何题材和文字题材。在题材上，奈曼王府木雕中各类题材的图案纹样均有涉及，其中应用最多的是动物题材。在动物题材上，多用龙、凤、鹿、鱼、蝙蝠、仙鹤、大象、喜鹊等祥禽瑞兽图案；在植物题材上，多用莲花、牡丹、瓜果、反草、梅兰竹菊等吉祥寓意图案；在几何题材上，多用菱形纹、钱币纹、如意纹、方胜纹、盘长纹、海棠纹和卧蚕纹等；在文字题材上，多用寿字纹、万字纹、工字纹和回字纹等，以木雕的形式在建筑构件中表达追求福寿祥和的美好愿望。

表 1-1　按照题材分类的奈曼王府木雕图案

题材	图案纹样	表现形式
动物题材	龙、凤、蝙蝠、仙鹤、喜鹊	具象组合为主，少量单独纹样
植物题材	莲花、反草、瓜果、梅兰竹菊	具象组合、单独纹样
几何题材	菱形纹、钱币纹、如意纹、方胜纹、盘长纹、海棠纹、卧蚕纹	连续纹样
文字题材	寿字纹、回字纹、工字纹	单独纹样、组合连续纹样

资料来源：笔者自制。

在奈曼王府木雕图案中，动物题材的图案占相当大的比例，大概率是因为从古至今人们都拥有渴望借助一些生灵的力量来反抗厄运、祈祷和美的观念。在这样的情境下，就催生了人们运用谐音比拟化来表达自己对生活美好祝愿的图式语言构思方式。例如，"福在眼前""喜上眉梢""福禄同寿""吉祥平安"等，我们能够从中看出人们对美好生活的渴望和祝愿。这些都是由一些瑞兽演化而来，包括蝙蝠、麋鹿、喜鹊，取名时运用谐音，取名称中的一个字，连成这四个字，这些四字词语代表着人民群众对幸福、美好生活的向往。如奈曼王府木雕图案"福在眼前"，这个图案便是蝙蝠叼着一枚钱币，且蝙蝠中的"蝠"字与"福"同音，钱币的"钱"字与"前"同音，在当地民间代表"拥有福气"与"祝愿幸福"的寓意。奈曼王府木雕图案当中也有很多的图案是由动物题材和植物题材组合而成的，如奈曼王府木雕图案"喜上眉梢"，这个图案是由动物题材图案喜鹊和植物题材图案梅花组合而成，是以直观的组合图案内容表达出主人的祥瑞期盼，令奈曼王府充满了福禄气息。

在奈曼王府木雕图案中，植物题材图案是应用较为普遍的类型，既可以单独成为一种图案，也可以在其他题材图案中作为点缀来设计。例如，上述所说的奈曼王府木雕图案"喜上眉梢"，便是动物题与植物题材相结合而来的，把植物题材作为点缀来设计的。植物题材图案不仅具有美丽的外表，也寓含着人们对美好生活的向往和关于美的观念，植物题材的木雕图案，既传承中华优秀传统文化，同时也表达了他们趋吉避凶的心理。在奈曼王府木雕图案中，植物题材多以梅花、莲花、反草、兰花、竹子、菊花、牡丹等图案为主，其中梅兰竹菊"四君子"的元素是运用得比较多的。反草也是奈曼王府木雕图案中比较常见的植物题材图案，反草多以曲卷状的形式出现。在奈曼王府木雕图案中，反草一般都是以托着莲花的形象出现，对此奈曼王府木雕传承人说：反草托着莲花有长寿的意义。总之，这一木雕图案有延年益寿的美好寓意。莲花也就是荷花，不管是在人们的日常生活和理念中还是在奈曼王府木雕图案中，它都是美好且广受人们喜爱的主题。因为莲花素有清洁无瑕、纯洁高雅的寓意，并且也具有一定的精神价值，所以无论在哪里莲花都会成为人们喜爱的题材。

在奈曼王府木雕图案中，几何题材的纹样占比较少，多应用在王府隔扇门和窗户的设计上面。在奈曼王府中，由于几何题材纹样蕴含的吉祥寓意相对较少，因而几何题材纹样的应用少于动植物题材，除简单的几何形状纹样外，其他应用较多的几何题材纹样主要是菱形纹、钱币纹、如意纹、方胜纹、海棠纹、盘长纹和卧蚕纹等。奈曼王府的门均为隔扇门，是中国传统建筑中最常用的，因为它同时兼顾了墙、门以及窗的功能，并处于建筑立面最明显的地方，成为装饰的重要部位。隔扇门样式多采用如意纹、钱币纹、卧蚕纹，窗户样式多采用方胜纹、菱形纹、盘长纹，隔扇样式采用了海棠纹。其中菱形纹使用得最多，因其不仅样式简单大方且显得富贵大气，还有步步高升、前途光明的吉祥寓意。

在奈曼王府木雕图案中，文字题材使用的比例不大，多应用在隔扇门裙板和窗户上。文字题材选的都是一些吉祥文字，如"福""寿""喜"等，或单字或组词组字，直观地表达吉祥寓意。奈曼王府隔扇门裙板的样式为寿字纹，窗户样式为工字纹，寓意为祈求健康长寿。

2. 按照象征意义分类

奈曼王府木雕图案不只是一种装饰，每种图案都有着它特定的文化内涵和象征意义。这些图案既反映了人们对美好生活的追求和向往，也反映了当时人们的权力和荣耀。在研究奈曼王府木雕图案时，应先了解它们背后的象征意义（见表 1–2 ）。

表 1–2　按照象征意义分类的奈曼王府木雕图案

象征意义	图案纹样	具体应用	表现形式
吉祥寓意	蝙蝠、仙鹤、喜鹊、桃子、石榴、梅花、莲花、祥云纹、菱形纹	窗户、椅子、屏风	具象组合为主，少量单独纹样
权力荣耀	龙、凤	屏风、椅子	单独纹样
佛教符号	莲花、佛手、回字纹	窗户、雀替	单独纹样

资料来源：笔者自制。

根据表 1-2 可知，奈曼王府木雕图案从象征意义上主要分为三类，分别是吉祥寓意、权力荣耀和佛教符号。在奈曼王府木雕图案中，表象征意义的图案其中涉及最多的是吉祥寓意和权力荣耀两种。在象征吉祥寓意时，多用蝙蝠、仙鹤、喜鹊等祥禽瑞兽图案和桃子、梅花、反草、莲花等吉祥花卉图案；在象征权力荣耀时，多用龙和凤的图案。奈曼王府木雕图案当中有很多的图案都向外表达着独属于它自己的象征意义，如象征着吉祥寓意的奈曼王府木雕图案"松鹤延年"，是由动物题材仙鹤和植物题材松树组合而成，是以直观的组合图案内容表达出主人想要健康长寿的追求，令奈曼王府充满了生气，以木雕的形式在建筑细部构件中表达追求幸福的美好愿望。在奈曼王府木雕图案中，动物题材木雕和图腾衍化的信仰具有密切联系，也都具有吉祥、祥瑞等美好寓意，最为常见的有龙、凤、仙鹤、喜鹊、蝙蝠等，而奈曼王府木雕图案在动物题材方面多采用写实手法设计。如上述所说的奈曼王府木雕图案"松鹤延年"，其纹样整体上华美异常，左边一只象征着祥瑞的鹤，鹤有"富贵长寿"之意，其旁边是松树，松树则象征着长青不老之意，"松鹤延年"这一木雕图案表达了松鹤长寿、吉祥瑞气的喜庆愿望。再比如奈曼王府木雕图案"喜上眉梢"，是由植物题材梅花和动物题材喜鹊组成，喜鹊落在梅花枝梢，喜鹊作为喜的象征，梅花则代表美好的事物，两者相结合寓意为好事降临、喜事连连。

除此之外，动物题材的图案当中最重要的是龙纹。龙纹一直以来都是木雕、石雕、砖雕等雕塑中的主要动物题材。在奈曼王府木雕图案中，龙纹有着举足轻重的地位。在古代，龙代表着权力、威严和尊贵的地位，经过几千年的时间，这种观念已经深深地植根于中国传统文化当中。龙纹不只是简单的装饰元素，它意味着统治者的至高无上。在古代，皇权与龙有着非常密切的联系。其实，纹样本身并不具有权利，是人们赋予它某一种意义或寓意。在奈曼王府中的梁坊、床榻、椅子等地方，也可看到各种形态的龙纹雕刻。

在奈曼王府木雕图案中，莲花纹也可称为荷花纹，它与佛教有着千丝万缕的关系。佛教中认为莲花有清洁无瑕、纯洁高雅的寓意，并且也具有一定的精神价值。如奈曼王府正殿院和政务院窗户上的莲花透雕，这些透雕有各式各样的莲花，如反草托着莲花、有莲蓬的莲花、并蒂的莲花；王府二道门上的镂空雕也多为莲花。莲花是随佛教的传入而兴盛应用。莲花生长在淤泥之中，却"出淤泥而不染，濯清涟而不妖"，所以被人们冠以纯洁、超脱世俗的美名。回字纹则是中国古老的纹样之一，寓意着富贵不断头、福寿绵长。莲花纹和回字纹不仅是佛教文化的体现，也是中国古代文化的一部分，窗户上各色各样的透雕莲花图案和隔断、桌子上的回字纹都具有悠久的历史背景和文化内涵。

（二）奈曼王府木雕图案具体应用

纹样与图案是装饰艺术的重要组成部分，通常用于装饰物体表面，赋予其直观的美感和深层的文化意义。奈曼王府木雕图案主要有三种装饰功能，分别是架构支撑、门窗装饰和家具装饰。

奈曼王府木雕图案广泛应用于王府内的建筑细部构件，涵盖了各个方面。比如门窗、家具和架构支撑等三个方面。在架构支撑上，对椽头、梁枋、斗拱、雀替、牛腿等部位进行装饰。在门窗装饰上，对隔扇门、棋枋板和窗户等部位进行装饰。在家具装饰上，对床榻、桌椅、屏风、箱柜、隔断等部位进行装饰。奈曼王府木雕图案应用范围非常广泛，无论是在公共空间还是在私人空间、从里到外、从上到下，奈曼王府木雕图案都有其独特的魅力。

总而言之，奈曼王府木雕图案不仅是一种图案、一门技术，也记录了奈曼王府的变迁，记录了一个时代的生活风貌。通过对这些装饰、图案的深度剖析，我们可以了解奈曼王府这座建筑和奈曼王府木雕这一项非物质文化遗产，同时也能体会到木雕艺术的魅力和它深远的影响。

根据表 1-3 可知，奈曼王府木雕图案的装饰功能主要分为三类，分别是门窗装饰、家具装饰和架构支撑。在奈曼王府木雕图案中，门窗装饰图案有蝙蝠、仙鹤、喜鹊、莲花、反草等；家具装饰图案有龙、凤、仙鹤、鹿等；架构支撑装饰图案有桃子、祥云、麒麟等。奈曼王府木雕图案不仅是一个图案，它还在很大程度上服务于奈曼王府的空间设计和功能需求。

奈曼王府木雕图案应用范围非常广泛，王府从里到外、从上到下都有它的身影。奈曼王府的主体建筑采用传统的汉式大屋顶结构，梁枋、斗拱等木质构件是支撑整个建筑的关键部位。在这里，应用了龙纹、麒麟纹这两种寓意吉祥的传统图案，既增强了结构的稳固性，又使图案有了更深一层的含义。例如，龙和麒麟的形象威严雄壮，象征着王府主人的显赫地位与家族荣耀。奈曼王府的门窗、屏风、隔断和隔扇上，也都刻有精致的木雕图案，这些图案不仅起到了分割空间的作用，还营造出了别具匠心的艺术氛围。门窗上的花草、文字和几何图案，不仅美化了视线所及之处，还通过其背后的寓意，昭示着人们对美好生活的追求。在奈曼王府中，床榻、桌椅、箱柜、屏风、隔断等家具上，随处可见精致的木雕图案。这些木雕图案不仅提升了家具本身的美观程度，还反映了主人的生活方式与审美偏好。如隔断上雕刻的佛手、竹子、回字纹等图案，均有对幸福、长寿的美好追求。而正殿院主殿的宝座——刻有龙纹的椅子，则更多地展现出官僚体系阶层。

表 1-3　按照装饰功能与具体应用分类的奈曼王府木雕图案

装饰功能	具体应用	图案纹样	表现形式
架构支撑	梁枋	龙、麒麟	单独纹样
	雀替	祥云纹	单独纹样
	牛腿	莲花	单独纹样
门窗装饰	隔扇门	钱币纹、卧蚕纹、菱形纹、如意纹	组合纹样
	棋枋板	蝙蝠、钱币纹、莲花、梅花、仙鹤、鹿、菊花、喜鹊	单独纹样
	窗户	工字纹、莲花、反草、盘长纹、方胜纹	组合纹样
家具装饰	椅子	龙纹、回字纹	单独纹样
	隔扇	海棠纹、龙纹、方胜纹	组合纹样
	屏风	凤纹	单独纹样
	隔断	佛手、回字纹、竹子	单独纹样
	箱柜	回字纹、石榴	单独纹样

资料来源：笔者自制。

（三）奈曼王府木雕图案象征意义

由表 1-4 可知，每种图案都有其背后的文化内涵和象征意义，每种图案背后都包含着人们对美好生活的向往和追求。奈曼王府木雕图案不仅是一种视觉上的盛宴，更是传达特定思想、信仰、价值观和某个故事的有效载体。人们通过谐音的手法表达自己的美好追求，这样的手法也成为表达个人美好的愿望、家族的期望的普遍方式。借助文字的多音和多义的特征，选取那些具有正面寓意的字词，通过图案来暗喻和强化这种积极的信息。下面，让我们通过几个典型的图案示例来探究其背后的深刻的象征意义：例如，人们生活中常见的竹子，因竹的发音与"祝"相似，因而常用来表达祝福之意。

表 1-4　按照象征意义分类的奈曼王府木雕图案

纹样内容	象征意义
万字纹	有吉祥、万福和万寿之意
寿字纹	寓意人们对福寿的美好愿望
方胜纹	象征爱情、和谐

续表

纹样内容	象征意义
工字纹	象征正直与规矩，代表做人做事应遵循正统的道德规范
盘长纹	象征生命的延续和家族的绵延不绝
钱币纹	铜钱有招财的寓意，象征富贵的人生
卧蚕纹	象征着吉祥，代表着好运和福气
祥云纹	代表着天空、神仙和永恒
菱形纹	象征着吉祥和美好
如意纹	象征吉祥如意、幸福来临的美好愿望
海棠纹	象征富贵、吉祥、幸福和美好的家庭生活
龙纹和凤纹	作为皇家的象征，代表着权力和尊贵，常见于皇宫、陵墓等场所。龙是最受人们宠爱的神物，具有生命力，被视为中华民族的象征。
麒麟纹	象征着吉祥如意、长寿和健康、子孙繁荣
蝙蝠纹	蝠同"福"，象征着幸福
仙鹤纹	象征长寿安康、福禄吉祥
鹿纹	象征着吉祥，体现了人们对美好生活的追求
喜鹊	象征着吉祥、幸福和美好的未来
莲花	象征着纯洁、美好
反草	象征着长寿健康
梅花	象征着不老不衰和五福（福、禄、寿、喜、财）
竹子	象征着正直、清高、生命的顽强不息
佛手	象征着福寿安康、财富、智慧、力量和勇气
石榴	象征着团结、多子

资料来源：笔者自制。

四、奈曼王府木雕图案社会意义

（一）体现官僚体系阶层表述

奈曼王府不仅是一个建筑群，它更是一部凝结着岁月与智慧的艺术作品。奈曼王府是中国传统建筑之一，作为中国古代与朝廷有密切联系的特殊的建筑群，集封建社会的礼制、宗法等于一身，其建筑规模宏大、建筑布局严整、拥有递进式的空间组合。奈曼王府的设计还体现了中国古代建筑艺术与人文精神的结合。院落布局继承了中国西周时期形成的前堂后寝的庭院风格，既为人们提供了对外交往的足够空间，又满足了内在私密氛围的要求，做到了尊卑有等，长幼有序，内外有别，且起居功能一应俱全，充分体现了官宦门第的威严和宗法礼制的规整。

与此同时，在封建社会时期，常常用木雕图案来表达权力、地位和威严，如龙纹、凤纹和麒麟纹等，这些木雕图案常常是权力、地位和财富的象征。这些图案往往被雕刻在宫廷、寺院、贵族府邸或者是贵族家庭的家具上，用来彰显主人家的身份地位和社会阶层。龙凤这种木雕图案在中国的历史上，与官僚体系的阶层划分密切相关。当时的木雕图案不只是装饰品那么简单，而是更加侧重于权力和地位的象征。清王朝是少数民族入主中原，他们都需要以龙来神化自己，说明自己是上承天命的真龙天子，有合法的统治权。出于这种需要，明、清的帝王在衣食住行各端都尽力以龙为饰，龙饰在很大程度上成了帝王的专利。由于封建帝王的推崇，龙形象被广泛地运用到各个艺术领域，以突出帝王的权威。龙的政治意义被凸显出来。在当时，不同的图案有着非常严格的使用规定，如龙凤图案仅限于皇宫使用，普通老百姓是不能使用龙纹的，龙纹象征着至高无上的皇权，不同图案被赋予不同的意义，专属于某一阶层或职位的人使用，如皇上可用五爪金龙、臣子可用其他动物图案，用以区分官职高低，这体现了森严的等级制度和礼仪规范。

自古以来，皇权与龙有着千丝万缕的关系，古人将皇权与龙联系起来，例如，皇帝被称为"真龙天子"，他们可将五爪两角金龙图案用于衣服上，为了继续强化龙袍的象征意义，皇帝以下的皇子和官员可使用蟒纹。皇帝为了凸显权威，热衷于在宫廷建筑和御用物品上用龙作为装饰，甚至到了滥用的地步。"这种现象并不意味着这些皇帝具有崇拜龙观念，恰恰相反，他们心目中的龙只是供其驱使的工具、玩物而已……统治者的崇龙，完全是为了吓唬百姓；而他们自己却将龙当作私有奴仆，随意奴役、利用。这也就是……龙与政治的实质。"[①]中国"帝王对于龙纹的垄断和管制史，也是帝王不断强化和巩固其至尊地位的历史"。虽然龙是中国的皇权专制，但皇帝并不能成功禁止大臣和民间使用龙纹，只得将龙纹限定在两角五爪，对高度相似的蟒纹等进行妥协。龙纹的演变反映了中国中央集

---

① 施爱东.16-20 世纪的龙政治与中国形象［M］.北京：生活·读书·新知三联书店，2014.

权制度的演进，但也体现出皇权的力所不及之处。①

例如，奈曼王府正殿院正中间有一个宝座。每当有重要活动开始之前郡王先带领下属官员再次叩拜宝座，迎请祖先归位，共同参加今天的庆典活动，以示后继有人、光宗耀祖。这个座椅雕刻有龙纹，不是任何人都能坐的，而是给祖先的宝座，希望以后的生活能够顺风顺水。由此可见，龙纹是与权力、地位和威严是紧密相关的。奈曼王府木雕图案中的龙纹是社会等级制度和文化传统的直观表现。通过图案的差异分配，有效地维持住了当时那个社会的内部的稳定和秩序的有序，这也不失为一种智慧。随着历史的演进和时代的变迁，这些严格限定使用的图案逐渐走向世俗化和平民化，成为中华优秀传统文化当中的一部分。这些图案背后所承载的深厚的文化内涵值得我们去珍视和传承。

（二）社会功能的转变

奈曼王府木雕图案随着社会结构、文化观念、审美趋势的变化，其社会功能也经历了显著的转变。这些转变可以从以下两个方面体现：

（1）从身份象征到大众审美。随着时代的发展，当我们进入现代社会，民主和平等观念的普及，木雕艺术逐渐走向大众，成为人们日常生活中的审美享受，木雕图案不再只是权力、身份和地位的象征，更多的是作为日常生活的一部分，图案也更加贴近自然与生活，反映了大众的审美趣味和情感追求。如婚嫁时家具上雕刻的"早生贵子"的祝福图案，表达了人们对幸福生活的向往，标志着木雕图案从官僚阶层向大众审美的过渡。对此，有一位被访者说道：

"在古代，龙和凤是统治者权力、地位的象征，龙纹和凤纹哪是普通老百姓能用的，这都是有严格的使用规定的。但是现在龙纹和凤纹已逐渐融入一般百姓的家中，'龙凤呈祥''望子成龙''望女成凤'等这样的词语多得是，这寄托着人们对于美好生活的追求"。②

在当代社会，过去被人们当作权力、地位和威严的象征的龙，现在逐渐丧失崇拜，变成了一种吉祥符号或者说吉祥物。作为吉祥符号的龙和作为崇拜、象征龙的区别标志就在于崇拜和非崇拜。因此龙的形象也发生了质的变化。龙对于人们不再是威慑和禁忌。当代人们仅取龙的奋发和腾飞的精神风貌并予以肯定对龙的崇敬之情也没有减弱；将作为吉祥符号存在的龙的形象加以改造，显得更加简洁、更亲切、更少神秘意义，也就更能为现代人所接受。现代的龙已经成为人

---

① 刘志雄，杨静荣. 龙与中国文化［M］. 北京：人民出版社，1992.
② 访谈对象：WSS；访谈时间：2024 年 5 月 12 日；访谈地点：奈曼王府。

文龙，龙的形象更加人格化，龙纹根据场合被赋予更多的寓意。例如，家里的大人们希望自己的子女们成为人中龙凤，望子成龙、望女成凤等词语也是将对龙凤这种祥瑞动物的崇拜转化为一种吉祥符号，取龙的奋发和腾飞的精神风貌并予以肯定。① 对此，有一位被访者说道：

"我是跟我朋友来的，我们第一次来奈曼王府。对于你问的那些装饰题材纹样问题，我俩理解差不多。我们刚开始都没有注意到那些，只关注了奈曼王府建筑。而对于你指出的这几个龙纹雕刻，讲实话我感触不大，在生活中真的想不到这方面的话题，更不要说接触了。讲解员刚说的桌椅全都是清代的，但用没用过是不确定的，这间屋子里的座椅和隔扇上确实刻有龙纹，这或许对于当时的人来说，龙纹代表着崇高的权力和地位，但是我们现在看的话它只是一个花纹，只是一个普通的摆件，并没有特别深的感触，不会有压迫或紧张感，只会觉得这个花纹真精致，就是这种很浅浅的感受，除此之外没有了。"②

由此我们能够看出，现在奈曼王府木雕图案中的龙纹变成了欣赏体验的对象。奈曼王府木雕图案在发生质的改变时，在这个过程中，象征崇拜转变为美学范畴。根据时代的变迁，人们对于龙纹的观念也产生了质的改变。如果以前的人们认为龙是权力、地位和威严的象征，那么现在的人们则认为龙纹是一种吉祥符号，展示当代人的精神风貌和美好祈求。

奈曼王府木雕图案从体现官僚阶层、封建制度转变成艺术审美。人们看到奈曼王府木雕不再感到庄严肃穆，而只是把它当成了一个图案，专心欣赏属于图案的美。对此，有一位被访者说道：

"其实我只来过两次奈曼王府，上次来还是六年前，那时有些院落也不是现在这个样子，今天再来看，我发现奈曼王府的变化还是挺大的。但是要问我哪里变了，我也说不出来。你要问我对于这些图案有什么想法的话，我真的是没什么感觉，我每次都是跟着大家走，哪边人多我就去哪儿看看。这些图案不就是让我们看的嘛，你要让我说出大道理，我是说不出来的，我只是出于好奇而已。"③

（2）从传统传承到创新融合。木雕图案最初多遵循传统模式，传承着特定的文化符号和艺术风格。然而，随着全球化和文化交流的加深，木雕图案开始吸收不同文化的元素，创新与融合成为趋势。现代木雕艺术家在继承传统技艺的同时，也大胆创新，引入现代设计理念，使木雕图案呈现出多元文化的特色，反映

---

① 姚远，中国传统龙纹的图像与符号学意义研究［D］.南京师范大学硕士学位论文，2007.
② 访谈对象：BMY；访谈时间：2024 年 8 月 7 日；访谈地点：奈曼王府。
③ 访谈对象：LMLG；访谈时间：2024 年 8 月 7 日；访谈地点：奈曼王府。

了社会的开放性和创新精神。

从上述内容来看，奈曼王府木雕图案的社会功能转变，不仅体现了艺术形式的演变，更反映了社会、文化、科技的综合进步，是历史发展和社会变迁的直观见证。

（三）体现民族交往交流交融

木雕图案作为民间艺术的重要组成部分，是各民族交往交流交融的生动见证。它们不仅承载着各自民族的文化特色，也反映了不同民族间相互影响、相互融合的历史过程。以下内容为木雕图案是如何体现各民族交往交流交融的：

首先，吉祥母题的图案装饰吉祥图案是中华民族传统文化的重要组成部分，民间、民俗文化大多以吉祥为母题，这一文化也深刻影响了奈曼王府的装饰，这是民族交流、交往、交融的深刻明证。清朝前期与中期，清廷实行"借地养民"和"移民实边"政策，使奈曼地区涌入大量内地汉族农民，奈曼曾经以游牧民族为主的土著人受到了再一次的汉化和融合。清朝的移民政策，客观上打破了民族封闭的壁垒，为各民族之间的交往，为人口更大范围的流动创造了极为有利的条件[1]，这导致与汉族兄弟之间的交流开始增多，祈福纳吉、除凶避灾、求权富贵的美好愿望也广为传播，这一类选题的图案也就顺理成章地融入王府建筑的装饰艺术上。这类装饰有的通过直接的题注来表达美好的诉求，如"松鹤延年"的木雕图案寓意对于健康长寿的美好愿望，"喜上眉梢"的木雕图案表达喜悦、喜事赶快到来的生活诉求等。除此之外，还有更多的木雕艺术采用较为含蓄的表现手法，通过花鸟、瑞兽、文字、几何图案等来装饰建筑构件，表达了王府主人对于美好生活的向往。在房屋的隔扇处有"双龙戏珠"的吉祥图案，椅子上有"鹤鹿同春"的吉祥图案、墙壁处有"五福捧寿"的吉祥图案，寓意王府主人对于一切美好事物进一步向往的诉求。还有随处可见的关于"琴、棋、书、画"的装饰，这一类图案主要出现在王府的二进院的生活区，表达主人对于安宁生活的向往。这一整套的吉祥寓意的表意图案是中华民族智慧和艺术的结晶，在中华民族文化圈有着重要的影响，这些都是中华民族共同体的视觉符号体系。

其次，以奈曼王府的家具为例，在受到汉文化影响而开始使用楠木雕花家具时，仍旧将它所热衷的图形样式带到这一类作品中，王府正殿内陈列的楠木雕花椅，造型上采用了汉式的结构，然而在椅子靠背上却采用了以盘肠纹为中心，周

---

[1] 奈曼旗新闻. 薪火相传奈曼人［EB/OL］.（2018-01-19）. https://author. baidu. com.

围延伸再加卷草纹与哈木尔纹变体，缠绕不断、曲直结合的形式。其实盘肠纹、哈木尔纹也会在其他民族包括汉族中使用，然而都没有蒙古族使用得这么频繁。但奈曼地区的木雕图案或者说是建筑彩画，在保持自己风格的同时，还受到了汉文化的影响。在内容纹样变化的同时，又采用了很多传统的汉式纹理样式，其中包括蝙蝠、喜鹊、麒麟、仙鹤、龙凤祥云、太极图案等，在小型木件作品中甚至包括文人的山水墨客、花鸟鱼虫等。在奈曼地区建筑彩画中无论是何种纹样的团花植物图案，都用尽所能地与叶纹缠绕组合，甚至不拘一格地与蒙古族传统图腾纹样：哈木尔纹、兰萨纹等线条感几何感较强的纹样进行组合。

奈曼王府木雕图案融合了不同民族的文化元素，如汉族、藏族、蒙古族等民族的图腾、神话故事、生活场景等，这些元素在相互借鉴和融合中，形成了具有多元文化特色的木雕艺术。例如，奈曼王府木雕中会融合藏族的莲花、宝伞等吉祥图案，会出现汉族的龙、凤等传统图案，也会出现蒙古族的哈木尔纹、兰萨纹等传统图案。各民族的木雕艺术在长期的交往中，艺术风格上也相互借鉴、融合，形成独特的艺术表现形式。如线条的运用、色彩的搭配、构图的方式等，不同民族的木雕艺术在相互学习中，逐渐形成了既保留本民族特色，又融合其他民族元素的艺术风格。

通过这些木雕图案的融合，蒙、藏、汉族的文化在历史长河中不断交汇、相互影响，共同构建了丰富多彩的中华文明。这些图案不仅是艺术的展现，也是各民族之间深厚情感和文化认同的体现。从上述内容来看，木雕图案不仅是各民族文化的载体，也是民族交往交流交融的见证。它们通过艺术的形式，记录了不同民族在历史长河中的相互影响与融合，体现了文化的多样性和包容性。本章力求探索在多民族交融背景下，分析该地区建筑彩画融合的民族特色和独到之处，总结出奈曼王府木雕图案的基本情况和发展方式。

（四）体现不同群体的认同

奈曼王府木雕图案在体现当地社会和不同群体的认同方面扮演着重要角色，它们不仅是艺术的表现形式，也是文化传承和社会价值观的载体。

中华民族自视为龙的传人，自古以来龙被认为是吉祥物，遇之可以带来好的运气。龙纹崇拜至明清两代达到极盛，龙纹成为权力的象征，只能出现在统治阶级的装饰之中，寻常百姓禁用龙纹。尤其是在建筑的装饰艺术中，它更成为王权的象征，强调其政治含义，是地位和权利的象征，这种认知深刻影响了中华民族的审美意识，各民族概莫能外。龙纹在奈曼王府木雕装饰中占有非常重要的地位。在奈曼王府木雕图案中最为醒目的部分当之无愧就是多处的龙纹木雕图案，在奈曼王府的佛堂院梁架上画着"双龙戏珠"的图案，辅之以回纹、卷草纹等装饰图案，使整个梁架富丽华美，当人们走进奈曼王府的佛堂院，就有一种威严之感，为整组建筑营造出浓郁的政治色彩。对此，有一位被访者说道：

"奈曼王府木雕图案对我个人而言，首先它是一种艺术上的认同。当然，这是对有一定的艺术内涵的人来说的，或者说是对这一方面有一点儿了解的人来说的，如果你问不懂的人，他们可能会说这不就是图案嘛，它们是龙、麒麟，除了这些特点比较鲜明的祥瑞兽类之外，对于其他的图案也是没有了解的。奈曼王府木雕图案，无论是龙、凤、喜鹊、鹤、鹿、莲花、菊花等，都有着它独特的文化内涵。当我看到王府佛堂院的梁架上的龙、麒麟等动物时，给我的感触挺大的，而且它们还保留得那么好，我真的挺感慨的，我感受到一种历史的沉重和连接，也有一种自豪感。尤其看到龙纹时也激发了我对奈曼王府木雕的兴趣，想认识更多，增强了个人的归属感和身份认同"。[1]

五、结论

在笔者看来，奈曼王府木雕图案不仅只是建筑装饰或艺术品，更是我们民族文化的传承和延续。通过对奈曼王府木雕图案的了解，我们不仅可以更好地了解和认识中华优秀传统文化，还可以对奈曼王府木雕这一项非物质文化遗产有初步的认识，从而更好地保护和传承我们的文化。通过阅读文献和实地调查发现，奈曼王府木雕作为一种非物质文化遗产，在历史的长河中扮演着非常重要的角色。木雕图案，尤其是在封建官僚体系中，使用时严格按照等级制度，每处都体现出深邃的权力、象征和地位。除此之外，木雕图案的艺术审美价值也值得重视，木雕图案通过对文字、动植物、几何图案的生动雕刻，不仅体现出木雕图案的象征意义，还体现出它们直观的美学意义。同时，木雕图案还能给人们增强文化自信和文化认同感。总而言之，木雕图案是中华优秀传统文化中重要的一部分，我们应该深入对木雕图案的理论探讨，推动奈曼王府木雕的未来发展。

---

[1]　访谈对象：BJR；访谈时间：2024 年 8 月 12 日；访谈地点：小卖部。

附　录

调研照片

附图 1-1　奈曼王府政事堂

资料来源：2024 年 4 月 23 日笔者摄。

附图 1-2　奈曼王府后殿东配殿

资料来源：2024 年 4 月 23 日笔者摄。

附图 1-3　奈曼王府脊兽

资料来源：2024 年 4 月 23 日笔者摄。

附图 1-4　寝殿院隔断

资料来源：2024 年 4 月 23 日笔者摄。

附图 1–5　佛堂院壁画

资料来源：2024 年 5 月 3 日笔者摄。

附图 1–6　座椅

资料来源：2024 年 5 月 3 日笔者摄。

第二章

蒙古族四胡音乐的传承与保护路径调研报告

阿思娜[*]

【内容摘要】集体记忆在形成和维持文化认同方面发挥着核心作用，它作为民族历史和文化的记忆之场，为铸牢中华民族共同体意识提供了丰富的素材和深厚的根基。蒙古族四胡音乐是北方游牧民族杰出的音乐创造、中华音乐宝库的重要组成部分、中华文明绵延传承的生动见证，蕴含了丰富的集体记忆。保护、传承好蒙古族四胡音乐这一非物质文化遗产，就是守护昨天的文明、今天的资源、明天的希望。本章以更好保护少数民族非物质文化遗产为立足点，通过文献研究法和实地调查法系统梳理了科右中旗蒙古族四胡音乐的历史脉络和现状，将非遗传承人的集体记忆建构过程细化为时间维度、空间维度和情感维度，分析了该地区蒙古族四胡音乐传承人形成文化认同的成因和影响因素，最终提出文化认同视角下蒙古族四胡未来的传承与保护路径，以期更好地促进民族优秀文化的保护传承。

【关键词】集体记忆；文化认同；蒙古族四胡音乐；非物质文化遗产

一、引言

文化是民族的魂魄命脉、人民的精神家园，文化认同是维护民族团结、国家统一的心理基础和情感纽带。习近平总书记深刻指出："文化认同是最深层次的认同，是民族团结之根、民族和睦之魂。文化认同问题解决了，对伟大祖国、对中华民族、对中国特色社会主义道路的认同才能巩固。"^①我国是一个多民族的国家，每个民族都有其独特的优秀传统文化，展现着各个民族在长期生产生活过程中的智慧与审美意趣。少数民族非遗文化同属于中华优秀传统文化当中。非遗

---

* 阿思娜，内蒙古大学 2022 级民族学专业硕士研究生。现就职于鄂尔多斯市康巴什区委社会工作部。
① 习近平在参加内蒙古代表团审议时强调　完整准确全面贯彻新发展理念　铸牢中华民族共同体意识［J］.实践（党的教育版），2021（3）：18–19.

传承为各民族交往交流交融构建起中介和桥梁，能够连接各民族成员对集体记忆的追溯，加深人们对各民族文化的理解，增强人民精神领域文化认同感、民族自信心、国家归属感，是实现"民族团结一家亲"心理认同幸福情境、强化民族团结进步的行动引领，成为推进铸牢中华民族共同体意识教育的重要抓手。

蒙古族四胡音乐旋律悠扬、古朴，是中华民族艺术宝库中的瑰宝，也是国家级非物质文化遗产之一。在科右中旗漫长的历史岁月中，蒙古族四胡深深地植根于科右中旗广大群众的生活之中，弹奏四胡，欣赏音乐，愉悦身心，已成为人们重要的精神文化生活。随着社会、文化、经济的发展，多种文化艺术表现形式的应运而生，古今、中外、雅俗间的撞击都汇集到一起，少数民族器乐的保护和传承必然受到严峻的考验。特别是很多青年人已经不屑于演奏本民族的器乐，传统的乐器演奏艺术面临丢失的危险。对少数民族文化的保护，是贯彻落实习近平总书记关于文化认同重要指示精神的具体行动，也是维护国家文化安全的有效举措。因此，研究蒙古族四胡音乐非遗势在必行。

我国蒙古族音乐研究始于 20 世纪 40 年代，其中对蒙古族四胡的研究较晚，近几年才开始。通过查阅整理，关于蒙古族四胡的研究主要集中在四个方面：①蒙古族四胡历史背景和传承发展的相关研究。包克诚（2009）在《科尔沁地区蒙古族四胡文化的传承研究》一文中，以科尔沁蒙古族四胡的传承状况为研究对象，对蒙古族四胡的文化传承、文化交融、文化价值及四胡制作改良等方面问题，做了详细的介绍与阐述。[①] 作者从民族音乐的研究方法和社会文化角度切入研究，通过多个典型个案反映出蒙古族四胡文化在科尔沁地区的总体状况。闫蒙（2017）在《传承视角下东蒙四胡的发展历史》一文中，以四胡形制分类、传承状态与传承主体三个方面为切入点，对东蒙四胡音乐特点及传承主题进行了简要的概述。[②] ②关于四胡演奏技艺和它在蒙古族音乐中的作用研究。刘武斌（2012）的《蒙古族四胡作品创作及相关问题研究》从四胡的发展入手，深入研究了四胡乐器性能、民间乐曲中四胡作品的特点及四胡的运用以及成熟期乐曲作品的特点及四胡的运用，[③] 分析了多首民间乐曲、独奏曲、重奏曲、四胡与乐队等形式的作品，并尝试探索该类作品在今后的发展空间。哈日盖（2022）在《鄂尔多斯"奈日"仪式中的乐器表演——以蒙古四胡传统技法的演奏为例》一文中提出"奈日"是鄂尔多斯蒙古族传统音乐文化的重要组成部分，在群体日常生活及音乐

---

① 包克诚.科尔沁地区蒙古族四胡文化的传承研究［D］.中央民族大学硕士学位论文，2009.

② 闫蒙.传承视角下东蒙四胡的发展历史［J］.戏剧之家，2017（8）：66-67.

③ 刘武斌.蒙古族四胡作品创作及相关问题研究［D］.内蒙古大学硕士学位论文，2012.

文化活动中发挥着重要作用。① 论文介绍了"奈日"仪式音乐中的鄂尔多斯的传统四大件乐器并就其中的四胡传统演奏技法的灵活性、多样性进行了详细撰写。③关于蒙古族四胡传承人的相关研究。苏雅（2013）的《个体·传统与新视界——吴云龙四胡艺术研究》一书，采取田野调查、口述史等多种研究方法，分别对吴云龙的学艺经历、音乐创作、演奏"套路"和传承与教学等几个方面进行了分析与研究，并从个体来看传统，分析了四胡从传统到现代的变迁。② 阿拉坦巴根（1985）的《蒙古四胡演奏家孙良》撰写了四胡演奏大师孙良的成长历程以及对蒙古高音四胡改革作出的贡献。③ 书中还搜集整理了其创作和改编的近百首蒙古高音四胡曲。木其尔（2020）的《蒙古四胡艺术研究——以民间艺人特布沁白乙拉为例》以科尔沁地区著名的民间艺人特布沁白乙拉作为研究对象，从局内人的视角剖析梳理他的四胡艺术生涯，挖掘其"个性化"的演奏特征，并注重从口传性维度出发，分析特布沁白乙拉四胡演奏中的"即兴创作—多重文本"的呈现。④④关于蒙古四胡制作工艺的研究。荣丽军（2017）在《现代蒙古高音四胡的形制结构研析》中对蒙古高音四胡的制作材料、形制与结构特征、装饰纹样等方面进行了系统的研究，并对蒙古族四胡保护发展的现状进行了分析。⑤ 王垚磊（2012）的《科尔沁蒙古四胡制作工艺及音乐研究——主要以民间艺人伊丹扎布为例》梳理了科尔沁地区蒙古四胡制作工艺的差异变化，对不同制作工艺射出的蒙古四胡艺人的创造性智慧以及广大农牧民对四胡音乐审美情趣的变迁等问题进行了分析，并对科尔沁地区蒙古族四胡民间艺人的四胡音乐艺术特征进行阐释。⑥ 云丹（2011）在《蒙古四胡制作工艺研究》中，作者以实际调查走访民间四胡制作艺人所获得的资料为基础，以蒙古族传统乐器四胡的制作工艺为研究对象，对蒙古四胡形制的历史演变及特点以及现代蒙古四胡的种类、声学原理、构造特点、四胡的发展等多方面进行了论述。⑦

　　学术界对蒙古族四胡的保护与传承的研究主要集中于传播学、文艺学、艺术

① 哈日盖.鄂尔多斯"奈日"仪式中的乐器表演——以蒙古四胡传统技法的演奏为例［J］.民族音乐，2022（1）：60–62.

② 苏雅.个体·传统与新视界——吴云龙四胡艺术研究［D］.内蒙古大学硕士学位论文，2013.

③ 阿拉坦巴根.蒙古族四胡演奏家孙良［M］.呼和浩特：内蒙古人民出版社，1985.

④ 木其尔.蒙古四胡艺术研究——以民间艺人特布沁白乙拉为例［D］.内蒙古师范大学硕士学位论文，2020.

⑤ 荣丽军.现代蒙古高音四胡的形制结构研析［J］.产业与科技论坛，2017，16（13）：52–53.

⑥ 王垚磊.科尔沁蒙古四胡制作工艺及音乐研究——主要以民间艺人伊丹扎布为例［D］.内蒙古大学硕士学位论文，2012.

⑦ 云丹.蒙古四胡制作工艺研究［D］.内蒙古师范大学硕士学位论文，2011.

学领域，对民族学的研究较少，缺乏从文化认同的视角关注蒙古族四胡。本章从民族学这一学科角度对蒙古族四胡本身的研究拓展到演奏者、传承人的身上，能更全面地分析对蒙古族四胡文化的传承与发展状况，从而创造性地提出对其未来的传承发展有建设性的建议。此外，对传承人文化认同的形成表征进行分析有利于强化民众对中华民族共同体的认同，增强边疆少数民族的中华民族共同体意识。

本章研究采用了文献研究法与实地调查法。在文献调查方面，笔者充分利用图书馆资源、知网资源，以及各大门户网站的相关数据资源，从"文化认同""少数民族非遗文化""集体记忆"等角度入手收集资料，掌握前人的主要研究进展与学术观点，总结整理现阶段的研究成果，并且通过查找有关少数民族传统文化、蒙古族音乐类非遗项目的发展现状以及品牌文化创新发展等文献和图像资料，对本章的研究提供有效依据。在实地调查法方面，为获取第一手资料，对科右中旗四胡的发展历史、关键性事件、传承人集体记忆、传承人认同感的影响因素具有深刻了解，所以选用访谈和参与观察两个角度获取原始资料。实地调查前，设计好访谈提纲，并准备录音工具和笔记本，提前做好田野工作准备。并在科右中旗文旅局相关工作人员的帮助下，参与到该局开展的"蒙古族四胡音乐专项田野调查工作"中，与项目人员一同与科右中旗的区级、盟级、旗级蒙古族四胡音乐非遗传承人与民间艺术家进行访谈，收集了大量蒙古族四胡的文本资料与音视频资料。

二、科右中旗蒙古族四胡音乐的历史沿革与传播环境

（一）科右中旗蒙古族四胡音乐历史沿革

1. 蒙古族四胡历史脉络

蒙古族四胡，也称为四股子、四弦或提琴，因有四根琴弦而得名，是最具蒙古民族特色的乐器之一（见附图2-1）。蒙古语称为"胡尔"，也叫"都日奔齐和图胡尔"，意思是"有四个弦轴的琴"。蒙古族四胡音色独特，洪亮清脆，明快优美，与其他传统乐器三弦、笛子、马头琴合称为蒙古族乐器"四大件"。它分高音四胡、中音四胡和低音四胡，多用于独奏、重奏、合奏或为科尔沁民族说唱艺术乌力格尔和好来宝伴奏。蒙古族四胡在蒙古族人民文化生活和艺术表演中扮演着重要角色，其旋律悠扬、古朴，具有极高的审美价值，是蒙古族特色最为浓郁的乐器之一。它是内蒙古东部地区广泛流传的一种传统音乐形式，传播范围主要集中在科尔沁草原一带。以内蒙古兴安盟、通辽市的市区和各旗县作为主要传播

地区，辐射到内蒙古中部的察哈尔以及西部的鄂尔多斯地区和辽宁省、吉林省的部分地区。蒙古族四胡旋律古朴、悠扬，音色丰润、醇厚。它既可以进行独奏表演，也可以作为乌力格尔、好来宝、叙事民歌等音乐形式的伴奏乐器，表演方式可谓多种多样，立体、活态地存在于蒙古族民众的现实生活中，通过灵动曼妙的旋律，演绎着丰富的情感世界。

据史料记载，蒙古族四胡源于古代北方库莫奚部人民创造的一种乐器——奚琴，库莫奚部原生活于科尔沁草原的西拉木伦河流域，本属东胡部。而其名称最早出现在宋代陈旸的《乐书》中，被描述为"奚琴四胡本胡乐也。"[1]唐宋时期，因政局不稳和政权更替，北方各民族文化之间发生了相互碰撞和相互融合，奚琴也逐渐为各民族所接纳。宋代后期，奚琴在我国北方的草原上逐步发展为马尾胡琴，而在这一时期，马尾胡琴和扬琴已经成为中原和北方少数民族通用的乐器。13 世纪初，马尾胡琴在蒙古族中传播开来，蒙古族人民称它为"抄兀日""胡兀日"等。成吉思汗时期马尾胡琴主要用于祭祀、宫廷和军队活动当中。胡兀日和抄兀日这两个名称一直被沿用到明末清初。据清代史料记载，这种四弦乐器又称之为"提琴"，而且其形制已经与现代四胡基本一致。清代中期，四胡在宫廷、民间发展成为最受欢迎的拉弦乐器，其表演形式主要是为好来宝、乌力格尔、长篇叙事民歌等说唱艺术形式伴奏为主，这些表演形式的主要特点在于说唱内容，对于音乐艺术表现力的要求较低。

20 世纪四五十年代，四胡艺术取得了较快发展。这一时期，蒙古族四胡从草原过渡到城市，从民间过渡到专业艺术，从表演舞台过渡到课堂教学，迎来了飞跃式发展，一批批四胡艺人也开始逐渐涌现出来。这一转变得到了广泛的认可和推动，使四胡艺术在这一时期取得了显著的进步和成就。并且自中华人民共和国成立以来，蒙古族四胡也逐步摆脱了原先仅限于好来宝、乌力格尔、科尔沁叙事民歌等说唱艺术伴奏的单一角色，新编了许多独奏曲，成功拓展至传统音乐的新领域。例如，《牧马青年》是一首著名的四胡独奏曲，通过青年演奏家苏雅的演奏，展现了四胡的艺术魅力。《科尔沁之声》则是另一首精彩的四胡独奏曲目，让人感受到四胡音乐的独特韵味。此外，《赛马》《烈马狂奔》和《牧人之歌》等也都是四胡独奏中的经典之作，它们各自展现了不同的音乐风格和情感表达。总之，在广泛吸收和借鉴其他乐器演奏技法和音乐形式的过程中，当代蒙古族四胡朝着多元化的方向不断发展，这对于丰富和繁荣蒙古族四胡音乐艺术，无疑具有深远的现实意义和持久的价值。20 世纪末四胡艺术又重新得到了重视，迎来了

---

① 陈旸 . 乐书：卷 128［M］. 郑州：中州古籍出版社，2019.

第二春。

2. 科右中旗蒙古族四胡音乐发展现状

近年来，随着人们生活水平的提高和群众文化活动的加强，人们对民族传统文化的高度重视使学习蒙古族四胡的氛围也日益高涨。对此，科右中旗旗委、政府高度重视四胡文化的保护、开发、挖掘和利用，为传承好发展好蒙古族四胡付诸了诸多实际行动。科右中旗对蒙古族四胡文化的重视主要体现在以下六个方面：

（1）成立四胡协会。2005 年，科右中旗成立了"胡日"协会（四胡协会），这是一个专门致力于推广和保护蒙古族四胡音乐的组织。

（2）举办大型活动。2007 年，在兴安盟第二届那达慕大会上，科右中旗组织了 500 人四胡大型演奏活动，进一步提升了四胡的知名度（见附图 2-2）。2010 年，在科右中旗举办全国八省区第二届蒙古族四胡演奏广播电视大奖赛，充分彰显了四胡音乐的魅力。2021 年，为庆祝中国共产党建党 100 周年，科右中旗组织举办了"科尔沁四胡演奏技能大赛"主题活动，参赛选手来自全区各盟市，很好地促进了全区四胡音乐艺术的相互学习和保护传承。

（3）命名"四胡之乡"。科右中旗被内蒙古自治区文联和自治区民间艺术家协会联合命名为"四胡之乡"，这一称号的获得，进一步巩固了科右中旗在蒙古族四胡文化传承中的地位。

（4）列入非物质文化遗产项目名录。2009 年，"蒙古族四胡音乐"被列入内蒙古自治区第二批非物质文化遗产项目名录；2014 年，科尔沁右翼中旗蒙古族四胡音乐被列入第四批"国家级非物质文化遗产名录"，这标志着蒙古族四胡文化得到了官方的认可和保护。

（5）出版四胡书籍和音像资料。2008 年首发音像制品《四胡神韵》，深受广大群众赞誉。2022 年出版的《胡仁·乌力格尔金曲》；2024 年出版的《弦上赞歌—科右中旗蒙古族四胡音乐专辑》，为四胡爱好者提供了情感方面的满足感，增强了对本民族文化的认同感。

（6）进行专项田野调查。为了有效传承、保护与发展这一国家级非物质文化遗产，科右中旗文化旅游体育局于 2024 年 7 月 19 日正式启动蒙古族四胡音乐专项田野调查工作，计划采访蒙古族四胡音乐项目代表性传承人，并收集整理了丰富的音频、视频、图片及手稿实物等资料。

通过这些措施，科右中旗不仅丰富了当地的文化生活，也为蒙古族四胡文化的传承和发展奠定了坚实的基础。此外，科右中旗还被原文化部命名为"全国文化先进旗"，这进一步证明了其在文化保护和传承方面的努力和成就。

（二）科右中旗蒙古族四胡音乐传播环境

1. 科右中旗的自然地理环境

科右中旗位于大兴安岭南麓，科尔沁沙地北端，隶属于内蒙古自治区兴安盟。其行政区域东邻兴安盟突泉县、吉林省洮南市和通榆县，南接通辽市科尔沁左翼中旗，西与通辽市扎鲁特旗交界，西北与通辽市霍林郭勒市和锡林郭勒盟东乌珠穆沁旗接壤，北连兴安盟科尔沁右翼前旗，境域呈西北东南狭长状，总的地势西北高、东南低。① 在交通方面，科右中旗距东三省省会城市平均距离不足 400 千米，境内有高速 5511 线、高速 1015 线，通霍铁路、锡乌铁路贯穿境内。旗所在地周边 200 千米内有乌兰浩特、通辽、霍林郭勒、白城、突泉 5 个机场，处于五个百公里机场核心区，交通便捷。全旗总土地面积 15613 平方千米。其中，山地、丘陵占总土地面积的 66.4%，平原占总土地面积的 22.6%，沙丘、沼泽占总土地面积的 11%，土壤以栗钙土、黑钙土、暗棕壤和草甸土为主；气候地带属中温带大陆性季风气候，四季分明，日照充足，水源充沛②。由此可知，科尔沁右翼中旗自然资源较为丰富，有繁茂的森林、广阔的草原、肥沃的农田、丰富的矿藏和种类繁多的野生动植物资源，为发展工农牧业生产提供了优越的条件。

蒙古族的音乐源于大自然，源于其悠久的历史和广袤空旷的环境。科尔沁右翼中旗的自然环境不仅塑造了蒙古族独特的音乐风格，也为蒙古族四胡的发展和演变提供了丰富的素材和灵感。蒙古族对天地的敬畏和亲和，对万物的崇尚和天赋，充溢在爱的音乐中，这种情感和哲学的表达方式，通过蒙古族四胡这一传统乐器得到了完美的体现。蒙古族四胡的演奏不仅反映了蒙古族的精神世界和文化遗产，而且成为连接蒙古族人民与自然环境的重要纽带。总之，自然环境为蒙古族四胡提供了丰富的音乐素材和灵感来源，同时其独特的地理位置、便捷的交通也为这种乐器的普及和发展提供了广阔的空间。

2. 科右中旗人文社会环境

蒙古族四胡在科尔沁地区的普及和深入人心，与该地区的文化环境和历史背景紧密相关。科尔沁地区是乌力格尔的故乡，胡仁乌力格尔必须由蒙古族四胡伴奏，这使得蒙古族四胡在科尔沁的农村和牧区中有着不可替代的地位。在牧区，几乎家家户户都有四胡，成为人们的精神寄托。这种深厚的文化联系和情感纽带，使蒙古族四胡不仅是蒙古族音乐的重要组成部分，也是连接蒙古族人民与其

---

① 科尔沁右翼中旗志编纂委员会.科尔沁右翼中旗志［M］.呼和浩特：内蒙古人民出版社，1993.

② 科尔沁右翼中旗人民政府网，http://www.kyzq.gov.cn/.

生活环境的重要桥梁。科右中旗位于大兴安岭南麓，科尔沁草原腹地，这片土地的历史悠久，人文璀璨，是科尔沁文化的重要发祥地之一。科右中旗的文化底蕴深厚，自然风光壮美，享有"1旗9乡5非遗"的美誉，即全国文化先进旗：中国民间文化艺术之乡、中国蒙古族刺绣文化之乡、全区乌力格尔之乡、赛马之乡、安代之乡、四胡之乡、科尔沁民歌之乡、科尔沁服饰之乡、蒙古文书法之乡；拥有蒙古族四胡音乐、乌力格尔、蒙古族拉弦乐器制作工艺、科尔沁蒙医药浴疗法、蒙古族刺绣5个国家级非遗项目。① 蒙古族四胡作为一种传统拉弦乐器，在科右中旗得到了重点培育和挖掘，成为该地区文化的重要组成部分。并且科右中旗对四胡文化、乌力格尔说唱艺术等民族民间文化进行了重点培育和挖掘，通过设定专项活动经费、建立民间艺人档案、注册品牌等一系列措施，全力打造"四胡之乡"。这些努力不仅保护和传承了四胡这一传统艺术形式，也丰富了科右中旗的文化内涵，使其成为展示和传播蒙古族文化的重要窗口。值得一提的是，科右中旗乌力格尔展厅（见附图2-3至附图2-5）中展示了蒙古族四胡音乐在该地区的全部发展历史，并配备讲解人员为参观群众进行细致的介绍，其参观群众包括但不仅限于内蒙古地区的群众。笔者在调研期间遇见了台湾青年曲艺演员交流团来此参观，可以说，科右中旗的社会文化背景孕育了蒙古族四胡这一独特的艺术形式，使其成为科右中旗乃至整个蒙古族文化中不可或缺的一部分。科右中旗蒙古族四胡音乐的爱好者极为广泛。其中技艺水平较高者分布于巴彦呼舒镇都兰小区、铁路社区、呼和吉乐社区、军乌拉居委会，高力板镇好力宝嘎查、西太本嘎查、道兰毛杜嘎查、高林套海嘎查、赛音道卜嘎查，西哲里木镇塔日根哈达、扎木钦嘎查，巴彦芒哈苏木白音查千嘎查、呼木吉力吐嘎查等。

三、文化认同视角下科右中旗四胡传承人的集体记忆建构

"集体记忆"是法国社会学家莫里斯·哈布瓦赫于1925年提出的一种社会心理学研究概念，它被界定为："一个特定社会群体之成员共享往事的过程和结果，保证集体记忆传承的条件是社会交往及群体意识需要提取该记忆的延续性。"即集体记忆是群体成员在特定情境中对过去的共同回忆，是由社会和道德维持的，既立足现在，又重构过去；既由变迁构成，又包含连续性（董继海，2024）。② 所

---

① 科尔沁右翼中旗人民政府网，http://www.kyzq.gov.cn/.

② 董继梅. 多民族互嵌格局中的集体记忆与中华民族共同体认同［J］. 贵州民族研究，2024，45（3）：99-105.

以，记忆就成了一个社会构建的中介。少数民族非物质文化遗产的集体记忆与空间时间情感维度紧密相关，通过时间的推移和空间的变迁以及传承人的记忆与实践，非物质文化遗产得以保存和传承，成为连接过去、现在与未来的文化纽带。

（一）时间维度

时间维度这里是指集体记忆的代际传承。传承人通过传承乡村非物质文化遗产空间能够回忆起人、事、物，并且从文化的连续性方面可以得到论证（吕龙等，2019）。[①]集体记忆的代际传承是一个群体对自己过去的记忆通过世代之间的传递和共享，实现文化、价值和经验的连续性。就如敖某[②]说道：

"我小时候就开始喜欢四胡、乌力格尔等艺术。这也是受大环境的影响，因为当时我们村子里甚至整个社会环境中的大多数人都喜欢四胡、乌力格尔。记得11岁的春天，听到布仁巴雅尔老师要来我们这里说乌力格尔后大家都很激动，我姑父骑自行车带我从呼和道卜到伊和道卜听布大师拉四胡说乌力格尔，听了两晚，当时小孩不需要买票，大人则需要买票，票价两角。演出地点是在土房，进去后发现是打通四五间屋子的大房子。当时得有四五百人聚集在那里，门外还有一群人。布大师盘腿坐在写字台上，正好坐在大房子正中间的位置，观众则坐在地上，坐板凳的只有几个人。就这样还是人挤人地坐满了。如果大家都坐板凳的话根本装不下这么多人。布老师搭配着四胡讲的乌力格尔太精彩了，声音也大，大家听得津津有味，中间也会穿插一些笑话，逗得大家哈哈大笑，这一间隙他也正好吸上一口烟。这次现场观看大师的演出也使我更加坚定了学习这门艺术的决心"。

早年间，在内蒙古东部，村里有喜事宴请都会邀请胡尔奇[③]去表演，几乎全村人都会聚集来听，可以说听四胡听乌力格尔是他们儿时那个没有电脑、电视、电话、手机的年代唯一的精神食粮。直到现在他们到了城里生活，还是会怀念过去的那段时光。笔者整理访谈资料后发现传承人都有提到：

"我对四胡演奏的兴趣来源于我的家人影响，我爷爷和爸爸是四胡艺人，叔叔也会拉四胡，所以听到他们演奏并且看到有这么多的听众时我也慢慢喜欢上了四胡。""当时干活累了，回家后拉起四胡就感觉神清气爽、一点都感觉不到累了，四胡对我来说真的是一剂良药，可以让我开心。""拉四胡当时是受到大家的

---

① 吕龙，吴悠，黄睿等."主客"对乡村文化记忆空间的感知维度及影响效应——以苏州金庭镇为例 [J].人文地理，2019，34（5）：69-77，84.
② 访谈对象：敖某；访谈时间：2024年7月23日；访谈地点：巴彦呼舒镇。
③ 拉四胡说书的蒙古族艺人被称为胡尔奇。

欢迎的，我们农忙结束后会聚集在胡尔齐的家里听他们拉四胡说乌力格尔或者好来宝。"

这些都是该地区对蒙古族四胡音乐的集体记忆，通过这些集体记忆可以看出四胡艺术在科右中旗的一代又一代的传承情况。这种传承不仅涉及记忆的保存和传递，还包括对这些记忆的解释和重构，以确保它们能够在不同的时代背景下保持活力和相关性。集体记忆的代际传承是社会和文化发展的重要组成部分，它帮助个体和群体维持对共同历史的认同感，从而形成更深层次的文化认同和社会凝聚力。

此外，新老一代传承人在时间维度感知上也存在些许差异。每代人都有独特的集体记忆，不同代际记忆之间存在着差距。在文化空间载体和记忆内容动态演变过程中，时间维度具有重要意义。每一代人建构的集体记忆主要来源于他们生命历程中的重大事件和生活经验，而这又是他们所处的代际所决定的。苏某[①]告诉笔者：

"我学四胡是没有人教的，也没有谱子，主要靠的是感觉，自己在慢慢探索、试音中学会，期间花费了很长时间。我首先学会的曲目是《金珠儿》，学的时候一段一段分开练习，不断地调音，最后查漏补缺，最终弹出来了。"

对于老一辈的传承人来说，他们更多的是通过拜师学艺、家族传承或是自学的方式，通过口耳相传、观看演出的途径面对面地进行教学或经验交流。到了年青一代传承人，随着社会的快速发展，他们可以通过学校、传习所和手机进行传承学习。陈某[②]和巴某[③]告诉笔者：

"我小时候，想学点东西是比较难的，只能通过收音机或者言传身教的方法才可以学习。现如今，随着科技的发展，人们只要下定决心想学什么都可以很方便地学到。"

"我是拜师学艺的，每天和其他人住在老师家里一同学习，学成后我带上四胡跟着老师去附近各个苏木、村庄进行演出，技艺提升了不少。现在学四胡的方式可多了，除了以前基本的方式以外，现在学校里能学，手机里看传承人直播也能学。"

在传承模式上，四胡从过去的单一的语言口耳相传无外力推动的自然传承模式，逐渐向现在政府力量推动下的国家传承模式转变。虽然存在明显的代际差

---

① 访谈对象：苏某；访谈时间：2024 年 7 月 25 日；访谈地点：巴彦呼舒镇。
② 访谈对象：陈某；访谈时间：2024 年 7 月 26 日；访谈地点：巴彦呼舒镇。
③ 访谈对象：巴某；访谈时间：2024 年 7 月 24 日；访谈地点：巴彦呼舒镇。

异，但新老两代和而不同的不断传承和弘扬四胡艺术，这有力地说明了集体记忆存在延续性和传承性。

（二）空间维度

集体记忆的空间维度是指在一个具有特定文化内聚性和同一性的群体中，人们对自己过去的记忆在空间上的体现（刘玄宇等，2017）。[1] 空间维度是记忆主体能从承载文化记忆的物质空间中回忆过去的某种经历，是一种对过去经历的再现和重构，它在记忆建构中扮演着重要角色，是文化和情感的载体。

通过访谈得知，在 20 世纪 50~80 年代四胡表演的场所有限，所演之处多在乡村院落、家中炕上等日常生活空间，演出形式单一，艺人主要是以口耳相传这种"接地气"的形式进行传唱传承。自 2007 年兴安盟第二届那达慕大会上，科右中旗组织了 500 人四胡大型演奏活动后，不仅提升了四胡的知名度与传播度，还有很多四胡艺人纷纷涌现出来。德某[2] 说道：

"2007 年的 500 人四胡演奏对我们旗四胡发展的影响特别大，自那以后重新拾起四胡的人变多了，大家对四胡的关注度明显提高。"

在此次活动后，科右中旗政府机关不断重视这一传统文化的健康发展，为其提供了大量演出空间，并大力培养传承人，自此四胡的演出空间和形式内容得到拓展。蒙古族四胡的演奏地点逐渐扩展到更广阔的舞台和广场，成为公共文化活动的重要组成部分。随着文化的传播和发展，蒙古族四胡的演奏地点逐渐扩展到了公共舞台。这些舞台活动包括各种文化节（见附图 2-6）、艺术节（见附图 2-7）、春节晚会等，为更多的人提供了欣赏和学习蒙古族四胡的机会。此外，在广场文化活动中，蒙古族四胡的演奏也成为一道亮丽的风景线。这些活动不仅丰富了广场文化的内涵，也让更多的人有机会亲身感受到蒙古族音乐的魅力。徐某[3] 说道：

"当时我们拉四胡时可热闹了，每晚在图什业图广场聚集几百多人一同拉四胡，就连当时的旗长佟某和旗领导白某、王某在闲暇时间也会过来听我们拉四胡。大家都是自愿聚齐的，一个晚上我们会拉五六十个曲目。我当时担任四胡协会图什业图广场分会的会长，每当晚上下班回家后，洗把脸，换好衣服，带上音响就赶紧去广场了。晚上 6 点半大家来得差不多了，我们就统一好各自的四胡演

---

① 刘玄宇，张争胜，牛姝雅.南海《更路簿》非物质文化遗产集体记忆的失忆与重构［J］.地理学报，2017，72（12）：2281-2294.

② 访谈对象：德某；访谈时间：2024 年 7 月 29 日；访谈地点：巴彦呼舒镇。

③ 访谈对象：徐某；访谈时间：2024 年 7 月 30 日；访谈地点：巴彦呼舒镇。

奏半小时。与此同时，也有人跟着我们的伴奏唱上科尔沁民歌，一个晚上估计唱20多首歌曲，直到晚上10点演奏结束之后我才回家吃饭。"

科右中旗居民自行在广场聚集进行四胡演奏与观看表演的行为不仅体现了蒙古族文化的传承和发展盛况，也反映了蒙古族人民对传统文化的热爱和传承。

蒙古族四胡的演奏地点从家庭到舞台广场的转变，不仅展示了蒙古族文化的传承和发展，也反映了蒙古族人民对传统文化的热爱和保护。这种文化的传播和影响力的提升，对于促进文化交流具有重要意义。

（三）情感维度

集体记忆情感维度的表现主要体现在它能够激发和强化群体成员的情感共鸣和认同感。集体记忆不仅是对过去的回忆，更是一个群体共享的文化、价值和经验的集合，它能够通过社会交往和互动被传承和强化，进而形成传承群体对文化的认同感和凝聚力。

对于四胡传承人而言，科右中旗是自己土生土长的家乡和栖息地，去传承自己民族、家乡的非遗音乐文化，这件事所能带给自己的是强烈的自豪感，同时，这也是每个传承人应当担负的责任。正如白某[1]所说：

"作为非遗传承人，我感到责任重大。我们的文化是我们的灵魂，非遗则是我们文化的重要组成部分。我要尽我所能，将非遗传承下去，让后人了解我们的历史和文化。"

包某[2]就收徒方面的问题，说道：

"我收徒教授四胡演奏技艺是不收费的，我的两个徒弟都是在工作之余来学习的，有时在微信上视频教学，有时他们来我家里住几天，跟着我一起学习、演出。有人来向我学习我就很开心，我们的民族传统文化可以更好地传承发展。"

此外，祖辈传下来了许多关于演奏四胡的禁忌和行为习惯。通过访谈资料整理出来的有：

"早上不可以拉四胡；上午、中午不可以拉四胡；日落时，认为那是'黑白间陈'不吉利，所以不可以拉四胡；邻居有老年人有孩子居住的，需要谨慎拉四胡，不能打扰他人；不能靠南墙拉四胡；不能靠东墙拉四胡；窗户旁边不拉四胡；要靠西墙拉四胡；很多时候是坐在炕上拉四胡，所以四胡也被称为'炕上的艺术'。"

种种不能拉四胡的情况是由于当时的社会环境中，人们担心拉四胡会耽误白

---

[1] 访谈对象：白某；访谈时间：2024年7月23日；访谈地点：巴彦呼舒镇。
[2] 访谈对象：包某；访谈时间：2024年7月31日；访谈地点：巴彦呼舒镇。

天干活，所以大多是反对白天拉四胡，支持晚间或者人们干完活休息的时间拉四胡。这些禁忌通过世代相传，成为族群成员共同遵守的行为准则，增强了族群的凝聚力和认同感。

在现代社会中，对于非遗的生产性保护只有通过构建深沉的文化认同，才能清晰地认识到中华优秀传统文化并去坚持传承。而建构文化认同，不仅要达到观念上的一致，还要推动实践的向前发展。实践是文化认同的逻辑起点，只有将非遗融入实践中，融入传承人及大众创造美好生活当中，去提高人们的参与感与获得感，才能赢得人们发自内心的赞成和认同。在实践上取得的成功又将反过来为非遗的认同和复兴提供更有力的支撑，进而为中华民族的优秀文化的传承与发展创造有利的条件。在科右中旗蒙古族四胡音乐非遗传承人集体记忆建构的具体过程中，通过时间维度展现了四胡传承者自 20 世纪五六十年代至今对蒙古族四胡音乐的代代传承、不忘初心、不间断地来传承和弘扬四胡艺术；通过空间维度展现了蒙古族四胡音乐在科右中旗的传播场地上从乡里田间走向更大的舞台演出，传播范围变得更加广阔、传播影响力变得更加广泛；通过情感维度展现了传承者内心的责任感和自豪感。这些种种实践无不呈现出他们对民族传统音乐文化的认同感。我国是一个多民族的国家，少数民族非遗文化同属于中华优秀传统文化当中。在多元一体的中华文化格局下，以小见大，通过科右中旗蒙古族四胡音乐传承人的传承保护来构建集体记忆和文化认同，可以有效地增强民族团结，实现"民族团结一家亲"心理认同幸福情境，为铸牢中华民族共同体意识提供了丰富的素材和深厚的根基。

四、科右中旗四胡传承影响因素

（一）促进因素

1. 个体经历与情感体验

非遗传承人的个人经历和情感体验对于传承和发展非遗文化具有深远的影响。这些经历和体验不仅塑造了非遗传承人的文化认同，也影响了他们对非遗文化的理解和传播方式。访谈资料显示，很多四胡传承人无论家里是否有人会拉四胡，他们都有一个共同点，就是从小就对四胡感兴趣并且是自愿选择学习四胡的。在具备共同的学习初心下，家族中有长辈、兄长会拉四胡的会向长辈，兄长学习，家族中没有人会拉四胡的则通过听收音机或者看现场演出后进行自学。他们主要都是靠所谓的"感觉"来进行学习的，与现如今的谱子教学不同，是相对比较难且费时间的，但是学成之后可以将自己的情感融入乐器当中，更好地掌握拉奏的技巧。在学习到基本的曲子、演奏方法之后，传承人的学艺道路上免不了拜师。他们会选择拜师来提高自己的理论知识、演奏技巧以及表演水平。就"技艺成熟有哪些标志？"这一问题大家的回答情况是：

斯某[①]表示：

"俗话说'人外有人，天外有天'，我认为学习艺术是个漫长的过程，学无止境。我认识的每位四胡老师都有自己的特点，演奏技巧也各不相同，我觉得我们需要学习的东西还很多。"

六某[②]表示：

"我在演奏四胡时没有出差错就表示技艺成熟了。"

邰某[③]表示：

"我认为四胡技艺得到成熟的标志是你掌握了丰富的演奏技巧，如会滑音、颤音、打音、泛音、双音等。学会这些技巧可以在四胡表现力和艺术性上达到较高的成熟水平。"

佟某[④]表示：

"我认为四胡演奏者在熟练演奏各种曲目、演奏技巧的同时，能够通过演奏表达出音乐的情感和意境，使听众能够感受到音乐所要传达的思想和情感就是技艺相当成熟了。此外，作为四胡音乐的学习者和传承人，很重要的一点是我们应该尊重、爱护自己的乐器，它是你才能的延伸，也是陪伴你成长的伙伴，应始终小心处理并爱护。我每次一拉四胡，什么烦恼都可以忘掉，这些琴（见附图2-8）对我来说就是'一剂良药'。"

所有的这些回答可以体现出大家对四胡演奏的重视与保护的心情，他们有自己的一套标准，并且会拿这个标准来监督自己、不断提升自己。四胡传承人在拜师学成技艺后会参加旗里或者外地举办的培训班、比赛、演出，不断进行实践活动，之后会通过这些经历来进行非遗传承人的认定并进行传承文化的各项活动，采取收徒、办学等方式开展传承活动，培养后继人才，参与非物质文化遗产公益性宣传展示活动，妥善保存相关的实物、资料，配合文化旅游体育主管部门和其他有关部门进行非物质文化遗产调查等。综观传承人的全部生活，可以说每个时段都有四胡的贯穿，而这些经历使得传承人对文化有着深刻的理解和感受，从而

---

① 访谈对象：斯某；访谈时间：2024年8月1日；访谈地点：巴彦呼舒镇。
② 访谈对象：六某；访谈时间：2024年8月2日；访谈地点：巴彦呼舒镇。
③ 访谈对象：邰某；访谈时间：2024年8月5日；访谈地点：巴彦呼舒镇。
④ 访谈对象：佟某；访谈时间：2024年8月6日；访谈地点：巴彦呼舒镇。

能够更好地传承和发展这一文化。

2. 广泛开展的非遗实践活动

近年来，科右中旗开展了各类四胡的比赛、培训班，如全旗第五届蒙古族四胡音乐大赛，乌力格尔艺术那达慕，全旗第六届四胡骨干人员技能培训班等，为进一步提升该旗非遗保护传承工作水平，激发传承人的传承积极性和敬业精神，搭建了良好的平台。如宁某[1] 提到：

"每次有培训班或者比赛我都会来参加，一方面我可以将自己平时练习的曲子展现给观众，另一方面也可以通过比赛或者培训班认识其他志同道合的伙伴，和他们一起相处很开心，也通过技艺的切磋认识到自己的不足，之后会加强练习。"

组织举办四胡比赛不仅为四胡音乐爱好者提供了一个展示才华的舞台，更重要的是，它加强了科右中旗地区各族人民的文化交流合作。通过这样的比赛，传承人不仅能够展示自己的技艺，还能够从其他传承人身上学习到新的技能和知识，从而实现技艺的交流和提升。此外，这样的活动也为传承人提供了交流互鉴的平台，有助于四胡文化的宣传推介，对传承人的技艺传承和创新起到了积极的推动作用。这种形式的比赛和活动，不仅让传承人有机会展示自己的才华，还能够促进文化的传播和交流，对于保护和传承中华优秀传统文化具有重要意义。不仅如此，这些比赛还为全旗四胡爱好者搭建了展示才华的平台，丰富了广大城乡群众的精神文化生活。而举办四胡培训班可以强化非遗传承人群的综合素质、提高业务能力和实际操作水平，并且对增强文化自信、促进文化交流和推动创新有很大的帮助。乌某[2] 说道：

"每次的培训课我都非常愿意来。因为课上不仅可以学到新的曲子，还能通过理论课了解我们民族乐器的历史由来以及传承现状、传承价值，我明白到我们民族音乐的发展现状后也更加坚定了传承民族文化的决心。"

科右中旗四胡培训班为学员精心安排了课堂教学、口传心授、创作实践、理论研讨等一系列理论和实践相结合的教学方式（见附图 2-9），对学员进行专业基础知识和传统技艺实践等方面的指导，提高了传承人群文化素养和政策理解能力。此外，通过培训不仅提高了非遗代表性传承人的业务水平和综合素质，也进一步推动了非遗保护工作的深入开展，李某[3] 说道：

"听了这堂课，解开了我的一个疑问，明白了一方面保护非遗项目，另一方

---

① 访谈对象：宁某；访谈时间：2024 年 8 月 9 日；访谈地点：巴彦忙哈苏木。
② 访谈对象：乌某；访谈时间：2024 年 8 月 13 日；访谈地点：巴彦呼舒镇。
③ 访谈对象：李某；访谈时间：2024 年 8 月 15 日；访谈地点：巴彦呼舒镇。

面利用非遗做一些活化的工作，既保护传承，又提高经济效益，这个培训班办到点子上了。"

总之，四胡培训班和比赛为四胡演奏者提供了一个学习和交流的平台，通过提高技艺、增强文化自信、促进文化交流和推动创新等多方面的帮助，有效地促进了四胡艺术的传承和发展。

3. 社会认可与支持

社会认可与支持对非物质文化遗产传承人的影响至关重要。社会认可与支持不仅能够为传承人提供更好的生存和发展环境，还能够激发他们的创作热情，促进非遗文化的传承和发展。科右中旗被誉为"蒙古族四胡之乡"，这里一直以来都非常重视四胡文化的保护、开发和利用。早在1953年，科右中旗的调研统计显示，全旗有1500多把四胡，得出了"没有无四胡艾里"的结论，即科右中旗境内的各个地区都分布着四胡艺人。而且据蒙古族四胡音乐传承人回忆，20世纪七八十年代的社会中演奏四胡是受到人们的欢迎与喜爱的。现如今，科右中旗十分重视四胡文化的保护、开发、挖掘和利用，通过制定相关法律法规、设立专项资金等方式，为蒙古族四胡音乐非遗传承人提供更好的生存和发展环境。目前全旗成立1个专业的四胡艺术协会，其分会覆盖12个苏木镇。登记在册的四胡专业演奏艺人达100人，热衷者2万余人。2007年，科右中旗在兴安盟第二届那达慕大会上组织了500人四胡大型演奏活动，同年被内蒙古自治区文联和自治区民间艺术家协会联合命名为"四胡之乡"。2008年，首发音像制品《四胡神韵》，深受广大群众赞誉。2011年，在科右中旗举办全国八省区第二届蒙古四胡演奏广播电视大奖赛，充分彰显了四胡音乐的魅力。这些种种加强对非遗文化的宣传和推广活动，不仅提高了公众对非遗价值的认识和重视程度，更重要的是传承人会感受到自己的工作被社会认可，从而更加积极地投入非遗文化的传承和创新中。

（二）制约因素

1. 政府财政补贴不到位

非物质文化遗产的保护是中国政府的一项重要任务。为此，政府制定了相关政策和措施，并提供了资金支持，以确保非遗的有效传承。非遗传承人的活动，包括培训、表演等，通常得到政府的经费支持。然而，在日常的传承活动以及比赛中，传承人可能需要自筹部分费用，如购买材料，设备维护，承担住宿等。徐某[①]在访谈中说道：

---

① 访谈对象：徐某；访谈时间：2024年7月30日；访谈地点：巴彦呼舒镇。

"我是科右中旗四胡协会'图什业图广场'的主要负责人，带上音响设备，虽然说是大家一起弹唱四胡，但是有什么不懂的地方大家都来问我，我也会毫不吝啬地传授四胡弹奏技巧，所以其实这也算是一个传承活动了，但是组织协会上并没有给我们提供一些设备上的补助，所有的这些音响设备都是我自己花钱买的。"

宁某[①] 说道：

"我们是非常乐意来参加镇上举办的四胡比赛的。但现实中有两个难题摆在我们面前：一是要考虑钱的问题，因为我们不住在镇上，从村里来镇上得花钱，虽然局里会给报销来回的车票，但是吃的住的都需要自己掏钱，要是多住几天也是花不少钱。二是，举办比赛有时会分成预赛、初赛、决赛，连续三天进行比赛，我是家里的主要劳动力，我要是这么多天不在家，家里喂牛喂羊只有我媳妇干，根本忙不过来。所以，还是希望比赛时长缩短一下，一天之内举办完就太好了。"

这也代表了大多数以四胡演奏作为副业的参赛者的心声和需求。很多传承人因经济拮据、生活困难，只得把更多时间和精力放在维持自身和家庭的生存上来，无法潜心从事传承活动以及培育传承人。据统计，科右中旗境内四胡传承人在各个乡村分布的人数要比镇上的多一倍左右。非遗保护工作需要政府和社会各界的共同参与，政府和传承人都有责任和义务。政府应加大投入，提升公众对非遗保护的认识和重视，传承人则应积极参与，为传承中国传统文化做出贡献。

此外，比赛活动奖品的选择对于激励传承人参与比赛至关重要。奖品包括证书和实物奖品。

奖品的选择对于激励传承人参与比赛具有关键作用。一方面，奖品可以是对传承人努力和成就的认可，同时也是对他们未来参与更多传承活动的鼓励。通过提供具有实际价值的奖品，不仅能够吸引更多传承人参与，还能在一定程度上提高他们的积极性。例如，可以将奖品设为超市购物卡、现金、四胡等。这些奖品不仅具有实用性，能够满足传承人的日常需求，同时也具有一定的纪念意义，能够激励他们在未来的传承活动中发挥更大的作用。

2. 外部支持弱化

随着经济的快速发展，人民的生活观念、生活方式、审美价值也发生了变化，面对日益丰富的物质生活和精神文化生活，年轻人更热衷于现代生活方式、可以选择的音乐类型也变得多元化，他们对民间传统音乐逐渐失去兴趣。笔者访谈了 16 位科右中旗蒙古族四胡音乐非遗传承人（见表 2-1），其中区级传承人 2

---

① 访谈对象：宁某；访谈时间：2024 年 8 月 9 日；访谈地点：巴彦忙哈苏木。

人，盟级传承人 8 人，旗级传承人 6 人。据统计，他们最高年龄为 76 岁，最小年龄为 39 岁，平均年龄为 63 岁，总体年龄偏高，四胡非遗音乐传承面临传承人年龄老化问题。传统乐器的传承需要长期的系统学习和精心培养，但现实情况下，年青一代对传统文化的兴趣和参与度较低。传承人纷纷表示，非遗未来的发展和传承人的选拔是比较棘手的问题，他们为此也很担心。对此，白某① 告诉笔者：

"我们在假期时会针对中小学生开办四胡培训班，每次估计会有十几个青少年来参加培训，但是培训一结束他们大多也不会找我了，只有那么一两个人会坚持学习。所以我就想着，只要我们办的培训班里有一个人对四胡感兴趣，选择坚持学下去我就很欣慰了。"

表 2-1　笔者访谈的科右中旗蒙古族四胡音乐非遗传承人

姓名	身份	性别	民族	年龄（岁）	文化程度	职业
白某	区级传承人	男	蒙古族	67	大专	四胡从业者
包某	区级传承人	男	蒙古族	64	高中	四胡从业者
敖某	盟级传承人	男	蒙古族	67	大专	四胡从业者
佟某	盟级传承人	女	蒙古族	72	小学	退休职员
邰某	盟级传承人	男	蒙古族	66	大专	退休职员
德某	盟级传承人	男	蒙古族	66	大专	退休职员
李某	盟级传承人	男	蒙古族	66	大专	退休职员
苏某	盟级传承人	男	蒙古族	65	小学	粮站退休者
宁某	盟级传承人	男	蒙古族	64	高中	务农
陈某	盟级传承人	男	蒙古族	39	大专	四胡从业者
孙某	旗级传承人	男	蒙古族	76	初中	电工
乌某	旗级传承人	男	蒙古族	73	初中	务农
六某	旗级传承人	男	蒙古族	59	初中	务农
巴某	旗级传承人	男	蒙古族	57	大专	体育老师
斯某	旗级传承人	女	蒙古族	47	大专	退休教师
徐某	旗级传承人	男	蒙古族	69	高中	瓦匠

资料来源：笔者自制。

传承人既是非遗的创造者，也是非遗的传播者，他们维系着原生态非遗的命

---

① 访谈对象：白某；访谈时间：2024 年 7 月 23 日；访谈地点：巴彦呼舒镇。

脉，是保证非遗传承的核心所在。随着社会的变革和文化的转型，非遗所依托的社会环境和人文环境都发生了变化，给非遗的生存和发展带来了新的问题。老一代传承人相继离世或者高龄，年青一代传承人数较少，导致传承人的数量和非遗传承受到威胁。

3. 传承人内生动力不足

生活困境以及得不到非遗四胡音乐带来的正面反馈是导致非遗传承群体内生动力不足的重要原因。许多非遗传承人因经济拮据而无法专注于传承工作，例如，一些传承人因生活困难不得不外出务工，无法潜心传承。对此，陈某[①]说道："现在的社会发展得越来越好了，但是我们的地位还是比较低的。我认识的四胡传承人中以四胡作为专职工作的很少，就那么几个，大多数还是当成副业来进行的。我觉得传承四胡最重要的问题是能否靠它来生活，现在的年轻人好多都认为学四胡是看不到未来的，会有'学这个以后去哪就业？'的困惑。如果社会可以为四胡学习者的增加、设立专门的工作岗位，我们的孩子就会对未来有信心，认为依靠四胡演奏技艺可以维持生活，从而增加学习四胡的热情。例如，在学校可以招聘乌力格尔、好来宝或者四胡演奏老师。"

此外，有少数传承人觉得带徒弟是非常难的一件事，很多学生在拜完师之后会因为各种原因选择放弃四胡音乐的学习，也有一部分学生在学成之后会遗忘自己的师傅，因为当时教学的时候大多数传承人是不收学费的，有的甚至学生来家里学习时做好饭菜，留着学生吃饭。也有一部分四胡传承人自己掏钱来组织四胡艺人或爱好者组成团体参加苏木春晚、文艺汇演等。可以说每个传承人在蒙古族四胡音乐上的付出远比收入高，可当付出得不到一个好的反馈时传承人会有一些负面情绪，从而进一步削弱传承人的积极性，导致传承人缺乏自我认知和自我决策能力，成为"被保护的个体"，而非具有自我认知、自我决策能力的"传承主体"。

五、文化认同视角下传承与保护科右中旗蒙古族四胡音乐的路径

（1）加强四胡非遗专业人才的培养保护。因为非物质文化遗产的保护、传承和发展对人才的需求很高，所以需要组建一支理论知识与实际操作兼备的复合型人才队伍，招揽人才时需要选择具有专业知识背景并且热爱中国传统文化的人，并组织定期的培训，逐渐形成一套科学、完备的人才引进和培养体系，为四胡非遗的发展提供更多的新鲜血液，使四胡非遗人才逐渐走向专业化和职业化。这样

---

① 访谈对象：陈某；访谈时间：2024 年 7 月 26 日；访谈地点：巴彦呼舒镇。

的话，喜欢四胡的青少年可以更加安心地、放心地去学习这一门艺术，从而加强青少年对传承非遗文化重要性的认知，增进对民族文化的认同和理解。

（2）多渠道筹集四胡非遗传承经费。非遗传承经费的短缺，是制约和阻碍非遗保护传承的重要因素。加大非遗传承的资金投入，给予非遗项目财政上的支持，给予非遗传承人一定的经济上的支持，这对保护非遗项目，对非遗传承人的工作，都是一种激励。在这一点上，政府可以在经济和政策上给予一定的扶持，通过财政投入、税收优惠等方式支持非物质文化遗产的保护和传承，确保非遗项目有资金扶持，让非遗传承人有经费支持，从而提高非遗项目的保护效果和非遗传承人开展传承活动的积极性。同时，非遗的传承人和相关单位、组织也可以采取与企业合作、将非遗产品销售给公众、众筹等多种方式来筹集资金，确保非遗的传承活动能够健康、有序地进行。

（3）加大四胡非遗传承保护宣传力度，增强非遗传承保护意识。充分利用传统节日，通过制作非遗宣传版面、出版非遗宣传书籍、拍摄刊播非遗传承的短视频、微视频、抖音等，借助网络媒体、微信平台、抖音平台等，开展"非遗进乡村""非遗进社区""非遗进学校"等系列宣传推介活动进一步扩大非遗宣传范围，扩大非遗宣传受众人群，让非遗保护意识根植在广大群众的心中。此外，增加开办四胡培训班、比赛、研讨会的频率，可以提升非遗传承人的四胡演奏技巧的同时认识到它作为民族传统文化的重要传承意义，从而更好地提高保护传承能力，增强非遗传承的责任担当，提高非遗保护意识，激发非遗传承活力，助力提升文化自信。

（4）完善四胡非遗传承机制与政策，强化传承人话语权，激励其参与治理的主体性。为了激发传承人的治理主体性，要不断完善有关的法律、法规，明确各级非遗传承人的权利和义务，如传承人知识产权、表演权、展示权等，加强他们的话语权；设立非遗保护管理机构，明晰传承人的法定地位，给予其创新权利，保证他们的参与度；利用现代信息技术为传承人建立发言渠道、在线社区，促进传承人与决策者、传承人之间的交流与对话，让传承人有更多的表达途径。

（5）健全配套有效的四胡非遗传承奖惩机制。目前，在非遗保护传承过程中缺乏配套有效的奖惩机制。对非遗保护传承缺乏定期的评估检测，包括传承人的贡献程度、传承项目的保护实施情况等。奖惩机制的完善，一方面，对积极参与保护传承的代表性传承人是一种鼓励、支持；另一方面，及时发现保护传承中的问题，对缺乏责任感和传承使命的传承人可酌情予以惩罚或者更换传承人。

（6）打造四胡非遗产业，开发非遗项目。要传承传播非遗资源，重要的方法之一就是进行产业化运作。非遗项目的开发应该在保留传统技艺的前提下，结合当前广大群众的喜好进行一定程度的技艺创新升级，增加群众喜好，通过大众喜闻乐见的形式，增强非遗项目的影响力和生命力。此外，政府对适合生产性开发的非遗项目，可以加大政策与资金的扶持力度。符合条件的地方，也可以通过建设非遗展览区、非遗旅游景点等进行商业开发，在获得经济与社会效益的同时，促使文化产业经济的发展，也让非遗传人能够从中获取收益，增强非遗传承的吸引力。例如，科右中旗可以依托本旗优秀的自然景观优势、浓厚的历史文化氛围和独特的民俗风情开展包括四胡在内的非遗购物节、打造非遗旅游线路等活动，让非遗"火起来"，充分挖掘其文化内涵，使得非遗不仅能够带来经济效益，也能够深化社会对非遗的认识和欣赏。

附　录

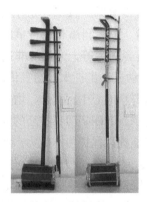 

附图 2-1　蒙古族四胡形制　附图 2-2　科右中旗 500 人集体演奏四胡现场

资料来源：2024 年 9 月 24 日笔者摄。资料来源：2024 年 8 月 9 日科右中旗文体局工作人员提供。

附图 2-3　科右中旗乌力格尔　　　　附图 2-4　科右中旗乌力格尔
展厅里的蒙古族四胡（一）　　　　展厅里的蒙古族四胡（二）

资料来源：2024 年 8 月 2 日笔者摄。　　　资料来源：2024 年 8 月 2 日笔者摄。

附图 2-5　科右中旗乌力格尔展厅里的蒙古族四胡（三）

资料来源：2024 年 8 月 2 日笔者摄。

附图 2-6　科右中旗在中影制作基地举办的"北疆弦韵"蒙古族四胡音乐演出

资料来源：2024 年 8 月 9 日科右中旗文体局工作人员提供。

附图 2-7　科右中旗举办的翰嘎利湖畔四胡音乐会

资料来源：2024 年 8 月 9 日科右中旗文体局工作人员提供。

附图 2-8　传承人家中的四胡

资料来源：2024 年 8 月 6 日笔者摄。

附图 2-9　科右中旗图什业图广场的蒙古族四胡演奏者

资料来源：2024 年 9 月 25 日笔者摄。

第三章

乡村振兴战略背景下敖汉小米产业发展调研报告

杜雯 *

【内容摘要】本章以非物质文化遗产敖汉旗旱作农业系统为例，从敖汉小米助力乡村振兴入手，以笔者对敖汉旗的实地调研为依据，结合民族学、社会学理论知识，阐述了内蒙古赤峰市敖汉小米产业生长的地理位置和社会环境以及小米产业化的现状，分析了敖汉旗小米产业助力乡村振兴的亮点和困境。文章最后提出该产业助力乡村振兴的对策和建议，以期为敖汉小米产业助力农业发展提供建议，为提高农民收入提供参考，促进在保护非遗的基础上助力农业经济全面发展。

【关键词】敖汉旱作农业系统；敖汉小米；亮点和困境；对策和建议；农业经济全面发展

一、引言

以习近平同志为核心的新时代领导集体，在全面审视国内外形势的基础上，作出了深化乡村振兴的战略决策，这是在中国特色社会主义道路上推进国家现代化进程的关键一环，旨在构建和谐平衡的城乡发展新格局。这一高瞻远瞩的规划不仅体现了党和国家对农业、农村和农民问题的高度重视，更将为中国广袤乡村地区的现代化转型与可持续发展提供清晰的行动指南。

在新的历史起点上，非物质文化遗产助力乡村振兴被赋予了前所未有的深度和广度，成为实现中华民族伟大复兴中国梦的重要组成部分。中华文化源远流长，中华大地的非物质文化遗产资源丰富，传承和发展中华民族优秀传统文化是中国式现代化发展的动力源泉，也是中华民族自信自立于世界文化之林的根基。本章以敖汉旗非物质文化遗产敖汉旱作农业系统为例，以敖汉小米为研究对象，探索非物质文化遗产传承的新方式，积极响应国家乡村振兴战略，分析如何在乡

---

* 杜雯，内蒙古大学 2022 级民族社会学专业硕士研究生。

村振兴背景下以非遗促进乡村振兴，用非遗实现乡村振兴，走出一条符合当地发展乡村振兴的路子。

近年来，从国家到地方政府在非遗保护和乡村振兴方面纷纷出台了一系列政策，对非遗助力乡村振兴工作进行扶持和引导。2011 年 6 月 1 日《中华人民共和国非物质文化遗产法》颁布实施。中共中央、国务院 2018 年出台的《乡村振兴战略规划（2018-2022 年）》明确提出要"完善非物质文化遗产保护制度，实施非物质文化遗产传承发展工程"①。2021 年中共中央办公厅、国务院办公厅印发《关于进一步加强非物质文化遗产保护工作的意见》提出："挖掘中国民间文化艺术之乡、中国传统村落、中国美丽休闲乡村、全国乡村旅游重点村、历史文化名城名镇名村、全国'一村一品'示范村镇中的非物质文化遗产资源，提升乡土文化内涵，建设非物质文化遗产特色村镇、街区。……将非物质文化遗产保护与美丽乡村建设、农耕文化保护、城市建设相结合，保护文化传统，守住文化根脉。……加大对脱贫地区非物质文化遗产保护的专业支持，进一步推动非物质文化遗产助力乡村振兴，鼓励建设非物质文化遗产就业工坊，促进当地脱贫人口就业增收。"②

与国家政策相呼应的是，《内蒙古自治区非物质文化遗产保护条例》自 2017 年 7 月 1 日施行以来，旨在继承和弘扬中华优秀传统文化，加强非物质文化遗产保护工作，认真贯彻习近平总书记关于非物质文化遗产保护的重要指示精神，坚持保护为主、抢救第一、合理利用、传承发展的工作方针③。敖汉旗政府制定并公布了《敖汉小米国家地理标志产品管理规范》，这是敖汉旗乃至赤峰市首个关于地方特色产品保护管理的规范性文件，敖汉小米的保护管理工作从此有规可依。④

在国家非物质文化研究保护发展中，敖汉旱作农业系统非常具有文明根源特性，文化接续传承最悠久，文化资源散布广泛，传承发展过程中面临的问题也很复杂，如何保护发展敖汉旱作农业系统，开发其内在的商业价值，激发其内生力，为推动当地乡村振兴贡献力量。敖汉小米产业需要深刻把握其文化形成过程中的历史层累性、时代创新性和销售呈现多渠道性，坚持国家视角，以清新的方向和目标引领过程，将敖汉旗小米打造为中华文化的重要标志。

---

①　中华人民共和国中央人民政府官网．中共中央国务院印发《乡村振兴战略规划（2018-2022 年）》（2018-09-26）．https:www.gov.cn.

②　新华网．中共中央办公厅国务院办公厅印发《关于进一步加强非物质文化遗产保护工作的意见》，文旅之声，（2021-08-21）．http://www.xinhuanet.com.

③　内蒙古自治区人大常委会《内蒙古自治区非物质文化遗产保护条例》，通过时间 2017 年 5 月 26 日，实施时间 2017 年 7 月 1 日。

④　2015 年 8 月 13 日，敖汉旗政府制定并公布了《敖汉小米国家地理标志产品管理规范》。

敖汉旗在全面脱贫的前提下，实现巩固拓展脱贫攻坚成果同乡村振兴有效衔接，将非物质文化遗产保护开发融入乡村振兴的各项领域，具有重大的价值和意义，既为乡村振兴开辟了新的发展思路，又为农业农村现代化的实现提供了有力的保障。保护好、利用好非物质文化遗产正是乡村实现振兴的充分条件。

二、敖汉旗的地理位置和社会环境

敖汉旗地处努鲁尔虎山北麓，科尔沁沙地南缘，地理坐标为北纬 41°42′~43°01′，东经 119°32′~120°54′，海拔在 500~1000 米，全旗总面积 8294.14 平方千米，属温带大陆性季风气候，是典型的旱作雨养农业区。该地区所处的维度是世界公认为最适宜优质粟黍生长的"黄金维度"。年降水量在 310~460 毫米而且降水多集中在夏季，占年降水量 70% 左右。该季正是谷子等作物生长旺季，需水高峰期，有利于作物生长发育，年有效积温高，有效活动积温在 900℃~3200℃，能满足旱作种植作物生长发育需要。因此积温的有效性、适中的年降水量、丰富的日光照射、较大的昼夜温差使这里成为粟黍种植比较理想的区域。

（一）地形地貌

敖汉旗属燕山山地向西辽河平原过渡地带，地形整体呈规则的缓坡形，由东南向西北逐渐倾斜。地貌类型由南到北依次分布为南部努鲁尔虎山石质低山丘陵区、中部黄土丘陵区和北部沙丘坨甸区，其中南部山区和中部丘陵区均占全旗总面积的 34%，北部沙质坨甸区占 32%。教来河、孟克河的中下游流域、老哈河的一二级台地构成了沿河平川区，地势平坦、土质肥沃、水源丰富，是全旗的主要产粮区。

（二）土壤水文

敖汉土壤总面积 1247.4 万亩。地形地貌多样，生物、气候条件各异，土壤类型较多，有棕壤、褐钙土、草甸土、潮土、沼泽土及风沙土 6 个土类，其中以棕土壤、褐土壤、栗钙土为主，属浅山丘陵区，非常符合旱作农业的发展。[①] 土壤中含有丰富而均衡的有机质、铁磷等矿物质，为谷子的生长提供了充足的营养。敖汉境内主要河流有 5 条，其中老哈河、教来河、孟克河属西辽河水系；牤牛河、老虎山河属于大凌河水系。由此可见，敖汉旗独特的土壤和水文条件非常

---

① 敖汉旗人民政府网，www.aohan.gov.cn。

适宜小米种植。

（三）气候

敖汉旗地处中温带，属于大陆性季风气候。其特点是：四季分明，太阳辐射强烈，日照丰富，气温日差较大。冬季漫长而寒冷，春季回暖快，夏季短而酷热，降水集中，秋季气温骤降。雨热同季，积温有效性高。

三、敖汉旗小米农业产业现状

"敖汉"系蒙古语，汉语为"老大""大王"之意，位于内蒙古赤峰市东南部，地处努鲁尔虎山脉北麓，科尔沁沙地南缘，南与辽宁省毗邻，东与通辽市接壤，距锦州港 130 千米，是内蒙古距离出海口最近的旗县。敖汉旗土壤总面积 1247.4 万亩，其中土地面积 8300 平方千米，辖 16 个乡镇苏木、2 个街道办，2023 年末总人口是 48.87 万。[①]

（一）敖汉旗农业产业基础条件

敖汉旗是以农为主、农牧林结合的综合型经济型区域。尽管敖汉旗"十年九旱"，但日照丰富，昼夜温差大，并且土壤中含有丰富、均衡的有机质、铁磷等矿物质，是公认的蒙东辽西地区最适宜优质粟黍生长的黄金地带，孕育出了极具特色和价值的农业系统——敖汉旱作农业系统（见图 3-1），敖汉旗在 2012 年被联合国粮农组织列为全球重要农业文化遗产。[②]截至 2021 年底，敖汉旗耕地面积达 400 万亩，林地面积 600 万亩，草地面积 108 万亩，大小家畜存栏 347 万头（只），农牧林资源丰富。粮食品种主要有玉米、高粱、谷子、水稻、小麦等，粮食常年生产能力在 20 亿斤，是国家商品粮基地和自治区产粮十强旗县之一。其中敖汉旗所生产的小米等杂粮畅销国内外，具有较高的市场认知度和品牌价值。

图 3-1　敖汉旱作农业系统

资料来源：2014 年 8 月 10 日笔者摄。

---

①②　敖汉旗人民政府网，www.aohan.gov.cn。

（二）敖汉旗小米产业发展现状

在小米种植方面，敖汉旗是农业大旗、产粮大旗，是赤峰市粮食生产第一县、自治区粮食产量十强县、全国粮食生产先进县。截至 2020 年，优质谷子种植面积稳定在 80 万亩，谷子种植全程机械化率达到 60% 以上，良种覆盖率达到 100%。①敖汉旗以百亿元产值为目标，倾力打造小米产业，收获巨大成效。目前，全旗优质谷子种植面积达 90 万亩。在龙头企业与合作社的带动下，年外销以谷子为主的杂粮产品 3 亿斤左右，为农民增加收入 6 亿元以上。②

在加工销售方面，敖汉旗以市场为导向，共扶持培育规模以上小米加工企业 22 家，打造内蒙古自治区级龙头企业 5 家，年加工能力达 40 万吨以上；注册成立以小米为主的杂粮种植农民专业合作社 366 家，其中国家级示范社 5 家、内蒙古自治区级 14 家、市级 28 家，辐射带动农户 2 万余户，其中贫困户 7913 户。③"孟克河"品牌有机小米、"兴隆沟"品牌小米、"禾为贵"品牌小米等成为敖汉小米响当当的标识性品牌；"五色米""月子米""石碾子米"等特色小米品种已经被越来越多的人所认识与喜爱。天然、绿色、有机、生态已然成为敖汉小米的代名词。

敖汉旗推广谷子产业逐步向"龙头企业 + 合作社 + 基地"方向发展，初步形成了以龙头企业为带动，合作社为补充的发展模式，提高农牧民生产经营组织化程度。积极发展农村专业合作组织，加强经纪人队伍建设，探索发展大田托管等市场化服务机制，鼓励社会资本更多投向农业。培育壮大龙头企业，引进温氏集团、中粮集团等大型企业，支持阜信源、金沟农业、中敖等企业做大做强，推进农副产品精深加工，延伸产业链条。以"绿色有机"为方向，以"全球重要农业文化遗产地""全球环境 500 佳"世界品牌为载体，做好荞麦、高粱、苜蓿、小米等为主的农畜产品地理标志证明商标申报跟踪工作，提升品牌经济效益。

目前敖汉旗谷子加工企业 184 家，年加工能力在 5 万吨以上。注册成立杂粮种植加工农民专业合作社 312 家，引进远古农业、内蒙古金沟农业等龙头企业，扶持培育了蒙惠公司、刘僧米业等本土企业。敖汉旗建宇杂粮种植农民专业合作社是赤峰市示范社，敖汉旗"八千粟"牌、"孟克河"等小米品牌产品均获得过中国国际农产品交易会金奖，并与全国各地的多家知名企业、超市签订了购销合

① 敖汉旗国民经济和社会发展第十三个五年规划纲要 ［Z］.2024–08–21.
② 敖汉旗人民政府网，www.aohan.gov.cn。
③ 厚积薄发谷飘香 —敖汉旗高质量打造百亿元小米产业发展纪实 ［EB/OL］.（2019–04–02）.内蒙古新闻网，https://inews.nmgnews.com.cn/system/2019/04/02/012681926.shtml.

同，现在北京、大连、沈阳等城市均有销售。

在品牌打造方面，敖汉旗认证无公害农产品 18 个，绿色农产品 11 个，有机农产品 12 个，认证"敖汉小米"等 6 个地理标志产品。"生态环境全球 500 佳""全球重要农业文化遗产""世界小米之乡""国家地理标志保护产品""全国最大优质谷子生产基地"，已成为敖汉谷子背后的无形资产，为谷子产业健康发展提供了得天独厚的优势和支撑。据中国作物学会近年来统计，敖汉旗谷子生产规模和优质品种种植面积在全国县级单位中稳居首位，因此授予敖汉旗"全国最大优质谷子生产基地"称号，敖汉旗成为全国谷子市场价格信息的"晴雨表"。

（三）敖汉旗小米的文化价值和小米的营养价值

谷子又称为粟，去壳后称为小米，富含蛋白质、脂肪、碳水化合物等重要营养元素，素有"保健米""赛参汤"之美称（见图 3-2），古人曾把小米作为五谷之首，当今世界很多国家将小米作为粮食安全的主备粮。

如今内蒙古敖汉旗将小米产业初加工与深加工相结合，产业化发展已经取得了一定的成效，消费市场相对广阔。敖汉旗一直遵循旗政府的规划，深加工各类小米产品，推出小米宴（见图 3-2）、低聚肽粉、小米油、小米膳食纤维素、小米蛋白粉、小米代餐粉等系列产品。敖汉旗立足小米百亿元产业打造，以小米为原料，依靠科学技术创新，聚焦小米产业链，以健康营养为发展方向，共同研究出了当前全国小米产品最前沿的高科技产品——小米低聚肽粉，成为敖汉开发小米高端产品，为敖汉小米产业的发展注入了新动力。

图 3-2　敖汉旗小米宴的菜品

资料来源：2023 年 12 月 8 日笔者摄。

1. 敖汉旗全球重要农业文化遗产地

2001～2003 年，中国社会科学院考古研究所与敖汉旗博物馆对兴隆沟遗址进行了连续三次考古发掘，通过浮选法获得经过人工栽培的炭化粟、黍的籽粒（见图 3-3）。这些籽粒距今 8000 年左右，是目前所知世界范围内年代最早的旱作农业，后通过北方草原通道自东向西传至欧洲，比中欧地区的谷物早 2700 年，由此学界将敖汉旗确定为"横跨亚欧大陆旱作农业的起源地"。[1]2011 年 5 月 3 日，敖汉旗政府启动了小米申遗工作，依托着重大考古发现，用了不到两年时间不遗余力走过了"申遗"之路，联合国粮农组织通过审阅材料、会议答辩、现场考察后认为敖汉小米具有三大特点：①世界小米的重要起源地之一，独立起源，自成体系；②敖汉地区种植和食用敖汉小米，自 8000 年前兴隆洼文化延续至今，是世界范围内种植和食用小米延续时间最长的地区；③当今敖汉旗种植小米的面积达 120 余万亩，是中国乃至世界范围内，县域种植小米最大的地区（见图 3-4）。2012 年 9 月，敖汉旱作农业系统被联合国粮农组织授予"全球重要农业文化遗产"称号，并在北京人民大会堂举行了授牌仪式。[2]

图 3-3 "炭化粟"出土地兴隆沟遗址

资料来源：2023 年 11 月 5 日笔者摄。

图 3-4 敖汉旗谷物种植考古证实遗址

资料来源：2023 年 11 月 6 日笔者摄。

2. 保护农业遗产，传续千年谷香

农耕文化是我国农业的宝贵财富，是中华文化的重要组成部分，不仅不能丢，而且要不断发扬光大。[3]敖汉旗是中国古代旱作农业起源地，也是横跨欧亚大陆旱作农业的发源地。以敖汉谷物和荞麦种植为代表的旱作农业，保持了连续的传承，时至今日还有古老的耕作方式、耕作工具和耕作机制，呈现了与所处环境长期协同进化和动态适应的农业生态智慧，千百年来支撑着敖汉经济社

① 赤峰市敖汉旗人民政府网.八千年岁月长，歌声飘米香［EB/OL］.（2018-08-21）. http://www.ahq.gov.cn/xwzx/jrah/201808/t20180821_1622893.html.

② 内蒙古敖汉旗旱作农业系统被联合国粮农组织列为全球重要农业文化遗产［EB/OL］.（2012-09-05）. news.sina.com.cn.

③ 中央党史和文献研究院.全面建成小康社会重要文献选编（下）［M］.北京：人民出版社，2022.

会的发展和百姓的生存需要。2012 年，敖汉旱作农业系统被列为全球重要农业文化遗产，2013 年，又被国家农业部列为第一批中国重要农业文化遗产。为保护和传承敖汉旗悠久灿烂的农耕文化，有效保护敖汉旗传统农家植物品种及一些濒临灭绝的农家品种，2013 年开始，敖汉旗政府组织专门人员对全旗范围内的农家传统种植品种开展入户收集整理工作。全旗共收集到谷子、玉米、高粱、黍子、芝麻、糜子等传统品种 218 个，其中谷子品种 92 个。敖汉旗利用传统品种黄金苗、红谷、绿谷、黑谷等打造了敖汉小米区域公用品牌，开发了四色米、黄金谷米等产品，深受市场欢迎。图 3-5 所示是陈列在敖汉旗小米博物馆的小米种子。

图 3-5　敖汉旗小米博物馆小米种子收藏

资料来源：2023 年 11 月 6 日笔者摄。

追根溯源，传统农家品种必然与传统农业生产体系同步出现，人世代繁衍，种子代代相传，生产因此得以延续，而附着在种子上的是传承不息的农耕文化。因此，仅仅从物质层面去看传统农家品种的价值显然是不够的，更要从 8000 年农耕文明的深层脉络中加以解读。"全球重要农业文化遗产"和"生态环境全球500 佳"不仅只是敖汉亮丽的光环，更应成为进一步构筑国家"米袋子"安全的有力屏障。

3. 敖汉旗小米营养价值

小米营养丰富、易消化吸收，主食和辅食食用均可，是最营养的谷物，也是北方人最喜爱的主要粮食之一。未脱壳的粟称为谷子，在我国已有 7300 多年的栽培史，主要分布在北方干旱、半干旱地区，其中 2/3 分布在干旱最严重的华北地区。

全国 60% 的谷子种植地域大多集中在华北干旱最严重的内蒙古、河北、山西三省（区），从分布可以看出，该作物基本种植在干旱少雨的土地上，这源于谷子抗干旱、水利用率高的特性。在适宜温度下，谷子吸收本身重量 26% 的水分即可发芽，而同为禾本科作物的高粱需要 40%、玉米需要 48%、小麦需要

45%。此外，每生产 1 克干物质，谷子需水 257 克、玉米需水 370 克、小麦需水 510 克（见表 3-1）。

表 3-1 生产干物所需要的水量　　　　　　　　　　（单位：克）

	谷子	玉米	小麦	水稻
生产 1 克干物质需水量	257	370	510	650
每 100 克水产生干物质量	0.3	0.27	0.2	0.15

资料来源：由敖汉旗小米博物馆资料室提供。

从图 3-6、表 3-2、表 3-3 可以看出小米富含蛋白质，蛋白质含量比大米、玉米、小麦粉、鸡蛋都高。

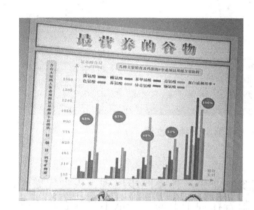 

图 3-6 几种主要粮食及鸡蛋的 8 种必须氨基酸含量比较

资料来源：2024 年 7 月 8 日笔者摄。

表 3-2 蛋白质含量对比

大米	玉米	小麦粉	小米	鸡蛋
7.4%	4%	9.7%	11.4%	14%

资料来源：敖汉旗小米食用指南。

表 3-3 小米的营养价值

蛋白质	粗脂肪	维生素 A	维生素 B1
11.42 毫克 /100 克	4.28 毫克 /100 克	0.19 毫克 /100 克	0.63 毫克 /100 克

资料来源：由敖汉旗小米博物馆资料室提供。

谈及敖汉小米的营养价值，敖汉旗小米博物馆讲解员说："小米没有麸质但含有高纤维和维生素，保证小米具有降低血中胆固醇、吸附致癌物质、促进大肠排出废物等功效。中国北方许多妇女在生育后，都有用小米加红糖来调养身子的方式，小米具有止呕暖胃、养胃、通便、止泻、补血养气、健脾功效。小米营养丰富，还特别适合做婴儿辅食。"①

四、敖汉旗旱作农业文化遗产转换路径与可持续发展成效与困境

高丙中（2020）在《非物质文化遗产保护实践的中国属性》一文中指出：中国的非物质文化遗产保护是中国在广泛社会动员条件下的文化实践，是政府部门、知识界和民众开展合作而造就的一项重要的公共文化事业，是基于一系列制度建设的社会运动，因此动员了千百万公众的参与，介入了美丽中国、生态文明、城市包容、特色小镇、乡村振兴等国家重要议题。文章总结指出，中国的非物质文化遗产保护具有丰富的中国属性，并将其归纳为五个方面：①以人民为中心的理念和实践；②机制、体制的创新；③《公约》精神上国情结合；④文化领域的现代治理；⑤全面介入社会经济发展。②

内蒙古地区的非遗保护实践亦具有鲜明的中国属性，具体从草原文化到传统农产品的保护，都是在中国非遗保护实践的总体框架中积极推行的。内蒙古自治区非遗传承发展遵从了非遗保护实践的中国属性，成为中国非遗保护发展的一个积极的组成部分，这是判定内蒙古自治区非遗保护发展的根本立足点。但是，内蒙古地区非遗的传承发展也有自己的优势特点、经验和面临的挑战。

8000年的风风雨雨冲不掉岁月的沧桑变化，8000年的精耕细作传承着不朽的农耕文明，8000年的辛勤汗水浇灌出世界旱作农业的发源地。在以敖汉为代表的中国北方旱作农业区域，人们仍保持着完善的旱作农耕技术体系，传承华夏先民们在生产生活过程中积累的大量技能和经验，还有完整的农业生产生活和民间文化知识体系。特别是粟的种植，千百年来保持着牛耕人锄的传统耕作方式。从先民们使用的石铲、石刀、石磨盘等，到今天春种、夏耘、秋收、冬藏等使用的生产工具，其模式基本相同，由此传承下来的农耕文化，正是中华农耕文明的一个缩影。

---

①　访谈对象：RHM；访谈时间：2023年11月3日；访谈地点：敖汉旗小米博物馆。

②　高丙中.非物质文化遗产保护实践的中国属性［J］.中国非物质文化遗产，2020（1）：49-53.

（一）敖汉旗小米产品品牌设计

1. 敖汉小米的 Logo

2020 年 9 月 7 日，第七届世界小米起源与发展大会发布了敖汉小米 Logo。敖汉小米 Logo 把敖汉悠久历史、文化、农业等进行了完美的融合。敖汉小米 Logo 的构图由三部分组成：敖汉小米 Logo 标识，"敖汉小米"四个字是敖汉小米区域公共公用品牌，敖汉小米是全球重要农业文化遗产。敖汉小米 Logo 的构思体现三方面内涵：全图是敖汉出土的玉猪龙原形，代表了敖汉 8000 年的历史文化；图中的绿水青山，体现了习近平总书记"绿水青山就是金山银山"的理念；图中的一牛一犁一人，代表了敖汉旱作农业，敖汉小米是敖汉旱作农业系统的重要组成部分（见图 3-7）。

图 3-7　敖汉小米 Logo

资料来源：2023 年 11 月 7 日笔者摄。

2. 敖汉小米的卡通形象

2021 年 9 月 23 日，第八届世界小米起源与发展大会发布了敖汉的小米卡通形象——粟小贝，其名寓意"养生粟米，人人喜爱"。粟小贝大大的脑袋瓜儿，象征着金黄饱满的小米粒，展现了敖汉小米绝靓的品色、绝优的品质和绝佳的口味。其谷穗儿造型发髻，代表小米作为敖汉旗的主导产业，品质上乘、独占鳌头。画满龙纹的丝带，源自四千年前夏家店下层文化陶器上的彩绘图案，是中国龙文化最成熟、最具艺术化的典型代表（见图 3-8）。

高高翘起的拇指，代表"敖汉"，"敖汉"是蒙古语，汉语是"老大""大王"

的意思；代表敖汉旗是全国县级最大的谷子种植基地，敖汉小米品质、档次首屈一指；代表点赞，感谢各位领导、专家和广大消费者为敖汉小米产业点赞。酷酷时尚的工装裤，寓意传统农耕文明与现代工业产业的有机结合，小米产业向精深加工方向发展。

卡通由"黄、绿、红、黑、白"五色构成，寄寓了金色、绿色、红色、黑色、白色五大特色。金色代表敖汉旗黄金产量丰富，是内蒙古产金第一大县；绿色代表敖汉旗生态建设成绩斐然，曾获"生态环境全球 500 佳"称号；红色代表敖汉旗是革命老区，《义勇军进行曲》的核心素材源于敖汉；黑色代表敖汉旗矿产资源丰富，铁硅等资源储量可观；白色代表敖汉境内追溯到 10000 年前未出现断层的七种史前文化。

图 3-8 敖汉小米的卡通形象

资料来源：2024 年 11 月 8 日笔者摄。

（二）集中土地，现代与传统相结合拓展敖汉旗小米种植

敖汉是典型的旱作农业区，农作物品种丰富多样。以粟和黍为代表的旱作农业生态系统在生物多样性方面有着其独特性与不可替代性。敖汉小米播种前主要是积肥、选种、准备农具三项，但在后来延续过程中，农民加入了对土壤改良的一项，形成了现在的肥、种、具、深翻四项内容。播种适当与否直接影响作物的生长发育和产量，不同作物的播种主要决定于品种特性、温度、湿度、栽培制度、土质和地势。同样都是禾科本的谷子，在播种期、播种方式上有一

定的区别。播种是基础，管理是关键。以恰当的方式，在最适宜的时间对粟进行田间管理，可以为其生长创造良好的条件。经过多年实践积累，从间苗、中耕松土、追肥、病灾害防治到培土，敖汉旗已经形成了一套切合实际且独具特色的田间管理技术体系，传统田间管理技术的传承和发挥，对敖汉旗小米的丰收有非常重要的作用。收获最重要的是把握粟季的成熟度，收获过早，则影响产量；收获过晚，则易脱粒。运输和储存不得当，会造成损失。在长期生产实践中，敖汉人已总结出一套收获经验，从收割、运输到储存，每个环节都蕴含着无穷的智慧，既做到颗粒归仓，又做到储存完好，体味到丰收的喜悦。谷子加工一般是指脱去谷壳和皮层的过程。传统的手工谷子加工过程，可以以最小的破碎程度将胚乳与其他部分分离，制成有较好口感的小米，且保留了小米绝大部分天然营养。

以古鲁板蒿镇为例，该镇将小米产业作为"十个万"富民工程之一，大力发展优质谷子种植，通过小米精加工、品牌建设等提高小米附加值，加快小米产业发展。2022 年古鲁板蒿镇谷子种植面积达 80000 亩，其中集中连片种植示范区达 5 片以上，绿色有机谷子种植面积 3000 亩以上。[①]

"古鲁板蒿镇认真执行旗委部署，全面推进乡村振兴，及时进行农业种植结构调整，动员种植合作社和种粮大户，继续绿色防控，有机肥代替化肥技术措施，提高谷子种植效率，带动农民持续致富增收。2021 年，我们镇谷子播种面积达到 6 万余亩，年产谷子 22000 余吨，年产值达 1.2 亿元。"古鲁板蒿镇副镇长 Z 说。[②]

冬去春来，四季轮换，敖汉人从古至今都在这片沃土上耕作，春种、夏耘、秋收、冬藏。在与自然和谐共处的同时，敖汉先民们掌握了在四季中旱作农业播种、管理、收获和加工的知识与技术，并形成了当地宝贵的生产实践农谚，指导着现代敖汉人的生产生活。

（三）集中多方资源，打造敖汉旗小米产业振兴乡村

敖汉旗世界级非遗旱作农业系统资本转换——发展小米产业。小米产业的形成要集中资金、人才、技术等各方资源。虽然敖汉旗小米已经成为具有高度文化影响力的非遗项目，但是还要注重与其他业态的融合发展。

以打造五常大米产业思路为例。内蒙古敖汉旗小米要实现产业化需向国内其

---

① 数据来源于古鲁板蒿镇人民政府。
② 访谈对象：ZYJ；访谈时间：2023 年 11 月 4 日；访谈地点：古鲁板蒿镇政府办公室。

他地区农产品产业学习。例如，山西沁州县沁州黄小米，有着"天下米王"和"国米"的美誉。其色泽蜡黄，晶莹透亮，颗粒圆润，状如珍珠，口感绵软可口，得益于其处黄土高原的优越自然条件。陕西黄小米得益于关中平原温和的气候和充足的光照，在种植过程中注重科学管理和技术创新，使其产量和品质都得到了显著提升。近十余年来，敖汉旗小米与时俱进，逐渐发展为一种新兴文化产业，从研发、生产、包装到培训观摩、销售，逐步形成了一条完整的文化产业链条。近年来，敖汉旗形成小米文化产业园区，将小米产业、旱作农业系统非遗体验与休闲演艺、旅游美食等融为一体，实现行业领先，多业并举，让文化提升旅游，让旅游传播文化，打造特色文化旅游产业大品牌，带动地方经济发展、脱贫增收。这些启示告诉我们，无论是非遗保护还是产业化开发，内蒙古敖汉小米保护传承都需要做好两方面的工作：①保护和宣传敖汉小米，提升其文化价值和文化影响力。例如，通过对敖汉旗小米与内蒙古民俗、地方文化之间关系的学术研究，挖掘敖汉小米独特的文化内涵；从敖汉小米的传统种植中总结敖汉小米独特特征。这些学术性研究的公信力是打造"世界级非遗旱作农业系统转化资本"强有力的支撑。②整合内蒙古小米资源，打造"特色内蒙古小米"，并依托文化企业进行产业转化和经营。具体来说，以文化企业为依托，将内蒙古分散的小米资源整合集中，树立内蒙古小米品牌。以敖汉旗小米为核心产品，以扎兰屯小米、阿拉善左旗小米等各地小米为特色系列产品，进行总体规划、设计开发和经营管理，推向大众生活和文化市场。这样，能将内蒙古小米转化为文化产业做大做强，使小米产业以积淀了丰富文化内涵的"物"的形式走入广大老百姓的生活，也能以产业链的形式助力乡村振兴。随着敖汉旗小米产业的发展，其开始注重产业价值的延伸和拓展，与旅游业、产业园区等业态相结合，形成新的产业链和产业形态，从而提升众多农民的就业和生活水平。

（四）逐步制定和规范小米产业的技术标准和产品质量标准

由于农产品的特殊性，其难以形成统一的技术标准和质量标准。以前的农产品及制品因为供给方商业意识不强或者受生产伦理和行业规范制约，基本上可以保证核心技艺的精湛和产品质量货真价实。但是随着非遗产品精神生态的商业化以及现代技术的引入，偷工减料、以现代技术取代传统手工艺核心技术等问题，造成非遗产业鱼龙混杂的状态。所以，要针对小米制品传统工艺流程的整体性和核心技艺的真实性制定相关技术标准，在保障核心技艺有效传承的基础上，实现传统关键技艺和现代技术的有机结合，还要对小米产业相关产品使用的原材料等方面制定质量标准，与技术标准一起保证产品的质量。

（五）敖汉小米助力乡村脱贫，小米及衍生产品产业持续壮大

近年来，敖汉旗已成为谷子种植面积最大、品种最齐全、产量最高、历史起源最早的生产基地，成为名副其实的世界小米之乡、中国小米之乡、谷子生产第一旗。敖汉旗还专门成立了农业文化遗产保护与开发管理局，编制了《敖汉旱作农业系统保护与发展规划》，坚持引龙头、建基地、打品牌、拓市场，举全旗之力发展谷子产业，提高了敖汉小米的社会知名度和市场竞争力。

谷子生产规模扩大，农民收益持续增加。敖汉旗采取"农户 + 合作社 + 龙头企业"产业化经营模式，激发了农民种植谷子的积极性。全旗谷子种植面积由2012 年的 40 万亩增加到 2015 年的 85 万亩，其中绿色谷子基地 6 万亩，有机谷子基地 2 万亩。2014 年，敖汉旗被评为"全国最大优质谷子生产基地"，谷子价格也一路攀升，由每市斤 1.4 元持续提高到 2.4 元、2.9 元、3.6 元、4.5 元，目前稳定在每市斤 3 元左右。2015 年，全旗生产谷子 2.5 亿斤，产值超 7 亿元，使农民人均纯收入增加 1500 元。谷子品牌效益凸显，经济价值不断提升。目前，敖汉小米产业链在售产品种类繁多，如内蒙古八千粟农业的神经酸小米粉、富硒米、原生态米、四色米，敖汉旗神农谷业小米锅巴、小米肽、小米油，敖汉旗惠隆杂粮的小米酥、小米锅巴、有机米、四色米、石碾米等产品（见图 3-9）。

图 3-9　敖汉旗淘宝网店销售的小米衍生产品

资料来源：图片来自淘宝网店。

（六）树立品牌战略，建立品牌运营机制

树立敖汉旗小米产品的品牌战略，首先要做好品牌的命名、品牌标志的设计与品牌口号的设计等工作，重点是以现代设计理念将品牌形象与独特的乡村小米

产品制作技艺文化相联系，唤起一种文化情感与文化记忆，将其植入消费者文化消费之中。另外，要注重敖汉小米传统制品与乡村独有的产业发展相融合，在实现以品牌保护生产，运用知识产权的协同性促进敖汉小米的传承与推广的同时，扩大区域影响力，形成区域发展的竞争力。至于建立品牌运营机制，敖汉旗根据不同等级的小米及小米产品的市场定位以及企业运营模式形成相应的运营机制。并且要非常注重树立品牌意识和严控质量标准。可以借鉴泰国的"OTOP"（一村一产品）模式，形成严格的质量评定体系遴选放心产品，来形成严格的高质量品牌的长期效应。敖汉旗打造了八千粟、兴隆沟、孟克河、华夏第一村等小米品牌，多次在农产品交易会、博览会上被评为"优秀产品奖""优秀品牌产品""金奖"和"最佳人气奖"。电商企业"村头树"牌小米，2014 年 11 月 3 日在淘系（淘宝、天猫）以 679.49 的热卖指数排第一。敖汉旗神农谷业开发出敖汉旗首款小米高端产品——小米低聚肽粉。"敖汉小米"品牌已深入人心，实现了文化效益与经济效益的有机结合。从图 3-10 中可以看到敖汉旗建宇杂粮种植农民专业合作社主要集中小米粗加工的产业合作社。

图 3-10 敖汉旗建宇杂粮种植农民合作社

资料来源：2023 年 12 月 11 日笔者摄。

（七）强化产品技术的生产性保护，注重整体性保护，营造适宜的生态环境

农业文化遗产系统具有高度的生态价值，主要包括生物多样性价值和生态系统服务功能价值。[①] 全球重要农业文化遗产，在概念上等同于世界文化遗产，联

---

① 强化农业文化遗产保护利用［EB/OL］.中国政府网（2024-08-10）. https://www.gov.cn/zhengce/202408/content_6967507.htm.

合国粮食及农业组织（FAO）将其定义为"农村与其所处环境长期协同进化和动态适应下所形成的独特的土地利用系统和农业景观，这种系统与景观具有丰富的生物多样性，而且可以满足当地社会经济与文化发展的需要，有利于促进区域可持续发展"。[①] 敖汉旗小米及小米制品发展目前的自然生态环境、人文生态环境、精神生态环境都较为良好。接下来应大力发展生产性保护形成乡村产业，同时应该持续实施整体性保护，营造适宜的生态环境，促进非遗资本转换，大力发展小米产业，助力乡村振兴。

（八）敖汉旗小米产业发展困境

1. 小米种植规模不大，产业发展自主性不强

敖汉旗历来是农业大旗，但目前敖汉旗的农业经营仍以家庭小规模模式为主。在敖汉旗田野调查期间发现，村民都是种植自家分配土地，200 亩以上种植的农户很少。虽然全旗有合作社 2710 家，但由于政府部门缺乏对农业合作化的管理，合作社经营不规范，农民从农业合作化经营模式中获益较少，甚至有收益减少的现象。在实地调研中还了解到，农业专业化过程中，一些农业专业合作社积极鼓励农民种植新品种，但在秋收后经常出现农产品滞销、所种植新品种农产品收购价格低，导致农民收入减少，使农民自愿参与的积极性降低。

敖汉旗农业产业发展面临的另一个问题是农村内部动力不足，当下敖汉旗农村的主导产业是农业，旅游业等新兴产业并不发达。农民的农产品基本是初加工，经济价值不高，难以带动村民就业。同时，敖汉旗各农村创业项目较少，带动农产品升级有待加强，农村地区的工业企业的科技含量较低，投资规模较小，科技含量高、投资强度大的好项目较少，这些企业由于缺乏足够的资金支持且经营者缺乏长远的战略眼光，致使企业的科技投入资金不足，使这些企业在发展过程中后劲不足，影响企业的长远发展。

2. 小米产业发展保障不足

农业产业的发展需要强大的资金支持，敖汉旗属于国家级贫困县，全旗 2022 年财政支出 47.7 亿元，而地方公共财政预算收入仅 4.45 亿元[②]，地方财政收入仅为全旗财政支出不到 1/10，而民生保障、农村项目建设等需要持续的刚性

---

① 中国南方联合梯田入选全球重要农业文化遗产，含赣州崇义梯田［EB/OL］.（2018–02–09）.澎湃新闻网 https://news.sina.cn/2018–02–09/detail–ifyrk29r0502608.ol.html.

② 2022 年敖汉旗政府工作报告全文，2022 年 3 月 8 日敖汉旗第十七届人民代表大会第二次会议。http://www.ah9.gov.cn/cfsah9ztii/ygdzt/cfsah92018lh/cfsah92018;yjd/201803/t20180307_1659196.html.

支出，这使敖汉旗政府财政压力大。在乡村振兴战略的实施过程中，农村地区基础建设工作中的人才引进工作等都需要财政投入，由于财政支出与财政收入之间存在巨大资金缺口，使这些建设工作的资金不到位，阻碍了乡村产业的进一步发展。

3. 青壮年劳动力和高学历人才流失严重

为了响应政府的改革号召，敖汉旗于2005年实施了乡镇合并政策。这一改革使该旗的行政区划发生了显著变化，从2000年的7个镇、22个乡、1个苏木，调整为2005年的1个苏木、7个镇和7个乡，乡镇总数减少了一半。

随着乡镇合并政策的实施，教育资源也经历了一轮整合。许多乡镇的中心学校随之合并或关闭，这导致农村儿童的上学距离显著增加。一些孩子需要步行10多千米才能到达最近的小学，而中学则可能远在60多千米之外的城镇。由于许多小学和部分中学的规模限制，它们无法为所有学生提供住宿，这迫使家长每天接送孩子上下学，或者不得不在附近租房陪读，给家庭带来了不小的负担。为此，不少家庭选择搬迁到城市，父母进城工作，而老人则留在农村继续耕作。

近年来随着城镇化进程的加快、农业机械化的提高和农业收入的减少，农村出现了大量剩余劳动力。许多青壮年为了追求更高的收入和更好的生活条件，选择进城务工，将土地承包给村民或任其荒废，甚至出售或放弃农村宅基地。这导致农村地区出现了严重的空心化和老龄化问题。

人才是产业发展的主要推动力，正如习近平总书记强调的，"乡村振兴，人才是关键。要积极培养本土人才，鼓励外出能人返乡创业，鼓励大学生村官扎根基层，为乡村振兴提供人才保障"。[①]敖汉旗以其卓越的教育资源而闻名，在过去十年中，该地区的本科升学率始终保持在55.0%以上，每年都有众多学子被国内顶尖大学录取。如果这些人才能回归家乡，无疑将为敖汉旗的乡村产业发展注入强劲动力。

然而，现实情况是，许多大学生毕业后选择留在城市，尤其是农村出身的学生，他们返乡发展的意愿更为薄弱。这一现象导致了人才的大量流失。更令人担忧的是，教育水平越高、学校越知名，毕业生返乡的意愿就越低。这主要是因为他们期望的薪资水平在家乡难以实现，加之敖汉旗缺乏大型企业，使高校毕业生在家乡的职业发展前景并不乐观，进一步降低了他们返乡发展的意愿。

---

① 习近平讲述如何为乡村振兴提供人才保障 [EB/OL].（2018–06–18）.中央广电总台国际在线, https://news.cri.cn/20180618/25c279cb–da40–1ee7–f000–26ae5bb71b6c.html.

五、敖汉旗农业文化遗产转换促进乡村振兴的对策和建议

（一）强化敖汉小米与草原丝绸之路的整体性协同发展，推进非遗与文旅资源的融合发展助力乡村振兴

为了贯彻习近平总书记关于内蒙古的重要讲话精神和《北疆生态保护和高质量发展座谈会上的讲话》精神，内蒙古地区要积极推进非物质文化遗产的保护、传承和弘扬工作。通过整合资源，内蒙古的非物质文化遗产得到了有效的保护和利用，为乡村振兴提供新的动力。具体措施包括：增加对内蒙古非物质文化遗产保护的资金和专业人才支持，指导非遗工坊和传承人拓展销售渠道，增加就业和收入，从而推动乡村振兴。同时，通过研培计划，针对北疆沿线的非遗项目和传承人开展主题培训，加强非遗传承人队伍建设。内蒙古地区的非遗项目和传承人被鼓励参与如成都国际非遗节等省内外的展示和展演活动，以及"一带一路"内蒙古段的"非遗进乡村旅游"活动。此外，内蒙古还在黄河段流域地区多举办"非遗进景区"和"非遗进乡村旅游示范点"活动，推广当地特色产品如敖汉小米，面向国际市场。通过这些措施，内蒙古不仅保护和传承了丰富的非物质文化遗产，也为乡村经济的发展和农民的增收开辟了新的途径，实现了文化与经济的双赢。

（二）完善传承机制，增强传承活力

首先，完善非遗传承机制，解决后继乏人的问题。政府制定具体的人才培养规划，并付诸实施。继续开展传统技艺传习所、艺人工作室，政府提供交流平台以及各种扶持、激励奖励措施，提高非遗传承人的传承经费和待遇，设立专项基金改善敖汉小米生产和传承环境等。

其次，强化针对性培养传承人的机制和措施。2015 年文化部联合教育部推行的非遗传承人研培计划，已经带动和培养了大批非遗工艺人才，促进了非遗发展助力脱贫攻坚和乡村振兴。接下来我们应该继续强化研培计划，并增强对研培计划培训效果的考核，使培训真正产生实效。

再次，采取多种形式和方法并举的传承方式与模式，例如学校教育、职业教育、社会教育、企业培训等模式培养传承人。继续开展"非遗进校园"、学校美育教育等。在教学方法上改革传统的现场教学方法，混合网络教学、视频教学等方式，打破场地限制，并缩短习得技艺的时间。

最后，继续办好非遗保护的各类学校教育。目前，各类职业技术教育学校和学院在非遗保护和传承方面已经培养了一批技术工人和艺人，要进一步加大对非遗传承职业教育的支持力度，并完善教育体系，同时要培养复合型的非遗保护专业人员，能够在非遗保护理论、管理和实践中提供科学的指导和组织。2021年"非物质文化遗产保护"专业列入普通高校本科专业目录，方向是培养非遗保护工作者，这将为非遗传承机制增加巨大的活力，促进非遗保护工作的科学开展。

（三）健全政策法规保障，加大政策保护和资金扶持力度

政府的重视与主导及政策法规的保障，是振兴非物质文化遗产的根本前提。有了这一前提，非物质文化遗产的振兴战略才能得以实施，非物质文化遗产的保护传承与振兴发展才能沿着正确的轨道前行。国家和当地政府或主管部门要进一步完善非遗和传统工艺保护的政策法规，同时创新管理理念，释放非遗传承和发展的活力；进一步设立针对非遗传承的保护专项资金和发展专项配套资金，对其产业化开发给予一定的财政经营支持、免税或税收优惠；鼓励多元社会资金对敖汉小米保护进行资助，通过产业开发吸引更多的社会资源投入其中。构建多元的敖汉旗小米传统种植和现代市场所需产品的支持体系。再者，继续强化生产性保护示范基地工作，鼓励举办多种博览会以及各种敖汉旗小米产品展览会活动，为敖汉旗小米传承人及从事小米生产、加工、销售等人员组织生产、展示交流、收徒传艺、宣传及销售产品搭建平台，提供引导。

（四）强化敖汉旗小米产业保护传承与乡村振兴的学术研究

没有深层次的研究，非遗的传承发展就会失根。对非遗项目的学术研究，能够对非遗保护传承发展起到引领和指导作用，从学术上阐明非遗项目历史传承发展，以及当代如何利用、如何传承、如何发展的问题。

2024年6月26~30日，在内蒙古师范大学中华民族共同体研究基地联合主办的"内蒙古非物质文化遗产保护与传承新时代新使命"学术研讨会[①]，集中了各方研究力量开展深层次的非遗研究，后续应该继续强化这项工作，特别是应该设定"非遗与乡村振兴"研究专题，为非遗助力乡村振兴提供理论支撑。

---

① "内蒙古非物质文化遗产保护与传承新时代新使命"学术研讨会在呼和浩特市举办［EB/OL］.内蒙古自治区文化和旅游厅网，https://wlt.nmg.gov.cn/zwxx/wlzx/202407/t20240705_2538882.html.

（五）坚持创新发展，造福广大民众

作为传统农产品，一定要以创造性转化和创新性发展的"双创"方针为指导思想，坚持创新发展。在保护传承基础上，不断汲取新的文化元素，丰富开发新的小米产品，推陈出新，是非遗可持续发展的必由之路。要在继承中创新、保护中发展，在坚持核心技艺与本体特性不改变、不走样，存续文化基因的同时，加大对符合新时代人民群众需要的衍生产品的开发与生产，融入现代文化元素，体现当代文化的特质和民众新的诉求，并以衍生产品的开发增强传统工艺企业自身的造血功能，用来支持和保障敖汉小米的传承发展。

六、总结

内蒙古赤峰市敖汉旗钟灵毓秀，人杰地灵，文化底蕴深厚，史前遗址密集。作为"世界小米起源地"和"全国最大谷子生产基地"，如何让谷子借力世界级非物质文化的"东风"，传承赓续千年农业，让敖汉旗小米真正走向世界，是内蒙古各级政府重要的一项促进农村农业经济发展的工作。本章通过大量的文献查阅和田野调查，深入分析了敖汉旗小米助力乡村振兴的成效和现阶段存在的困境，并结合内蒙古各级政府的政策法规提出敖汉旗小米助力乡村振兴的对策建议，为敖汉旗在保护非遗的基础上转换非遗资本助力乡村振兴提供一定的借鉴意见，促进敖汉旗小米产业助力乡村发展，实现农民实现增收致富。

第四章

鄂温克族太阳花手工艺品传承发展调研报告

包世琦[*]

【内容摘要】本章对鄂温克族太阳花手工艺品的传承与发展进行了深入的剖析。太阳花手工艺品是鄂温克族文化的重要组成部分之一，具有深厚的文化象征意义，代表着吉祥与温暖。自2015年被列为内蒙古自治区级非物质文化遗产以来，太阳花手工艺品在保护与传承方面取得了一定成就，但也面临着现代文化的冲击和市场竞争力的挑战。本章通过介绍太阳花手工艺品的起源、原材料、制作步骤和文化场域，强调了其在鄂温克族文化中的重要地位；通过阐述鄂温克族的概况，包括狩猎生计方式的转化、文化习俗和自治旗旅游业的发展以及鄂温克旗民族文化产业创业园的概况，展示了太阳花手工艺品在地方经济和文化中的重要作用；通过探讨太阳花手工艺品的传承与发展的现状，指出了太阳花手工艺品发展中的困境，如文化冲击导致的工业化问题、传承人储备问题和行业内卷化现象。
【关键词】鄂温克族；太阳花手工艺品；传承与发展

一、引言

传统手工艺是中国传统文化的重要组成部分之一。在21世纪，保护与传承传统手工艺已经得到我国相关部门与国际社会的普遍认同。随着中国现代化进程的不断加快，在现代工业化文明的冲击下，我国传统手工艺的现状各有不同：有些手工艺濒临消亡，其作品流传较少，只能藏于博物馆供人观赏；有些手工艺与现代技术有效结合，走向大规模生产的道路；也有些工艺品的实用性渐渐缺失，只具备欣赏性，难以在现代人的生活中发挥实质性的作用。还有个别手工艺的相关实物和文献资料未能被妥善保存，相关人士未对其加以保护，以致其传承人逐渐减少，发展前景堪忧（于千涵，2021）。^①非物质文化遗产是一个国家和民族

---

* 包世琦，内蒙古大学2023级民族学专业硕士研究生。
① 于千涵.非遗绒花工艺的发展与传承［J］.美术教育研究，2021（1）：49-50.

历史文化成就的重要标志，也是优秀传统文化的重要组成部分。习近平总书记在文化传承发展座谈会上的讲话中提到："对历史最好的继承就是创造新的历史，对人类文明最大的礼敬就是创造人类文明新形态。要共同努力创造属于我们这个时代的新文化，建设中华民族现代文明。"① 文化创新旨在传承文化传统的基础上，对文化进行新的解释、表达和创造的过程。鄂温克族是一个古老而又善于迁徙的民族，曾经以狩猎与采集为主要的生计方式。太阳花手工艺品可以被视为是一种传统的手工艺品行业，在产业结构转化的过程中，太阳花行业可以是狩猎生计方式转化的重要方式。鄂温克族太阳花成功申报于 2015 年内蒙古自治区级非物质文化遗产，纳入了非物质文化遗产保护体系，在抢救与保护的过程中不得不受到现代文化的冲击，面临着文化变迁、文化延续断层、文化传承主体减少等问题。虽然鄂温克族太阳花已经成为鄂温克族旅游产业中不可或缺的一部分，但作为非物质文化遗产来说，这种单一的发展路径很不足以支撑其发展工作。

民族传统手工艺品的传承与发展对于文化的保存、经济的推动以及社会的进步都有着不可忽视的重要作用。它是民族文化的重要载体，它们承载着历史、信仰、习俗和审美观念。通过传承和发展，可以保护文化的多样性，防止文化同质化，让每代人都能够了解和体验到丰富的文化遗产。太阳花手工艺品与鄂温克族自治旗地方特色紧密相关，可以成为吸引游客的特色商品，由此来增强民族的自豪感和凝聚力，同时也让本地人更加深刻地理解和欣赏自己民族的文化。关注和支持传统手工艺品的传承与发展，不仅有助于保护和弘扬民族文化，还能够带动经济发展，提升社会福祉，促进国际交流与合作。

二、太阳花手工艺品简介

（一）太阳花手工艺品的起源

太阳花手工艺品的创作源自鄂温克族的一个传说。相传，远古时期的鄂温克族群居于寒冷的丛林，因此他们对太阳充满敬仰，渴望获得温暖与光亮。在他们的神话中，太阳是位勤劳的少女，希温·乌娜吉（鄂温克语，意为"太阳姑娘"），她每日为林中的鄂温克人们送来光明和温暖。为了起到纪念的意义，鄂温克人们使用了彩色的石头和动物的皮毛制成了类似于太阳形状的吉祥物，也就是

---

① 习近平.在文化传承发展座谈会上的讲话［EB/OL］.中华人民共和国中央人民政府网,https://www.gov.cn.

太阳花，寓意吉祥和温暖。

（二）太阳花手工艺品的原材料及制作步骤

笔者对太阳花的来源进行访谈时并没有找到关于最原始的太阳花的图片记载，这是因为太阳花手工艺品一度濒临失传。若干年后的今天，太阳花手工艺品的原材料将米珠和玉石、水晶石为花蕊、兽皮为花瓣进行制作。最常见的款式有米珠、貂毛制成的太阳花。米珠分为国产米珠、捷克传统工艺米珠、日本米珠，其中日本米珠工艺最优，用于售卖品的原料；国产米珠大小不统一、易掉色，一般与人造毛与兔毛一同用于学员的培训原材料（见图4-1）。貂皮制成的太阳花有形状规整、颜色亮、价格昂贵等特征。这是因为水貂的养殖成本高，一整张水貂皮的购买成本在300～800元，并且一整张水貂皮只能够制作三个太阳花工艺品。因此控制成本价格对太阳花手工艺品行业经营者来说是很重要的。

图4-1　米珠太阳花

资料来源：2024年7月2日A女士提供。

太阳花手工艺品的制作步骤主要分为缝制与粘贴两个步骤。缝制主要是以米珠为主的花蕊制作工作。花蕊部分的制作除了与技巧的熟练程度相关外与用料也有很大的关系。国产米珠缝制出来的花蕊部分会有形状不够圆、纹路不够清晰等问题；如制作者不够熟练会出现线控制过松或过紧以及花纹不够规则等问题。花蕊的制作也分为穿线和缝线两步骤，穿线是要将米珠穿在线上，缝线是要将米珠固定在毡布上。这部分的制作有易上手，但难于求精的特点，通常需要训练数月才能够达到熟练的程度。太阳花的兽毛粘贴环节需要制作者将兽皮按需要使用的长度宽度整齐地裁剪下来，粘贴在提前备好的圆形硬纸板上。通常粘贴两圈才能够达到茂盛圆润的形状。因兽皮的价格成本较高，制作者裁剪时要格外小心，才不会造成材料的废弃。

（三）太阳花手工艺品的文化场域

首先，节日庆典中太阳花是不可缺少的装饰元素。例如，鄂温克族独有的瑟宾节上族人们会穿上鄂温克族民族服饰，佩戴太阳花。因此太阳花的特点不仅是独一无二的，更是功能性与艺术性的结合，并且有文化的传承性。太阳花手工艺品也会出现于各种文化交流活动中，如展览、展销会等场合。其次，人们的日常生活中也能够经常见到太阳花手工艺品。太阳花手工艺品常见于人们的装饰，新的文化载体出现后太阳花更是无处不在。人们可以将它当成车挂、包挂，女孩子们的发夹、头绳、首饰盒都会选择用太阳花来进行装饰。目前市面上还出现了一些旅游文创产品，如冰箱贴、笔记本等人们容易购买的物品。太阳花手工艺品在鄂温克族的文化场域中具有多维度的意义，它们不仅是文化遗产的物质载体，也是文化活力和社会价值的体现。特定的文化空间中，使用的太阳花种类和载体也不同。这也是传统太阳花手工艺品与现代文化融合的体现，也适应了新时代人们对于传统工艺品的要求。

三、相关概况以及田野点概况

（一）鄂温克族概况

1. 鄂温克族狩猎生计方式转化

党的十一届三中全会以来，我国狩猎生计方式的转化工作被进一步加强，狩猎区域逐步变小，产业结构调整和生产途径的拓宽使原来狩猎为生的鄂温克族人民的生活质量也得到了提升。狩猎生计方式的转化方式主要有发展驯鹿资源、开发农业生计、转型旅游文化产业等几个途径。笔者认为鄂温克族太阳花手工艺品可以作为民族旅游文化的一种可取的狩猎生计方式。如果驯鹿、农业等一些以农业劳动和养殖技巧为主的转化方式以男性为主力，那么太阳花手工艺品的产业可以是以女性为主要经营的生计方式。这不仅提高了家庭的劳动资源的使用率，同时也是改变原鄂温克猎民生活的一种途径。太阳花手工艺品不仅有其文化价值，同时具有极高的欣赏价值，符合现代人们的审美。鄂温克族太阳花非物质文化遗产传承人 D 曾以制作太阳花的技艺带动了整个苏木的经济："D 是内蒙古自治区鄂温克族自治旗伊敏阿贵图嘎查的一位普通牧民，也是'太阳姑娘'品牌的创始人。如今，充满吉祥意义的'太阳花'已经成为鄂温克族十分畅销的文化旅游产品。D 不仅自己过上了好日子，还带动全旗 70 多个贫困户脱了贫。""每年，D 和她的姐妹们都要深入牧区腹地，手把手教牧区妇女制作'太阳花'等手工艺品。如今，D 已经帮助 800 余名牧区妇女解决了再就业问题。"（谢玮，2019）[①]

作为民族传统手工艺品，太阳花的经济价值不容小觑，它的经济价值足以带动整个苏木经济。狩猎鄂温克人所处的生态环境和从事的生产方式，决定了他们物质文化的主题，并影响着他们日常生活中的各个领域（汪丽珍，1997）。[②] 在生计产业的转化过程中太阳花原材料以及其借鉴的元素与狩猎文化有很大的联系。太阳花的花蕊部分是由动物的皮制成，花瓣是由动物的毛制成的。可制成太阳花的动物皮毛有鹿皮、貂皮、獾子皮、狍子皮、兔毛以及少量的马皮、牛皮、羊皮等。狩猎生计方式的转化开始后，太阳花的制作由野生动物皮毛转变成了养殖的动物皮毛，这不仅可以获得狩猎技巧，同时也可以很好地完成转化工作。

2. 鄂温克族自治旗旅游业概况

鄂温克族自治旗通过不断丰富旅游资源和创新活动形式，将文化与旅游相融合，打造了文化旅游、生态旅游、民俗旅游等精品项目，推动文化旅游事业提质增效。例如，通过民族文化产业创业园，创业者能够享受到免房租、免费技术培训、无息贷款等一系列政策，促进了民族文化的传承和发展。鄂温克族自治旗的旅游收入在近年来有了显著增长。根据 2023 年的统计数据，全年共接待国内外游客 37.41 万人次，旅游业总收入达到 2.34 亿元。[③] 这表明，鄂温克族自治旗的旅游业正在成为推动当地经济发展的重要力量。鄂温克族自治旗注重发挥政府的主导作用，科学规划和制定法律法规，保护森林和草原，维护传承载体，同时提供多渠道、全方位的支持，改善基础设施建设，对一些弘扬鄂温克族非遗文化的旅游企业减免税收，促进了旅游业的高质量发展。鄂温克族自治旗的旅游收入增长得益于当地政府对旅游业的重视和支持，以及对民族文化的保护和传承。通过发展特色民族文化旅游，鄂温克族自治旗不仅提升了旅游产品的文化内涵，也为

① 谢玮.呼伦贝尔草原上的"致富经"："太阳姑娘"诞生记［J］.中国经济周刊,2019(19)：102–103.
② 汪丽珍.狩猎鄂温克民族文化和驯鹿学释［C］.鄂温克研究第三集,1997：151.
③ 鄂温克族自治旗统计局.鄂温克族自治旗 2023 年国民经济和社会发展统计公报［Z］.2024.

当地居民带来了经济收益，推动了社会经济的全面发展。

（二）田野点概况

鄂温克族自治旗民族文化产业创业园注重版权保护，以创新繁荣民间文艺，为版权资源的挖掘、开发、转化提供了源泉。园区内企业通过版权保护，维护了作品和创意不受侵犯，为企业的良性发展奠定了基础。此外，园区还积极组织企业参加各类展览展会活动，推广民族文化产品，提升鄂温克旗乃至呼伦贝尔市在国内外的知名度和影响力。园区内设有非遗展示区、民族文化产品展示区、民族文化体验区、科技企业孵化区、电商平台区五大服务功能区，以及"民族文化广场""创业集市""创业大街"等特色主题街区，总建筑面积达 30000 平方米。入驻企业可以享受免房租、免网络费、免费创业培训和指导、优先办理创业担保贷款等优惠政策，以支持民族文化产业的创新和发展。

通过这些措施，鄂温克族自治旗民族文化产业创业园不仅促进了民族文化的传承和发展，还为当地经济发展和居民就业提供了支持，成为民族文化产业创新和发展的重要基地。对于文化创业园的这些优惠政策，入驻企业者 A 也表示：

"多亏政府的支持，创业园是免收房租的，这对于像我们这种制作太阳花的人来说首先工作地方问题解决了。在市区里有个这种面积的门市去创业，开个工作室，一年少说也得 10 万元。10 万元对于初阶的创业者来说也是一笔相当大的开销，所以拥有了政府的这样一个扶持，成本就会低很多，省出来的成本也可以用到研发、开发新品的空间里，用到实处。"①

目前创业园内共有两家专门以太阳花手工艺品为主要经营产品的商家，这也是属于创业园内民族文化产品展示区的重点门店。其中，鄂温克族自治旗 XR 鄂温克族自治旗手工艺品厂成立于 2012 年 10 月 10 日，企业法人 B 持有"太阳花""太阳姑娘"等原创手工艺品的国家专利证书和原创品牌商标两项，同时也是鄂温克旗级皮毛技艺非物质文化遗产传承人。其女儿 A 为 XR 手工艺品厂的产品设计师。太阳花是鄂温克族的传统饰品，象征着太阳的光芒和温暖，是鄂温克族文化的重要组成部分。A 在母亲的熏陶下，对鄂温克族手工艺有着深厚的情感和理解，她专注于制作鄂温克族文化中的重要符号——太阳花。太阳花是鄂温克族的传统吉祥物，象征着太阳的光芒和温暖。她在继承传统手工艺技能的同时还致力于创新，将传统手工艺与现代元素相结合设计，采用了创新的材料和技术，如使用彩珠、兔毛、人造毛等，使太阳花更加多样化和时尚。A 女士通过制作和

---

① 访谈对象：A；访谈时间：2024 年 7 月 20 日；访谈地点：鄂温克旗民族文化产业创业园。

销售太阳花，不断创新设计，开发出多种太阳花衍生产品，如胸针、项链、挂件、冰箱贴、头饰、首饰盒等，使得传统手工艺与现代审美相结合，受到了广大消费者的喜爱。不仅在于其产品的美学价值和文化意义，还在于其对于传统手工艺的保护和传承，以及对于当地社区经济发展的积极贡献。她的作品不仅在国内受到欢迎，还远销日本、韩国、美国、俄罗斯、澳大利亚等国家。工作室成立以来，A一直以来都为牧民妇女、贫困妇女、留守妇女提供就业机会，教他们掌握太阳花的制作方法，不仅帮助了多个家庭改善了经济状况，也为鄂温克族的传统手工艺品的传承和发展做了很大的贡献。她的创新精神和对传统文化的热爱，使鄂温克族的传统手工艺得以在现代社会中焕发新的生命力。传统手工艺品的销售渠道正在随着时代的发展而不断演变和创新，XR鄂温克族手工艺品厂的营销途径主要由实体店铺销售、电商平台、参加文化和手工艺展览、通过政府和机构举办的活动进行销售等几种方式构成。这些销售渠道和策略有助于传统手工艺品在现代社会中找到新的生命力，实现文化传承与经济发展的双重目标。随着市场环境的变化和消费者需求的多样化，传统手工艺品的销售渠道将继续演进和创新。

四、太阳花手工艺品的传承现状

（一）太阳花手工艺品行业经营者的年轻化

HJL是"00后"鄂温克族的传统手工艺者，作为一名鄂温克族应届毕业大学生，她想做出自己家乡的品牌企业，将民族文化传承与发扬。其公司创立于2023年，位于呼伦贝尔市阿荣旗。她与她的工作室致力于传承和发扬鄂温克族的传统手工艺，不仅制作传统的手工艺品，还尝试将传统工艺与现代设计相结合，创造出既具有民族特色又符合现代审美的新作品。她的工作室提供传统手工艺品的展示和销售，同时也是一个文化传承的平台，通过与特殊教育学校合作等，带领残疾孩子了解和学习鄂温克族的传统手工艺。此外，HJL的工作得到当地就业局的支持，作为非物质文化遗产相关创业人员，她对于保护和传播鄂温克族的传统文化发挥着重要作用。通过她的努力，鄂温克族的传统手工艺得以在现代社会中继续生存和传承，同时也为当地社区的经济发展和文化多样性做出了贡献。

笔者与HJL通过参加海拉尔第十二届中俄蒙文化洽谈会进行了初步的交流。她以大学生创业者的身份参加了此次的展销会（见图4-2），通过精心布置展位、生动的产品介绍和热情的服务态度，成功吸引了众多国内外客商和消费者的关注。不仅展示了自己的产品和项目，还与来自不同国家和地区的参展商进行了深入的交流和合作洽谈。其中与尼泊尔、乌干达、巴基斯坦、阿富汗、越南等国际展商友好沟通、展示特色产品，其中尼泊尔展商批发了手工毛皮制品，将太阳花产品带出国门，走向了国际。在此期间太阳花制成的项链、胸针、钥匙扣、摆件等一系列产品被销售到了澳大利亚。

图 4-2　青年创业者 HJL 参加海拉尔火车站展销会的摊位

资料来源：2024 年 7 月 22 日 HJL 提供。

手工艺品是民族文化的重要载体，走向国际有助于传播和推广民族的历史、艺术和传统，扩大民族文化的国际影响力。国际市场为手工艺品提供了更广阔的销售平台，不仅有助于增加手工艺者的收益、促进当地经济发展，而且可以提高对手工艺品文化价值的认识，有助于保护和传承濒危的传统手工艺技能。这促进了不同文化之间的交流与合作，增进了国与国之间的相互理解和友谊。

年青一代的加入为传统手工艺品行业带来了新的活力与机遇，这能够保证太阳花手工艺品行业的可持续发展和文化的传承。年轻经营者通常具有更加开放的创新思维，拥有更广阔的国际化审美与视野，是推动产品创新和多样化的主力军。她们更注重品牌的建设，力图通过打造品牌知名度来吸引消费者，对市场产生影响力。年轻匠人的教育水平也表明，他们能够将专业知识与传统手工技艺相结合，运用到产业的经营当中，使传统工艺更好地融入现代生活中。因此，年青一代加入太阳花手工艺品的行业是对于太阳花传统手工艺品的传承工作来讲是一件大的突破。

（二）妇女对于太阳花手工艺品的传承作用

妇女对于传统手工艺品的传承有着不可或缺的作用。笔者了解到，市面上几乎所有太阳花手工艺品行业的经营者与制作者都以女性群体为主，这就说明了太阳花手工艺品的传承工作是离不开女性角色的，而低收入妇女更是这一行业中的佼佼者。传统手工艺品行业是低收入妇女增收的重要途径之一。通过发展手工艺品产业，不仅可以为贫困妇女提供就业机会，还能促进当地文化传统的保护和传承。XR 鄂温克民俗文化旅游产品研发中心通过与低收入妇女、残疾妇女进行劳动签约的形式为她们增收。目前已经签约、并正在工作的大概有 20 位"员工"。这些"员工"大多是相关机构在举办活动进行培训的过程中通过选拔留下来的学员。在考察学员的制作能力的同时，也要看学员的家庭背景、学员意愿。制作太阳花的用料主要为兽皮和米珠，相对来讲成本算是很高的，因此政府等相关机构举办的培训活动不仅很好地解决了这一问题，最重要的是对于太阳花手工艺品的传承工作提供了便利。

"政府提供培训资金让太阳花的技艺传承得到了发展。如果是学员自己想要学习这门手艺，需要几千元才能学得透彻，同时也需要花费几个月的时间。太阳花工艺虽然制作方法简单，但若求精还需要付出耐心和精力，每一次培训中如果能有一两个人坚持下来从事本行业，也算是我们的成果。如果有人会缝了中间的米珠，我们可以让他制作半成品，计件发工资。这也算是变相的就业机会，在家里足不出户就可以挣钱，增加一些收益。"[1] "我初步计算了一下，根据个别员工的劳动量来讲，每个月能够达到 2000 元的薪资。即使在淡季，我们也会及时地囤货，这样冬季每个月也能够达到 1000 元以上，加上他们其他方面的资金来源，能够保障基本的生活需求。像我们店员 YN. 身残志不残，制作太阳花时非常认真，这是一种双赢的合作模式。"[2]

XR 鄂温克民俗文化旅游产品研发中心有一位员工，她平常只能通过轮椅进行移动。据了解这位员工住的是政府提供的房子，日常生活中每月还会有一些残疾补助来为她补贴家用。她在研发中心主要担任太阳花花蕊部分的缝制工作，对于太阳花的制作技艺有自己的技巧。在共同工作的过程中她也将自己的技艺毫无保留地教授给了笔者。YN 擅长太阳花的花纹的缝制，无论是多复杂的花纹在她手里都会变成整齐的纹路。因此，她帮助 XR 鄂温克民俗文化旅游产品研发中心

---

[1] 访谈对象：A；访谈时间：2024 年 7 月 20 日；访谈地点：鄂温克旗民族文化产业创业园。
[2] 访谈对象：A；访谈时间：2024 年 7 月 5 日；访谈地点：鄂温克旗民族文化产业创业园。

提供了很好的工作成绩，同时，研发中心也为她提供了一个残疾岗位，帮助贴补家用。

像 YN 一样的低收入妇女、残障人士可以为传统手工艺品的传承工作带来很大的价值。传统手工艺品制作的独特性恰好符合了这一群体的工作需求，因为这类群体对于手工艺品的制作有着强大的潜力和长久的动力。她们不像其他人一样只是对太阳花感兴趣、喜爱，她们能够将太阳花当作工作一直做下去。这对太阳花手工艺品行业的持续性和连续性有着很大的贡献，而手工艺品行业的持续性与连续性对于这一文化的传承是至关重要的。

五、太阳花手工艺品的发展现状

（一）太阳花手工艺品与相关机构的保护政策

中国政府高度重视传统手工艺的保护与发展，出台了多项政策，2022 年由文化和旅游部、教育部、科技部等十部门联合印发的《关于推动传统工艺高质量传承发展的通知》，强调了传统工艺的保护、传承和创新，推动传统工艺与现代生活的融合，以及提升传统工艺的市场竞争力等方面。在实际的保护过程中，内蒙古自治区和呼伦贝尔市，以及各旗相关部门多次举办了太阳花手工艺品的宣传和教学活动。

2024 年 9 月 6~12 日，在自治区妇联的精心指导下，呼伦贝尔市妇联积极推动"京蒙协作"自治区妇联城乡妇女创业就业技能提升培训项目落实，是深入实施"就业创业行动"，推进构建可行有效的就业创业服务体系"创业就业巾帼行动"的重要举措。[①] 此次活动为笔者在进行田野调查时最关注的活动，但因为活动时间不断延期，因此没有亲自参与其中，大部分调研工作是在线上完成的。培训教师为 XR 鄂温克族手工艺品厂的 A，XR 民俗文化旅游产品研发中心成立以来，A 一直都很关怀家庭经济困难的妇女以及居家妇女的就业相关事宜。此次活动正是面向居家妇女、低收入人群以及留守妇女，鼓励妇女们以多种渠道增加经济收入，帮助无收入或低收入妇女增收致富。

太阳花手工艺品活动的举办不局限于以上的机构和类型。除此之外还会有政府、宣传部、就业局、文旅局、乡村振兴局等相关活动。就像 XR 鄂温克民俗文

---

① 呼伦贝尔市妇联权益和发展联络部.京蒙协作呼伦贝尔市太阳花手工艺品培训成果展示活动圆满举办[Z].呼伦贝尔市巾帼风采，2024.

创研发中心的入驻企业者 A 所说的：

"太阳花相关活动举办的机构有政府、宣传部、就业局、文旅局、乡村振兴局等，都是与文化较相关的单位，我母亲做太阳花那会，整个鄂温克地区都没有几个人知道。但是现在只要是有大的活动，太阳花都在非常重要的位置，包括还有一些代表呼伦贝尔去外地参加活动。通过一次次的活动，太阳花开始被重视，开始上新闻。""政府支持一个文化产业是相当不容易的，也是因为太阳花确实是呼伦贝尔市很有特色的文创产品，像牛肉干、蒙古包等，哪里都有，但是太阳花对于内蒙古的旅游文创来说是在呼伦贝尔独有的，目前太阳花也正在走出呼伦贝尔、走出内蒙古，甚至走向世界。太阳花的发展空间会越来越大，知道它的人会越来越多。"①

这些活动不仅能够帮助宣传，帮助提高收益，提供便利，最重要的是能够为几个太阳花手工艺品企业提供高质量的发展途径，让他们的传承与发展的工作与机制更加完善。

（二）太阳花手工艺品售卖市场的扩大

除了较早开始制作太阳花手工艺品的企业外，鄂温克族自治旗文化创业园内以及整个呼伦贝尔市内都逐步地开始有了一些自主制作、售卖太阳花的店铺。这些店铺售卖的太阳花价格低、种类样式单调，通常与鄂温克族自治旗特色的其他文创产品一同售卖。这些店铺售卖的产品包括民族服装、桦树皮手工艺品、皮雕工艺品、蒙古刀工艺产品……其售卖风格更像是杂货铺，主要面向外地游客，外地游客想要购买的文创产品应有尽有。这些店铺的出现带动了民族传统手工艺品市场的很大的变化。

太阳花手工艺品专门店与民族旅游文创产品售卖店的区别还是很大的。首先，专门店注重商标的注册与专利。传统手工艺品的版权保护也面临着一些挑战。例如，一些手工艺者可能缺乏知识产权保护的法律知识，或者在维权过程中面临高昂的成本和复杂的法律程序。因此，提高普法宣传的精准性，为手工艺者提供法律援助和建立专业性的调解委员会，成为保护传统手工艺品版权的重要途径。对于同行内卷严重的市场现象下，专门店对于版权保护意识的加强也可以看作是一种对自身的保护机制。其次，专门店更注重太阳花手工艺品本身的文化价值，专注于展示和销售单一的传统手工艺品，保留了较多的传统元素和工艺流程，强调文化传承和工艺技术，但是旅游文创集合店的经营理念更强调产品的

---

① 访谈对象：A；访谈时间：2024 年 7 月 20 日；访谈地点：鄂温克旗民族文化产业创业园。

多样性和创新性，通常会结合旅游目的地的文化元素，开发一系列相关的文创产品，更强调产品的创意和实用性，注重文化与创意的结合。以经济收益为主，需要有经济的支持，有收入的支撑才能够把它做得更好。最后，传统手工艺品专门店的目标顾客可能是对手工艺品有一定了解和兴趣的消费者，或者是寻求独特文化体验的游客且产品价格可能较高，因为它们包含了较多的手工劳动和文化价值。旅游文创集合店产品的价格更为亲民，因为它们需要吸引更广泛的旅游消费者，同时考虑到旅游者对价格的敏感性。其目标顾客则为广泛的旅游者，他们会对目的地文化感兴趣，希望通过购买文创产品来纪念旅行或作为礼物。

（三）太阳花手工艺品的创新性发展

传统太阳花主要以三色的米珠与獾子毛、貂毛组成。以萨满元素为设计灵感，配色多以棕色、黑色和白色为主色调。传统太阳花的特点为制作时间短，便于配色的设计，但是制作难度大，对于操作兽皮、兽毛的技艺要求比较高。随着太阳花的款式颜色设计不断创新，传统太阳花在整个市场中占比很少，受众人群多以老年人、鄂温克本民族人以及那些了解过太阳花，追求传统的年轻人为主。传统太阳花如图 4-3 所示。

图 4-3　传统太阳花

资料来源：2024 年 7 月 3 日笔者摄。

1. 太阳花手工艺品与多民族文化的交融

传统手工艺品不仅是文化的载体，也是促进民族交往交流交融的重要桥梁。在民族的手工艺品的创新研发工作上，不同民族的民俗和文化也可以是一种新的灵感。如此一来，不同民族的手工艺品跨地域、跨文化地得以展示和传播，从而加深了人们对不同民族文化的理解。XR 民俗文化旅游产品研发中心通过将鄂温克族的太阳花与苗银饰品形状相结合，达到了民族之间的手工艺品的交流。他们通过相互学习、交流技艺，共同创作出了融合多元文化特色的手工艺品（见图4-4）。这种互动不仅丰富了手工艺品的文化内涵，也促进了不同民族之间的相互理解和尊重。

图4-4 与苗银元素相结合的太阳花手工艺品

资料来源：2024 年 7 月 3 日笔者摄。

在激发新的创意和灵感过程中，艺术家和设计师可以从不同的文化中汲取元素，创造出新的艺术作品和设计，推动文化创新。在推动民族手工艺走向世界的过程中，多民族文化相融的过程对于社会的发展和进步具有重要意义。首先，一个国家或地区如果能够展示出多元文化的和谐共存，可以提升其在国际上的形象，增强文化软实力。多民族文化相融有助于增进不同民族之间的理解和尊重，减少文化冲突，促进社会和谐稳定，加强民族团结，构建包容性社会。在不同民族之间可以让他们更好地理解彼此，建立起更加紧密的联系。其次，通过文化交流、文化相融，可以保护和传承濒危的民族文化。将这些文化元素融入主流文化中，可以提高它们的可见度和影响力，从而得到更好的保护。让中华民族文化多元化发展。多民族文化相融是一个自然而美好的过程，它不仅能够丰富人类的文化生活，还能够促进社会的和谐与进步。

总的来说，传统手工艺品在促进民族交往交流交融方面发挥着重要作用，它们不仅丰富了文化的多样性，也为不同民族之间的相互理解和尊重提供了有力支持。通过各种形式的文化交流和市场推广，传统手工艺品正成为连接不同民族和文化的纽带，推动着社会的和谐与进步。

2.参与"十四冬"，面向国际

第十四届全国冬季运动会（简称"十四冬"）是中国规模最大、水平最高的全国综合性冰雪赛事之一。以呼伦贝尔市为主赛场的"十四冬"不仅展现了中国冰雪运动的新气象，也为国际交流提供了平台。呼伦贝尔市的多元文化和深厚历史，为其与国际间的交流合作提供了坚实的基础。通过与国外的友好城市关系，呼伦贝尔市不断拓展国际交流圈，促进了文化、教育、经济等多个领域的交流与合作。

XR鄂温克族手工艺品厂的设计师A女士为此次活动设计了"十四冬"系列太阳花，成为"十四冬"文创产品中唯一的纯手工制作的工艺品。这种独特的手工艺品在"十四冬"期间受到广泛关注和喜爱，成为宣传呼伦贝尔和鄂温克族文化的重要载体，成功地进行了一次联名（见图4-5）。

图4-5 "十四冬"主题太阳花

资料来源：2024年9月5日A女士提供。

从图4-5可以看出"十四冬"系列太阳花的主体以雪花的图案进行制作，代表运动会为冬季，周围白色的兽皮为水貂毛，象征着雪花的洁白。"十四冬"系列雪花又可寓意为太阳可以温暖寒冷的冬季。太阳花就这样为鄂温克人带来了较高的经济效益，吸引了消费者的注意力，增加了产品的市场吸引力，拓宽了销售渠道同时也实现了自身品牌形象的更新和多元化。

"十四冬"展现了浓郁的"国际范"，吸引了俄罗斯、加拿大、保加利亚等国家的国际友人参与，促进了国际交流。通过国际参与，中国的冰雪运动水平得到国际社会的认可，同时也为国际冰雪运动合作提供了平台。[1] 这种传统太阳花手工艺品与其他活动、其他文化的联名可以将手工艺品的寓意以及故事背景传递给更多人，增加文化的知名度和在社会上的影响力，有助于推动文化的多样性和互相影响，丰富文化生态。因此，在此次联名合作中，太阳花工艺品不仅获得了新的发展机遇，也在现代社会中焕发了新的生命力，实现了文化和经济的双重价值，最重要的是在国际手工艺品的行业上也有了自己或多或少的地位。

3. 太阳花手工艺品的款式创新

随着消费者需求的多样化和审美观念的变化，不断创新的款式能够满足市场的新需求，增强传统手工艺品在市场上的竞争力，开辟新的市场和收入来源，为手工艺者和相关产业创造更多的经济机会，推动地方经济发展。另外，面对全球化和工业化的挑战，不断创新是传统手工艺品生存和发展的关键，有助于其在现代社会中保持活力和相关性，因此 A 女士也对产品进行了不断创新。其中包括蒙古包太阳花、皮雕太阳花、水晶太阳花等具有现代设计灵感以及极具欣赏价值的产品（见图 4-6）。

图 4-6 蒙古包太阳花

资料来源：2024 年 9 月 21 日 A 女士提供。

---

[1] 人民网，http://ent.people.com.cn/n1/2024/0217/c1012-40178227.html。

A 女士最新设计的蒙古包太阳花融合了蒙古族的传统建筑元素和鄂温克族的太阳花图案，体现了不同民族文化的交流与融合。其设计理念与蒙古包结合，是为了将这种吉祥寓意融入日常生活中，另外蒙古包的设计本身就具有良好的适应自然环境的特性，太阳花的加入是为了强化这种与自然的和谐关系。蒙古包太阳花作为一种具有地方特色的手工艺品，被设计成为吸引游客的旅游纪念品也有助于宣传当地的旅游特色。通过这种设计，传承和弘扬了蒙古族和鄂温克族的传统手工艺，同时也为手工艺者提供了创新的平台。除此之外还有与皮雕工艺相结合的太阳花手工艺产品，如图 4-7 所示。

图 4-7　皮雕太阳花

资料来源：2024 年 9 月 21 日 A 女士提供。

　　皮雕太阳花将鄂温克族的太阳花图案与皮雕技艺相结合，体现了鄂温克族元素文化与蒙古马文化之间的交流与融合。设计旨在将传统手工艺与现代审美相结合，创造出既具有民族特色又符合现代审美的手工艺品。这款太阳花也是 A 女士通过进行市场调研后，保持了传统图案精髓的同时，利用新颖的材料和形状的搭配，吸引了现代消费者。

　　文化与旅游的深度融合，让文化活动成为旅游的重要组成部分。博物馆、文化遗产地等文化场所通过增强旅游休闲功能，成为游客体验文化的重要目的地。游客不再仅仅满足于走马观花式的游览，而是渴望深入了解当地的历史文化和生活方式。例如，通过参与传统节日庆典、学习当地手工艺品制作等活动，游客可以更深入地了解和感受当地文化。太阳花因其可爱的外观和美观受到人们的喜爱，尤其是年轻人。对这一群体讲太阳花只因其独特的文化特色吸引了许多慕名而来的游客。经过鄂温克族自治旗民族文化产业创业园其他店铺与 A 女士的共同努力，传统手工艺品以及其他民族文化产品受到游客们的高度好评，这也体现了传统手工艺品以及其他文化的创新性发展的重要性。

除此之外，太阳花的载体也有了创新。其展现形式不仅限于挂饰，也以多种形式展现在人们的生活中，扩展到了胸针、首饰盒、背包、笔记本、耳环、冰箱贴、手机支架、鼠标垫、车挂等。由此可见太阳花的创新空间是无限的，新技术的应用，如数字化工具、新材料科学等，为传统手工艺品的创新提供了更多的可能性。

六、太阳花手工艺品传承发展中的困境

（一）文化冲击导致的工业化问题

文化冲击是跨文化交往视角下个体产生的一种常见现象。文化冲击主要指向那些身处异文化环境的个体，并关注其产生的焦虑、挫败、无所适从的心理状态（胡雯雯，2022）。[①] 工业化带来了机械化大生产，提高了手工艺品的生产效率，使产品能够快速大量地生产出来。在这样一个传统与现代社会强烈碰撞的时代下，传承人和传承的圈子越来越小，如以前完成一幅高质量绣品，需要几年的时间，但现在机械科技不断发展，短时间内就能生产出一幅没有了"灵魂"的产品，所以网络上流传的苏绣、湘绣、粤绣、蜀绣实际上大都是"机绣"的话语（莫幼政和何厚棚，2019）。[②] 在工业化和现代化的冲击下，传统手工艺品行业面临着一系列挑战，太阳花手工艺品等非物质文化遗产也不例外。

虽然太阳花手工艺品对于创新工作很重视，但是其创新的内容多数以替换太阳花花蕊部分为主。以玛瑙、玉石以及皮雕工艺代替了原本的米珠。购买玛瑙以及玉石的原材料多以网络批发为主，先不谈及其玉石材质的真假，在这里我们需要知道米珠太阳花与玉石太阳花最大的区别在于其工艺。米珠太阳花是最耗费时间的，因此基本由工作室成员们手工进行制作完成。而玉石太阳花手工艺品的制

---

① 胡雯雯.跨文化交际中逆向文化冲击的原因及对策［J］.吉林工程技术师范学院学报，2022，38（55）：38-41.

② 莫幼政，何厚棚.中国传统文化传承人保护研究［J］广西师范学院学报（哲学社会科学版），2019，40（2）：46-51.

作是不需要花费很多的时间和技艺成本的。且玉石太阳花价格昂贵，同样大小的太阳花相比之下要比米珠太阳花贵 3 倍。另外皮雕太阳花的款式也如此，其花蕊部分是通过和其他的皮雕厂进行合作制作成的，并不是太阳花手工艺人自主雕刻的。而且皮雕工厂的工艺也是通过计算机对相应的图案进行绘画后，再输入到机器中，最终通过机械压印出来的工艺。因此无论是玉石太阳花还是皮雕太阳花都或多或少的掺杂了工业化的因素。虽然能够保障太阳花手工艺品的供货的效率，让产量和销量增加，但是对传统手工艺品来讲，太阳花所承载的文化和情感价值可能会被削弱。

在高速发展的现代社会中，传统手工艺品避免不了遭受文化冲击。手艺人只能减少这种打击才能维护非物质文化遗产的活态发展。

（二）传承人储备问题

由于非遗传承人当前的从业收入不高，缺乏示范效应，年轻人继承非遗的意愿不高，导致大部分非遗项目传承人不稳定，流动性大，半途而废的情况时有发生，难以形成稳定的传承人队伍。文化和旅游部公布的五批国家级非遗代表性传承人名单在全国范围内仅认定了 3068 位非遗传承人，传承人数量堪忧，将面临后继无人的尴尬局面（陈海东等，2023）。[①] 太阳花是民族传统手工艺品，也是内蒙古自治区级的非物质文化遗产。传承人的数量是保护和传承传统文化的关键方法之一，其保护发展的前提是传承人的后续储备充足。非物质文化遗产区别于物质文化遗产正在于非物质文化遗产更多地依托于"人"本身而不是"物"而存在，人的传承尤为重要，没有人的传承，非物质文化遗产便会面临失传、后继无人进而退出历史舞台的危机（祁庆富，2006）。[②] 目前来看，地方政府和相关机构虽然在大力举办各种太阳花的培训和宣传活动，可以看作是为这一项民族传统手工艺品的后续传承工作做基础，但是这样的方式并不能解决太阳花非物质文化遗产的传承人的储备问题。太阳花手工艺品的学习特点为易上手、难求精。几乎每个人都能够制作成一个完整的太阳花，但是想要达到能够售卖的程度还需要耗费很大的时间和精力。更何况成为非物质文化遗产的传承人，需要花费人们几十年的时间去钻研、创新，这意味着人们对于太阳花要从兴趣爱好变成工作，全身心地投入其中，这是很少有人能办到的。其中参与培训的学员曾讲道：

---

① 陈海东，林桦，杨博涵.论非遗产业化过程中传承人的困境与发展出路——以东莞莞香为例［J］.文化创新比较研究，2023，7（1）：84-88.

② 祁庆富.论非物质文化遗产保护中的传承及传承人［J］.西北民族研究，2006（3）：114-123+199.

"我是通过微信得知妇联免费培训太阳花的。我认为学习太阳花不难，因为在七天培训中，老师就把理论知识和技巧等都讲了一遍，我们再上手操作，所以觉得很容易。太阳花一直是我想学的一项技能，妇联给我这次学习的机会我一定不能错过。希望用制作太阳花的技能来提高经济收入，但是我的水平还不行，没有能成功签约工作室。"①

由此可见，很少有人能够在短期内对太阳花手工艺品的制作达到标准水平。很少有人是为了爱好而去学习太阳花的制作方法，且在制作过程中就算有爱好也很难坚持下来。对于太阳花行业来说，耐心是最重要的，没有这份耐心，传承保护工作也会受到威胁。

（三）太阳花行业的内卷化

民族用品店铺的太阳花售卖造成了非常严重的压价现象。这种非理性的内部竞争在短期来看能够刺激消费者、吸引顾客，但是对于行业内的太阳花专门售卖店来讲是一次很大的挑战。从这些店铺的制作方法来看，他们所用的原材料以节省成本为主，这种为了节约成本而做出的产品，最终会损害消费者利益、破坏整个市场环境。即使太阳花源头店铺申请了专利、版权意识非常强，但还是阻止不了小店铺对他们创新成果的盗窃和创新产品的跟风售卖现象。

"大家都知道做太阳花挣钱，所以小店也开始做了，做的人多了就造成市场竞争现象，出现一些价格战，原来一个水晶的太阳花198元可以卖掉，现在98元都卖不掉，原来能够挣到的空间利润是非常大的。很多人都开始做之后，价格一点一点降下来。这几年明显感受到大家购买太阳花的人变得大不如从前了，所以行业内卷情况越来越严重，以至于现在有一些产品已没有任何利润了。但是也还是要做的，因为这些产品经常有人要。原来是我们想卖多少钱就多少钱，开始有了市场竞争规则后，我们也只能顺应规则。"②

受访者A女士反映了太阳花市场的变迁和当前的市场状况。太阳花因其受欢迎程度和盈利潜力影响，吸引了众多小店进入市场，这导致了市场竞争的加剧。随着越来越多的商家开始制作和销售太阳花，市场上的供应量增加，从而引发了价格战。这表明，随着市场供应量的增加，产品的价格逐渐下降，商家的利润空间也随之减少，商家必须调整策略以适应新的市场环境。

"带了这么多人，有些人都自己开店了，但是不是说别人做得不好，而是他

---

① 访谈对象：T；访谈时间：2024年9月21日；访谈方式：电子通信工具。
② 访谈对象：A；访谈时间：2024年7月23日；访谈地点：鄂温克旗民族文化产业创业园。

们以谋生为主，在太阳花的制作上，哪种款式卖得多，就多制作哪种。而我们就是蹚河人，一直走在去往创新的方向，创新产品卖得好他们就会跟着脚步卖起来，这个过程肯定还是得有一个创新引领的人。"①

从 A 女士的访谈中我们可以看出，有一部分手艺人选择自主创业，开设自己的店铺。他们的主要经营策略是以市场需求为导向，以谋生为主要目的。这意味着他们会根据市场的需求量来决定自己的产品生产量，哪一种太阳花的款式销量好，他们就会加大生产力度，以满足市场需求。而受访者的工作室则更注重创新。他们将自己比作"引路人"，这可能意味着他们勇于尝试，不断地设计和实验，追求创新和原创性。他们不仅是为了销售而制作产品，而是致力于创造新产品，引领市场潮流。在这个过程中，A 女士强调了创新引领的重要性。他们认为，只有不断创新，才能在竞争激烈的市场中保持领先地位，同时也能带动整个行业的发展。这种以创新为核心的商业模式，虽然可能面临更高的风险，但也有可能带来更大的回报和更长远的发展。

传统手工艺品在追求收益的过程中确实面临着一些挑战。一些手工艺品过于强调商业价值，可能会导致文化精神的虚无化、高度商业化以及极端功利化。这些问题可能会导致手工艺品失去其本质特征和应有的魅力，与普通民众的距离越来越远，甚至可能导致传统手工艺的粗制滥造和品质下降。对于本地人以及本民族的人来说这种售卖方式还会削弱人们对本民族文化的自信，导致忽略本土民族文化的价值与魅力，盲目地崇拜外来文化，对本土文化产品的不信任和不支持，影响文化产业的发展和创新。当社会成员对共同的文化遗产和价值观缺乏认同时，可能会导致社会凝聚力的下降，影响社会的和谐与统一。另外，极端的功利化还可能会过于追求短期利益，忽视长期社会效益，导致手工艺品的质量和文化价值下降（张夫也，2022）。②

七、结语

鄂温克族太阳花手工艺品的传承与发展是一项系统工程，需要政府、企业、传承人和社会各界的共同努力。通过加强保护政策、培养传承人才、推动创新发展等措施，可以有效地促进太阳花手工艺品的传承与振兴。虽然鄂温克族自治旗的旅游业反响较好，但是传统的手工艺品的发展与传承是不能靠旅游业、外地

---

① 访谈对象：A；访谈时间：2024 年 7 月 23 日；访谈地点：鄂温克旗民族文化产业创业园。
② 张夫也.对中国手工艺未来走向的思考［J］.美术观察，2022（11）：5-7.

游客等对其进行优化。太阳花手工艺品的发展与传承最终的重任仍落在本民族人们的身上,首先需要提升本民族对太阳花的认同,保障其文化价值一直完好地存在,才能够使这一文化更好地得到发展和传承。

附 录

访谈资料

被访者 1
访谈时间:

第一次:2024 年 6 月 28 日

第二次:2024 年 7 月 5 日

第三次:2024 年 7 月 11 日

第四次:2024 年 7 月 20 日

第五次:2024 年 7 月 23 日

访谈地点:鄂温克旗文化创业园、海拉尔火车站展销会

访谈对象:A 女士

民族:鄂温克族

年龄:36 岁

文化程度:本科学历

从事职业:太阳花手工艺品从业者

出生地:鄂温克旗辉苏木人

访谈内容:

1. 太阳花的起源是什么?从什么时候开始在民间流传的?其象征意义是什么?

太阳花的创作源自鄂温克族的一个传说。以前的鄂温克族是群居在寒冷的山林里,因此他们对太阳充满敬仰,渴望获得温暖与光明。在这个神话中,太阳是位少女,她每日为林中的鄂温克族人送来光明和温暖。为了纪念她,鄂温克族人采用了彩色的石头和动物的皮毛制成了类似于太阳形状的吉祥物,也就是太阳花,寄寓着吉祥和温暖。太阳花一度失传,大概在 21 世纪初才又被人们重拾,才发展到了目前的状态。

2. 制作太阳花的灵感来自哪些元素？

包括鄂温克族的驯鹿文化、萨满文化以及鄂温克族的信仰大自然的一种文化。

3. 目前工作室的成员以及分工有哪些？

目前工作室大约有 20 个人，有一些是家庭收入较低的妇女，也有几个残疾人。他们所做的工作都是制作太阳花的半成品，一些费时间、费精力的事情需要她们完成，不然我在工作室是忙不开的。经常让他们制作太阳花的花蕊部分，之后做够 100 个或者 200 个就按件计费支付手工费。就像经常过来的 YN，她在我们家很长时间了，做太阳花很熟练，制作得很精美。她的家里情况有些特殊，自己是一名残疾人，家里所住的房子是政府提供的房子。还有另一位 TQY，她的生活也并不富裕，在没做太阳花手工艺之前，一直都在早市里卖二手衣服，来到这里之后收入也提高了不少。我们很愿意帮助这些人，而且她做太阳花也做得很好。

4. 对这些群体来讲，做太阳花收入一个月能达到多少钱？

我初步算了一下，根据个别员工的劳动量来讲，每月 2000 元肯定是有的。但是冬天是淡季，也是我们囤货的季节，他们每天都在家里缝制，我们每天都收，这样下来冬天每月也能挣到 1000 ~ 2000 元，这在家里来说吃喝是够够的，再加上他们其他方面的补贴补助，生活质量也有了保障。像我们店里的员工 YN，身残志不残，她在制作太阳花时非常认真，这是一种双赢的合作模式。

5. 太阳花的消费者一般都是哪些人群？

人们都觉得太阳花很可爱、很好看，年轻人都很喜欢（包括像今天从北京来的一些游客），都对文化的东西感兴趣，这种不被别人熟知的文化反而会让人觉得是纯正的习俗和文化。它们不跟风、不随大流、反而会更加接近有文化底蕴的东西。别看创业园位置比较远，但是有很多人是慕名而来的。酒香不怕巷子深，很多人是不怕地方远，自己会找过来。一开始做新品时，大家都买这个产品，后来发现大家都喜欢，我还挺有成就感的。一开始我也只是做着玩，但是后来没想到能够成为一种款式，而且还是大家都知道的一种款式，这让我有了更大的信心。做一阵子就会做腻，总想做一些新的东西。

6. 政府、相关机构对太阳花的重视程度如何？还与哪些机构组织进行过合作？

我认为政府是非常看重鄂温克族的传统手工艺品的，包括太阳花。多亏政府的支持，创业园是免收房租的，这对于像我们这种制作太阳花的人来说首先地方问题解决了。在市区里有个门市去创业，开个工作室，一年少说也得 10 万元。10 万元对于初阶的创业者来说也是一笔相当大的开销，所以有了政府的扶持，成本就会低很多，省出来的成本也可以用到研发、开发新品的方面，用到实处。

政府这么支持一个文化产业是相当不容易的，也确实是因为太阳花是呼伦贝尔市很有特色的文创产品，像牛肉干、蒙古包等一些产品，哪里都有，但是太阳花对于内蒙古的旅游文创来说在呼伦贝尔才独有。太阳花目前也正在走出呼伦贝尔、走出内蒙古，甚至走向世界。我认为太阳花的发展空间很大，因为知道它的人会越来越多了，就看我们这里的旅游发展得怎样了。

太阳花相关活动举办机构（有政府、宣传部、就业局、文旅局、乡村振兴局等）都是跟文化较相关的单位，我母亲做太阳花那会，真的没有几个人知道，整个鄂温克地区都没有几个人知道。但是现在只要是有大的活动，太阳花都在非常重要的位置，包括还有一些代表呼伦贝尔去外地参加活动的。通过一次次的活动，太阳花开始被重视，开始上新闻。

7. 目前工作室有太阳花相关的教学活动吗？

开学时间会去学校对孩子们做相关培训，不过多数是以相关机构举办的活动的培训为主。如果是政府出钱让我们培训，是这些机构、单位花钱，如果学员自己想来学习，从头到尾什么都会的程度得几千元打底，也需要几个月。相对来讲，制作方法简单，但是求精还是需要学员的耐心。一般培训下来 100 个人里能有两个人能出手就算多了，就算有一个人最后从事了这个行业，那也是我们的成果。如果有人会缝了中间的米珠，那我们可以让他制作半成品，计件发工资。这也算是变相的就业机会，在家里足不出户就可以挣钱，增加一些收益。我们在带人的时候也会挑一些有敬业精神和确实需要帮助的。

8. 您认为太阳花手工艺品目前的市场竞争怎样？

大家都知道做太阳花挣钱，所以小店也开始做起来了，做的人多了就有了市场竞争，开始打价格战，原来一个水晶的太阳花 198 元是轻轻松松可以卖掉的，现在 98 元都卖不掉，很多人做了之后，价格一点一点降下来。这几年明显感受到大家购买太阳花的大不如从前了，所以行业内卷情况越来越严重，以至于现在有一些产品已经没有任何利润了。但是也还是要做的，因为这些产品也经常有人要。原来是我们想卖多少钱就多少钱，现在开始有了市场竞争规则了，我们也只能顺应规则。

9. 您认为您目前在太阳花手工艺品行业中的地位怎样？

带了这么多人，有些人都自己开店了，但不是说别人做得不好，而是他们更多的时候是以谋生为主，在太阳花的制作上哪种卖得好就多做一些。而我们就是蹚河人，一直走在去往创新的方向，创新产品卖得好他们就会跟着卖起来，这个过程肯定还是得有一个创新引领的人。

被访者 2

访谈时间：2024 年 9 月 21 日

访谈方式：电子通信工具

访谈对象：T 女士

民族：蒙古族

年龄：39 岁

文化程度：初中学历

从事职业：幼儿园教师

出生地：鄂温克旗出生

访谈内容：

您是通过什么途径参加的此次活动？为什么来参加此次活动？

我是通过微信了解到妇联免费培训太阳花的。太阳花一直是我想学的一个技能，妇联让我有机会学习太阳花技艺制作我肯定不能错过。我个人认为学习太阳花不难，因为通过 7 天培训，老师把理论知识技巧等都给我们讲了一遍，我们再自己上手操作，所以觉得很容易。希望用制作太阳花的技能来提高自己的经济收入，但是我的水平还是不行，没能成功签约工作室。

第五章

非遗在铸牢中华民族共同体意识中的时代价值与路径调研报告

包文俊*

【内容摘要】漫瀚调作为一种中国北方特有的民间曲艺形式，已被列入中国国家级非物质文化遗产名录。漫瀚调具有深厚的历史底蕴、文化底蕴和艺术底蕴，其形成和发展历程也是民族之间交往交流交融的深刻写照。漫瀚调在铸牢中华民族共同体意识中发挥了重要作用，其中蕴含着丰富的中华民族共同体意识基因，是铸牢中华民族共同体意识的宝贵资源。漫瀚调在文化认同、民族团结和集体身份建构等方面为铸牢中华民族共同体意识提供了理论支持。同时，漫瀚调通过展示多民族文化，增进了民族间的理解与合作，提升了民族成员的文化自信和国家认同。此外，漫瀚调与旅游产业的结合，推动了民族地区的经济发展，提升了地区的繁荣与稳定。利用漫瀚调铸牢中华民族共同体意识的路径方面，需进一步加强政策支持、丰富传承方式、拓展国际文化交流，同时借助新媒体传播，扩大其文化影响力。

【关键词】非遗；铸牢中华民族共同体意识；漫瀚调；时代价值

一、引言

习近平总书记强调："实施中华优秀传统文化传承发展工程，研究和挖掘中华传统文化的优秀基因和时代价值，推动中华优秀传统文化创造性转化、创新性发展，繁荣发展社会主义先进文化，构建和运用中华文化特征、中华民族精神、中国国家形象的表达体系，不断增强各族群众的中华文化认同。"[①] 在这一过程中，文化的纽带作用尤为关键，中国是一个拥有 56 个民族的多民族国家，如何

---

* 包文俊，内蒙古大学 2020 级民族学专业博士研究生。

① 中共中央办公厅国务院办公厅关于实施中华优秀传统文化传承发展工程的意见：中办发（2017）5 号［Z］.2017.

在保持民族文化多样性的同时，实现各民族的团结与和谐，是新时代中国特色社会主义事业中面临的重大课题。非物质文化遗产（非遗）作为各民族文化传承的重要载体，在铸牢中华民族共同体意识的过程中具有不可替代的时代价值。"漫瀚调"是内蒙古自治区准格尔旗地区的一种传统民间曲艺形式，表现了当地蒙古族与汉族文化的融合与互动。在当今铸牢中华民族共同体意识的背景下，漫瀚调既具有较高的艺术价值与文化价值，又在社会中发挥着促进民族团结、社会和谐、经济发展等功能。对漫瀚调的持续研究，具有特殊的社会价值和学术意义。

漫瀚调的起源与准格尔旗地区的地理、民族和历史背景密切相关。准格尔旗位于内蒙古鄂尔多斯市，地处蒙晋陕三省交界处，与山西省偏关县、河曲县，陕西省府谷相邻。准格尔旗地形复杂，地貌以沟壑纵横的丘陵山区为主，耕地资源主要分布在川地、梁峁地、塔地、坡地和沟渠湿地等区域，这些地块分布错杂，少有平坦的园地或水源充足的土地，大面积的平原也极为罕见。尽管适宜长期耕种的土地较多，但随着垦殖农业的发展，蒙汉居民只能依据这样的地形特征寻找适合开垦的地段，逐渐形成了耕地和民居四散分布的格局，常常出现同村的住户之间相隔几里甚至几十里的情况。可见，漫瀚调的发源地自然地理环境十分复杂，既有草原、荒漠，也有平原、山地和湖泊湿地等多样性地形。这种多样的生态环境不仅丰富了生物多样性，孕育了文化的多样性。准格尔旗独特的自然地理环境，促进了黄河两岸人民的交流互动，成为漫瀚调这一独特文化形态生存与发展的沃土。随着汉族移民的增加，汉族的语言、民俗和艺术形式逐渐影响到当地蒙古族，而漫瀚调正是在这种多民族文化碰撞和融合的背景下诞生的。漫瀚调结合了蒙古族长调与汉族民间小调的旋律特征。蒙古族的长调以高亢悠扬、音域宽广著称，体现了草原民族的自由奔放；而汉族的小调则以轻松活泼、节奏明快为特点，表达了汉族劳动人民的生活乐趣。这种音乐上的交融使漫瀚调既有草原音乐的苍茫感，又具备中原曲艺的婉转与灵巧，形成了独具特色的艺术风格。漫瀚调是一种以口头文学和音乐相结合的艺术形式，以说唱的形式为主，具有鲜明的民间艺术风格，其表演形式灵活多样，内容贴近生活。表演者通过独唱或对唱的形式，用通俗的语言和调子，将生产劳动、民间故事、社会现象以及日常生活中的趣事、感悟表现出来。其歌词多为即兴创作，带有强烈的生活气息，内容既有传统文化的韵味，也有现代生活的影子。漫瀚调不仅融入蒙古族的游牧文化元素，还结合汉族的戏曲、曲艺等文化传统，形成一种独特的曲艺形式，成为准格尔旗地区的重要文化遗产。

中华人民共和国成立后，漫瀚调作为内蒙古地区独具特色的地方戏曲，迎来了重大的发展契机。在党和政府高度重视少数民族文化传承与发展的背景下，漫瀚调逐步从民间艺术走向主流文化舞台，经历了传承、创新与广泛传播的过程。漫瀚调作为蒙古族和汉族文化交融的艺术形式，得到了政策上的大力支持。政府通过文艺会演、文化推广活动等形式，将这一地方戏曲推向全国文化舞台。20世纪50年代，内蒙古自治区积极开展民族文化艺术的挖掘与整理工作，漫瀚调作为地方民间艺术受到重点关注，特别是在鄂尔多斯地区的文艺会演中，逐步扩大了其社会影响力。1955年，在内蒙古自治区呼和浩特市举办的"首届民族民间音乐舞蹈戏剧观摩演出大会"上。来自准格尔旗的蒙古族歌手改××带领漫瀚调走上了这个艺术舞台，凭借一首《乌令花》获得了个人演唱一等奖，这是漫瀚调首次在大型文化活动中亮相。此次演出不仅让漫瀚调突破了传统的民间"坐腔"表演模式，还首次让这一艺术形式在自治区首府得到了专业认可，标志着漫瀚调开始从区域性的民间艺术向更广阔的文化舞台进发。中华人民共和国成立后的社会政治氛围，对漫瀚调的创作产生了深远影响。为了响应时代号召，歌手们在保持传统曲调的基础上，创作了大量反映时代精神的新唱词。这些新作品反映了人民对党和政府的感激之情，诸如"藤缠树来树抱藤，共产党和人民心连心"以及"暑伏天下了场淋苗苗雨，好政策带来了救命命水"等歌词生动表达了新社会带来的希望与喜悦。这些作品在广大群众中广为传唱，使漫瀚调不局限于传统的民俗题材，还成为反映新时代社会变化和人民生活的艺术形式。

进入改革开放时期，国家进一步重视少数民族文化工作，地方政府和文化部门开始有组织地开展对漫瀚调的挖掘、整理和传承工作，一些有影响力的漫瀚调歌手受邀参与各类文艺会演，使漫瀚调在内蒙古自治区内外逐步获得更多的关注。这段时期，漫瀚调的艺术形式也逐渐从传统的家庭、田间的"坐腔"表演，发展为舞台表演形式，表演者的数量和技巧得到了提升，观众也不再局限于地方社区。同时，随着录音、广播等现代媒介的普及，漫瀚调被记录和传播到更广泛的范围，进一步扩大了其影响力。与此同时，漫瀚调在保持原有民族特色的基础上，也在不断创新。新的歌词内容更加多样化，既有对传统文化的追忆，也有对现代生活的反映。此时的漫瀚调逐渐从一种单纯的娱乐形式，发展为具有较高艺术价值的曲艺形式。

进入20世纪90年代，随着中国社会的不断发展和文化多样性的增强，漫瀚调这一内蒙古独特的地方戏曲艺术迎来了新的发展机遇，政府和社会各界对非物质文化遗产的重视也为其注入了新的活力。2006年，漫瀚调被列入第一批国家级非物质文化遗产名录。这一举措标志着政府对漫瀚调的保护工作上升到了国家层面，不仅提高了其社会地位，也推动了各级政府加强对漫瀚调传承人的支持与培养。通过这一系列政策，漫瀚调的传承得到资金、场地等多方面的支持。内蒙古自治区设立了专门的文化传承保护机构，专门针对漫瀚调等地方艺术形式进行保护。相关部门建立了非遗传承人制度，将优秀的漫瀚调表演者认定为"非遗传承人"，并提供生活津贴、演出资助等。随着地方文艺活动的逐渐复苏，各类文化节庆活动中漫瀚调逐渐成为常规表演项目。内蒙古地区的文化节、民间艺术会演等活动，为漫瀚调提供了展示平台，传统曲目如《乌令花》《西山活要命》等再度登上舞台，吸引了观众的注意。

当下，漫瀚调的发展进入一个新的阶段，随着非物质文化遗产保护力度的不断加大和现代技术手段的全面介入，漫瀚调不仅在传统文化的保护和传承上取得了新的进展，还通过与现代文化相结合的方式焕发出新的活力。2020 年后，国家进一步加大非物质文化遗产的保护力度，特别是将非遗保护融入乡村振兴战略，使传统文化成为地方经济与文化发展的重要组成部分。作为内蒙古自治区的国家级非物质文化遗产，漫瀚调获得了更多的政策支持与资源倾斜，政府通过设立专项资金、开展文化活动等方式，推动了这一传统艺术形式的传承与推广。随着中国与世界其他国家和地区的文化交流日益频繁，漫瀚调也逐渐走向国际舞台，成为展示中国少数民族文化的一张亮丽名片。通过参与国际文化节、海外文化展演、艺术交流活动等，漫瀚调在国际社会中获得越来越多的认可和赞誉。此外，文化创意产业的蓬勃发展也为漫瀚调注入了新的活力。许多设计师和文创工作者将漫瀚调的音乐、服饰、戏曲元素与现代设计相结合，创造出一系列文化产品，如漫瀚调主题的音乐专辑、服饰、舞台剧等。这些举措进一步提升了漫瀚调的知名度。

二、新时代非遗与铸牢中华民族共同体的关系

（一）漫瀚调增进文化认同，为铸牢中华民族共同体意识提供文化支撑

习近平总书记在中央民族工作会议上指出："加强中华民族大团结，长远和根本的是增强文化认同，建设各民族共有精神家园，积极培养中华民族共同体意识。"[①] 文化认同是最深层次的认同，是构建民族共同体意识的先决条件。中华民族共同体不仅是一个由人民组成的共同体，更是以中华优秀传统文化为基础的文化共同体。通过中华优秀传统文化作为载体，依托各民族长期的交往、交流与交

---

① 共享民族复兴的伟大荣光——习近平总书记关于民族团结进步重要论述综述［EB/OL］（2021–08–25）［2024–10–22］.https://www.gov.cn/xinwen/2021–08/25/content_5633114.htm.

融，展现了一个"各美其美，美美与共"的多元一体文化和谐局面。漫瀚调作为集表演、歌唱和叙事功能于一体的综合艺术形式，以非物质的形态承载了蒙汉民族的历史记忆与文化传统。其丰富的文化要素为中华民族共同体提供了丰厚的文化素材，成为各民族共同体意识形成的重要基石。在漫瀚调的表演中，观众可以感受到蒙汉文化的深度交融：蒙古族的豪放粗犷与汉族的细腻柔美在音调和表演形式上相互辉映，共同展现了两族文化在互动中的共生发展。这种文化形式不仅丰富了中华民族文化的内容，还映射了多元文化和谐共存的现实。漫瀚调的传承与发展不仅限于其艺术表现形式，除了旋律、歌词与表演，它还记录了民族间的互动与融合，成为蒙汉两族相互理解与尊重的重要纽带。在这种艺术形式的传承与发展中，蒙汉两族不仅保留了各自的文化特性，还通过长期的文化交流不断丰富彼此的文化内涵。

在内容和表现方面，漫瀚调的歌词常取材于当地历史故事与民间传说，展现了草原人民对自然的崇敬和对生活的热爱，使听众在感受艺术之美的同时，也得以回溯自己的文化根源。漫瀚调的传承过程本身就体现了文化认同的形成机制。通过口传心授的方式，漫瀚调不仅延续了表演技艺，还保存了草原文化的核心价值观。演唱者与观众通过共同的文化记忆建立了深厚的情感连接，从而强化了对该文化群体的归属感。在这一过程中，各民族的文化特性得到尊重与保存，同时通过持续的文化互动与社会实践，各民族逐渐形成对中华民族共同体的深刻认同，铸牢了共同体意识。文化认同的建立离不开文化的传承，而非物质文化遗产正是文化传承的关键。漫瀚调在一定程度上还体现了他们的集体记忆与情感世界，使人们更深刻地认识到自身文化的独特性与重要性，进一步增强了文化认同感。

（二）漫瀚调促进民族团结，为铸牢中华民族共同体意识提供稳固的思想根基

党的十九大明确提出"全面贯彻党的民族政策，深化民族团结进步教育，铸牢中华民族共同体意识"。漫瀚调自新中国成立后得到政府的支持和推广，其表演内容所涉及的生活故事、历史传说、英雄事迹和风俗礼仪等无不体现着我国是统一的多民族国家这一基本国情，展现出维护祖国统一与民族团结的坚定信念。漫瀚调历史悠久，涵盖了蒙古族、汉族、回族等多民族文化的内容，其形成过程就蕴含诸多民族的交往交流交融，其发展历程也表现出了汉族与少数民族文化上兼收并蓄，经济上相互交流的和谐局面。通过观看和参与漫瀚调表演，不同民族的观众可以了解彼此的历史与文化，加深对彼此的认知，打破族际隔阂，从而促

进民族间的和谐共处。

此外，在漫瀚调的发展过程中，它不断吸收和融合不同民族的文化特点。作为蒙古族和汉族等多民族共有的文化遗产，漫瀚调的演出内容不仅有蒙古族的草原生活场景，还有汉族的民间故事和其他民族的风俗习惯，这种跨文化的融合为漫瀚调增添了丰富的文化色彩。在漫瀚调的表演中，使用的乐器、服装、道具也体现了多民族的共同参与。例如，蒙古族的马头琴、汉族的唢呐以及回族的服饰元素等，都是不同民族文化的象征。在这些合作中，各民族艺人将各自的智慧贡献其中，不仅增强了漫瀚调的艺术表现力，也通过合作加强了民族间的团结与互助。同时，漫瀚调体现着民族情感认同，它通过演绎民间故事、传说和生活场景，将观众带回到特定的历史和文化背景中。这些故事往往包含着某种普遍性的价值观，如团结、勇敢、智慧、忠诚等，这些价值观是所有民族共同认可的。在共同的情感体验中，不同民族的观众能够建立起对彼此文化的理解和尊重，进而增强民族之间的情感联系。漫瀚调作为一种草根艺术形式，其内容贴近百姓生活，能够反映不同民族的日常经验和情感诉求。通过对共同生活经历的表现，各民族观众在表演中看到自己的生活和情感，从而更容易对其他民族产生情感上的认同。这种认同不是强加的，而是通过艺术自然而然地形成的。在新时代背景下，非遗的传承与创新将持续推动各民族携手共进，为民族团结和文化繁荣做出贡献。

（三）漫瀚调促进集体身份的建构，强化铸牢中华民族共同体意识的心理基础

集体身份是指群体中的个体基于共同的历史、文化、价值观念和社会经历，形成的一种共同体意识。这种身份认同使得个体超越了自我认知，进而认同并融入到更大范围的群体之中。集体身份的建构通常涉及情感、文化认同和共同的历史记忆，而这些因素在漫瀚调的传承与表达中均得到了强有力的体现。非物质文化遗产作为一个民族或地区的集体记忆，包含了该群体的传统、价值观和历史经验，是促进集体身份建构的重要载体。集体记忆是铸牢中华民族共同体意识的重要资源，其对内形塑"我者"促进融合，对外区分"他者"实现划界（李朝辉，2023）。[①] 通过非遗传承，群体可以更好地理解和认同自己的文化根基，并在这一过程中增强对共同体的归属感。漫瀚调作为一种多民族文化融合的艺术形式，不仅展现了不同民族的生活与价值观，还通过文化交流和互动，促进了多民族

---

① 李朝辉 . 集体记忆：铸牢中华民族共同体意识的重要资源［J］. 探索，2023（3）：65-75.

对"中华民族"这一更大集体的认同。漫瀚调对集体身份的认同体现在以下三个维度。

第一,漫瀚调对地方集体身份的建构。漫瀚调在内蒙古地区的广泛流传,首先体现其在地方集体身份建构中的重要作用。作为这一地区多民族共有的文化遗产,漫瀚调通过歌唱和表演,表达了内蒙古人民的生活方式、情感诉求和历史记忆。它不仅是蒙古族、汉族、回族等多个民族文化的表现形式,还包含了这些民族在共同生活中的文化交融。漫瀚调的表演形式也具有很强的参与性和包容性。它不仅是一个表演者与观众之间的互动,而是通过集体参与、现场即兴演出等方式,使每位观众都有机会成为艺术创作的一部分。这种参与性增强了观众对表演内容的认同感,也通过共同的文化体验,进一步巩固了地方集体身份的建构。

第二,漫瀚调不仅在地方集体身份建构中发挥作用,还在更大范围内促进了多民族之间的集体身份认同。它通过跨文化的表演和故事叙述,将蒙古族、汉族、回族等多个民族的文化要素融入同一个艺术形式中,从而为各民族提供了一个共同的文化平台。漫瀚调的跨文化的艺术表现,使漫瀚调不仅成为多民族共同的文化遗产,还成为促进民族团结和多民族集体身份建构的重要工具。通过在不同民族之间传播和表演,漫瀚调帮助各民族建立了对彼此文化的理解与尊重,从而在文化互动中增强了对中华民族这个大共同体的归属感。

第三,除了在地方和民族层面的集体身份建构,漫瀚调在国家集体身份建构中也发挥着重要作用。作为中国非物质文化遗产的一部分,漫瀚调通过其跨民族的文化融合,展现了多民族共同构建的国家历史和文化。在国家层面上,集体身份的建构不仅需要各民族对自己历史文化的认同,还需要通过共同的文化体验和记忆,增强对国家整体的认同感。漫瀚调通过讲述多民族共同参与的历史事件和英雄事迹,塑造了一个多民族携手并肩、共同奋斗的国家形象。此外,漫瀚调在全国范围内的推广与传播,使更多的观众有机会接触和了解这一多民族文化融合的艺术形式。通过这种跨区域的文化传播,漫瀚调不仅促进了地方和民族的集体身份建构,也通过展示中华民族的多样性和团结性,增强了全社会对"中华民族"这一国家集体身份的认同。

三、新时代非遗的价值体现

(一)非遗是国家认同的重要支点

国家认同不仅是对国家制度和法律的遵从,更重要的是情感上的归属和认同。漫瀚调作为一种扎根于民间的艺术形式，通过生动的表演和感人的故事，激发了观众的情感共鸣。它通过表演蒙古族的勇敢精神、汉族的智慧故事以及其他民族的忠诚与奉献，展现了普遍适用于各民族的价值观，如团结、勇敢、忠诚和智慧等。这些普遍价值观不仅是各民族文化的一部分，也是中华民族共同的精神财富。在漫瀚调的演绎过程中，观众能够感受到故事背后传递出的深层次情感。这种情感不是单一民族的，而是涵盖了多个民族的共同经历和情感共鸣。在这种文化和情感的纽带下，不同民族的观众自然会形成一种对共同历史、文化和价值观的认同感。这种情感认同是国家认同的重要基础。通过漫瀚调的表演，不同民族能够了解彼此的文化、历史和生活方式，加深对彼此的认知和理解。这种族际间的相互认同，不仅有助于打破族际之间的隔阂，也在潜移默化中增强了各民族对于中华民族这个整体的归属感和认同感。这种归属感不仅局限于民族内部的认同，还会上升到国家层面，形成了对于国家的认同。此外，漫瀚调所展现的历史背景、民间故事和英雄事迹，往往涉及中国历史上的重大事件或人物。例如，通过演绎"昭君出塞"等历史题材，漫瀚调不仅传递了汉族与少数民族的友好关系，还展现了不同民族共同为国家和谐作出的牺牲与贡献。这样的表演内容进一步增强了观众对中华民族共同体的认知和认同，强化了他们的国家认同感。同时，在非遗的传承中，国家层面对各民族文化的尊重和保护至关重要。漫瀚调作为国家级非物质文化遗产，得到政府和社会各界的广泛关注和支持。国家通过政策、资金、培训等方面的支持，鼓励漫瀚调的传承与发展。这种对少数民族文化的尊重和扶持，不仅体现了国家对各民族文化的关怀，还进一步增进了各民族对中华民族大家庭和国家的认同。一位来自河北承德的 L 先生的叙述：

"尽管我们生活在不同的地区，有着不同的语言和习俗，但在文化上我们有很多共通之处。首先，在漫瀚调的故事中，你可以看到蒙古族的生活场景、汉族的传统故事，还有其他民族的风俗习惯。这种文化的多样性，让观众无论来自哪个民族，都能在其中找到共鸣。例如，他们（指代演员）表演的一些故事，虽然是蒙古族或汉族的背景，但其中的情感是普遍的，如家族、忠诚、牺牲等主题，这些是各民族共同认同的。其次，我发现很多人并不了解漫瀚调的历史和背景，但在观看表演后，他们开始对这种曲艺形式产生兴趣，这也促使他们去了解更多关于不同民族的文化。我觉得这种了解和认同是国家认同的基础，它让我们意识到自己不仅是某个民族的一员，也是中华民族的一部分。"①

---

① 访谈对象：LF；访谈时间：2024 年 8 月 16 日；访谈地点：准格尔旗。

（二）非遗是实现共同富裕、经济发展的实践指引

铸牢中华民族共同体意识体现了马克思政治经济学的基本原理。经济基础决定上层建筑，经济基础是人类社会发展阶段生产力与生产关系的总和，是社会构成之根基，上层建筑是与之相对应的制度和设施。反之，上层建筑又反作用于经济基础，中国作为一个多民族国家，共同利益是保障各族人民团结互助的基础，各民族之间的共同经济基础越深，共同利益越大，就越有利于各民族和谐共生。各民族之间认同的深化，可以使其达成统一的价值共识，做到目标整合，行为一致，对共同体内的成员和群体产生积极效应，从而影响其经济行为。漫瀚调在铸牢中华民族共同体意识的过程中，展现了其巨大的经济价值。通过文化旅游、文创产业开发、跨产业融合、就业机会创造等多方面，漫瀚调不仅推动了准格尔旗的经济发展，也促进了蒙汉两族的经济文化共荣。有研究认为，国家可以以经济方面的共享资源建设实现各民族经济共荣，从经济利益共同体层面铸牢中华民族共同体意识（陈纪和张笑语，2021）。[①] 这可以从准格尔旗漫瀚调文化广场的商贩L先生的经历感受到，L先生10年前本是准格尔旗布尔陶亥苏木的一位农民。20世纪90年代因政府推动漫瀚调和旅游业的发展，L先生开始经商，成为准格尔旗文化广场的一位土特产商贩，至今已经经营了10多年，且见证了准格尔旗旅游业由冷淡到兴旺的转变。尤其近年来政府举办的多场漫瀚调文化节演出吸引了不少游客，L先生也从中受益，收入水平有了很大提高。类似L先生转入手工业，服务业等新行业的人还有很多，且近几年准格尔旗的酒店和餐馆数量也在逐年递增。

从社会心理学角度分析，良好的人际关系有助于创造良好的社会环境，个人，群体之间的良性交往可以拉近其成员之间的心理距离，促进互信与合作。这种主观印象会进而影响个人、群体的行为，最后作用于各族成员的经济活动中，在地区的经济发展上得到反馈。漫瀚调营造的和谐相处氛围，可以减少各民族之间的误解和偏见，随着群体凝聚力的增强，可以更好地激发人们的合作意愿，从而推动经济的进步。鉴于民族地区既拥有其传统经济与地方特色资源，又面临着起步慢、短板明显、发展差距拉大的考验。漫瀚调的推广与地方其他产业的有机融合，可以缩小不同地区间的发展差距，成为地方经济发展的新动力。漫瀚调经济价值的继续挖掘，将为地区经济带来更多的增长机会，有效补足这方面的不

---

① 陈纪，张笑语.共享资源建设视域下中华民族共同体意识的铸牢路径［J］.中南民族大学学报（人文社会科学版），2021（5）：26-33.

足，同时为铸牢中华民族共同体意识提供更加坚实的物质基础，最终实现区域协调发展，实现共同富裕。

（三）非遗的传承和发展是实现中华民族文化自信的必要条件

自党的十八大以来，我国经济实力迅速增长，现已成为世界第二大经济体，我们还应提升文化自信，加快铸牢中华民族共同体意识的建构就显得尤为迫切。习近平总书记指出："加强中华民族大团结，长远和根本的是增强文化认同，建设各民族共有精神家园，积极培养中华民族共同体意识。"[1] 可见，文化作为一个民族、一个国家的思想根基和精神源泉，被视作区别于其他民族和地区的主要标志之一。一个国家、一个民族若想屹立于世界之林，就必须对本民族的文化加以保护，且保持对本方文化的高度自信。漫瀚调作为各民族历史文化积淀的重要表现形式，不仅是民间技艺、传统习俗，还是凝聚民族情感、传递历史记忆的重要桥梁，更是民族文化精神的具体体现。2015 年被收录进吉尼斯世界纪录的"漫瀚调千人大合唱"便是对文化自信的一种表达。当人们重新认识并尊重自己的文化根源，往往会产生一种强烈的文化自豪感。这种自豪感既是对过去辉煌的认同，也是一种内心深处对文化的自我认可与骄傲。当个人在全球化的背景下依然能够坚定地站在自己的文化立场上，发自内心地珍视自己的民族文化传统时，就会促使他们更加积极地参与文化的展示与推广。同时，面对各种外来文化的冲击和同化，非遗的保护与传承为民族文化提供了强大的精神后盾。通过非遗，人们不仅能够更好地理解自己的文化根源，还能够以更加自信的姿态，向外界展示自己文化的独特性和魅力。这也正契合了习近平总书记在关于塑造中国国家形象的论述："要注重塑造我国的国家形象，重点展示中国历史底蕴深厚、各民族多元一体、文化多样和谐的文明大国形象。"[2] 非遗文化同时具有多元一体的特征，对其认同既表现为对中华文化的认同，又强调对各民族文化的认同。中华文化是各民族在历史长河中延续而成的，是各族人民对中华民族认同的心理基础。

在全球化进程中，世界各国之间的联系和交往日益密切，这是每个国家都无法抗拒的历史进程。西方资本主义向世界传达的多是资本的集中和人的个性化发展等价值观，要避免让资本走上社会的发展轨道，就要加强对传统文化的建设，非遗即传承和发扬传统文化的优秀载体。我国正处于民族复兴的关键时期，中华民族共同体意识的深化，会将各族成员的文化自信提升到一个新的层次。中国在

---

① 习近平.论坚持人民当家做主［M］.北京：中央文献出版社，2021.

② 习近平.习近平谈治国理政（第一卷）［M］.北京：外文出版社，2018.

国际社会的友好行径和责任担当，向世界传达了中国渴望全球共生共荣的愿景，践行了构建人类命运共同体的承诺。文化自信的提升，有利于我们更加理性地看待多元文化，树立全球文化发展意识。

漫瀚调源自蒙古族和汉族文化的有机融合，它的传唱内容以蒙汉两族人民的交融集聚为主，表达了丰富的民俗生活。在演出时，漫瀚调具备将民众聚集在一起的场景聚合力和心理共鸣性，从而形成了一种拥有共同记忆的文化共同体。尤其是"风搅雪"的唱词形式，深刻体现了这种文化融合。作为一种仪式形式，漫瀚调在婚丧嫁娶或节庆时成为蒙汉人民共同的文化表达方式，如今带来热闹的气氛，更在潜移默化中促成了准格尔旗蒙汉人民的身份认同与文化情感认同，对促进民族团结具有深远的历史和现实意义。漫瀚调不仅是一种表演艺术，也是一种历史悠久的文化纽带。在问及漫瀚调演员 W 女士时，她是这样回答的：

"我们准格尔旗是蒙汉两族人民共同生活的地方，漫瀚调正是这种多民族文化交融的产物。通过漫瀚调的表演，蒙汉人民不仅可以在音乐中找到共同的情感寄托，更重要的是它加深了人们对自己文化身份的认同感。我们每次表演的时候，台上台下都能感受到一种强烈的情感共鸣，大家仿佛通过这种音乐把彼此的心拉得更近了。这种身份认同是通过日常生活中的潜移默化形成的。漫瀚调经常在婚丧嫁娶、节日庆典等场合演出，很多人从小听着这些曲调长大，不管是蒙古族还是汉族，都把它当成自己生活的一部分。它不只是简单的娱乐，而是一种文化习惯和情感表达的方式。黄河两岸的蒙汉人民都可以在漫瀚调中找到文化归属和民族认同感，无论你是蒙古族还是汉族，都有到家的感觉。"[①]

任何艺术作品的核心目的都是表达人民的内在情感。由于其独特的背景、环境和文化特色，漫瀚调的演唱方式极具穿透力和表现力，能够引发参与者和听众的情感共鸣，增强群体归属感。例如，漫瀚调《天下黄河》在准格尔旗人民心中具有特殊地位，《天下黄河》这首歌能够让黄河两岸的蒙汉人民在歌声中强化对自己身份的认同。这种因主观与客观因素相联系的情感基础，通过漫瀚调的传唱得以深化，进一步巩固了蒙汉一家亲的群体认同感。

（四）非遗为国家的稳定和发展提供思想基质

习近平总书记指出："铸牢中华民族共同体意识是实现中华民族伟大复兴的必然要求，只有铸牢中华民族共同体意识，才能有效应对实现中华民族伟大复兴过程中民族领域可能发生的风险挑战，才能为党和国家兴旺发达、长治久安提

---

① 访谈对象：WXF；访谈时间：2024 年 8 月 18 日；访谈地点：准格尔旗。

供重要思想保证。"① 思想是经过思维活动后形成的观点或观念体系，是行为发生的根本动力。非遗在铸牢中华民族共同体意识中，发挥着不可替代的思想基质作用。它是各民族文化的载体，也是各民族情感、价值观念、历史记忆和集体认同的重要体现，反映了各民族文化的长期交流与互动。在中华文化的发展历程中，多元文化和不同文化的融合例子比比皆是。漫瀚文化正是这种融合的典型代表，展现了清晰的脉络、鲜明的特色以及和谐的传承，充分体现和阐释了中华文化"一体多元"的特征。通过演唱漫瀚调这种民俗文化娱乐活动，蒙汉两族人民的情感得到了深层次的交流，彼此关系变得更加和谐融洽。这不仅促进了蒙汉两族在物质和文化方面的互动，还使两族民众在精神层面上形成了共融性，提升了他们的社会团结意识与群体认同感。笔者在调研过程中遇到的 Z 女士向我讲述了她对漫瀚调的看法：

"漫瀚调对我来说是一种艺术形式，也是一种深刻的情感和文化纽带。作为一名汉族歌手，漫瀚调在我的成长过程中占据了特殊的位置。从小我便耳濡目染，听着家乡的人们哼唱着漫瀚调长大，那时的我并未完全理解这门艺术背后所蕴含的深意，但它的旋律和节奏始终伴随着我的生活，成了童年最美好的回忆之一。虽然漫瀚调最早起源于蒙古族的民间曲艺，带有浓厚的蒙古族文化特色，但在准格尔旗这个多民族聚居的地方，漫瀚调早已超越民族界限，成为蒙汉两族共同珍视的文化遗产。在后期的表演中，我感受到的不只是音乐带来的艺术成就感，也是作为一名汉族歌手，能够通过这门源自蒙古族的艺术形式，表达属于我们两族人民共同的情感，这让我产生了深刻的文化认同感。漫瀚调让我突破了民族的界限，体验到了一种更为宽广的文化共鸣。这种共鸣是因为我能熟练演唱这门曲艺形式，更在于我能够通过它，传递出蒙汉两族人民共同的情感体验与文化价值。漫瀚调成为我表达自己、连接他人和理解世界的一种独特渠道。它见证了我与这片土地、与两族文化之间的情感纽带，同时也让我在歌唱中感受到了一种跨越民族、超越语言的共通性。我相信，这种共通的情感与文化纽带，正是漫瀚调作为文化遗产的核心价值所在，它不仅属于准格尔旗的人民，更是我们蒙汉两族共同的精神财富。"②

漫瀚调作为蒙汉两族共同创造的文化遗产，其蕴含的文化交融、民族团结精神是铸牢中华民族共同体意识不可或缺的思想基质，饱含丰富的思想共识，情感共鸣与理念共振。各民族之间认同的深化能够加深其对中华民族、中华文化、中

---

① 习近平．习近平谈治国理政（第四卷）[M]．北京：外文出版社，2022.
② 访谈对象：ZY；访谈时间：2024 年 8 月 18 日；访谈地点：准格尔旗。

国共产党的心理认同程度，帮助他们更好地感知、理解和建模外部物质世界，进而对民族共同体、自身发展境遇和发展能力作出合乎情理的积极评价和情感认可，促使其明白国家的稳定统一才是经济发展，民族复兴的根本保障，亦是作为公民能够保持其身份，存续价值的先行性基础，最终在家国命运相连，各民族手足相依的真挚情感引领下自发对中华民族共同体产生责任担当意识，主动投身于国家现代化和中华民族共同体建设。

四、新时代非遗铸牢中华民族共同体意识的路径

非遗作为中华民族悠久历史与丰富文化的重要体现，在铸牢中华民族共同体意识的过程中扮演了至关重要的角色。特别是在少数民族非遗项目中，诸如漫瀚调这样的传统艺术形式，既是文化传承的重要载体，也是不同民族之间文化交融、认同的重要纽带。为了更好地发挥非遗项目在促进民族团结和增强中华民族共同体意识中的作用，需要从政策支持、传承形式、国际交流、新媒体传播等多个角度全面推进。

（一）加强非遗的保护性政策和法律保障

政府在非遗保护与传承中发挥着关键性作用。为了更好地利用漫瀚调这一少数民族非遗项目铸牢中华民族共同体意识，政府应当制定更加系统的文化保护政策，尤其是针对少数民族非遗项目，应提供更为广泛的政策保障和支持。一方面，政府需要制定系统的非遗文化保护政策，包括文化传承的规划、人才培养的制度保障、资源的分配与使用等。针对漫瀚调这样的少数民族非遗项目，应该制定专门的文化专项保护计划，明确保护传承的长远目标与措施。例如，在政策层面可以建立"漫瀚调传承基地"或"文化遗产保护基金"，用于漫瀚调的研究、传承、表演以及年轻传承人的培养等。针对少数民族地区的非遗项目，政府可以提供更多的资金支持、技术帮助与文化平台，让这些文化遗产在现代社会中得到应有的重视和保护。另外，为了保障非遗项目的长期存续，政府还可以通过立法保障非遗文化的传承与保护。例如，制定或完善《非物质文化遗产保护法》，在法律框架下明确政府、传承人及社会各界在保护非遗中的责任和义务。同时，将漫瀚调等少数民族非遗项目纳入公共文化服务体系中，通过各类文化馆、博物馆以及数字文化平台的方式，扩大其影响力与普及度，让各族群众都能在日常生活中接触并欣赏到这一独特的文化形式。通过文化设施的系统化建设，可以在全国范围内推广漫瀚调，让这一少数民族艺术形式跨越地域限

制，成为全体中华民族共享的文化遗产，进一步增强各民族的文化认同与共同体意识。

（二）多样化非遗的传承形式

为了让漫瀚调这一非遗项目在当代社会中继续焕发光彩，除了传统的传承方式，还应探索更多样化的传承手段，将其与现代社会和技术手段相结合，进一步增强其生命力。随着信息技术的迅猛发展，非遗项目的数字化保存与传播已成为一种有效的传承手段。政府和文化机构可以通过录音、录像等方式，将漫瀚调的表演形式进行系统化的数字化保存。这不仅可以确保传统技艺在表演者与观众之间的传播不受空间和时间的限制，还能够为后续的研究、传承和表演提供宝贵的资料。数字化传播的另一大优势在于可以通过网络平台大范围推广，将漫瀚调上传到各大网络平台，如视频网站、文化类 App 等，让更多的观众能够在线上体验这一古老艺术。同时，通过大数据分析技术，还可以进一步优化其传播路径，精准推送给有兴趣的用户群体，让更多的观众了解和喜爱漫瀚调。同时，为了吸引更多年青一代的观众，可以将漫瀚调与现代音乐形式相结合。通过现代艺术手段对漫瀚调进行改编，将其与流行音乐、影视剧配乐等结合，既能保留传统艺术的特色，又能更贴近现代人的审美和艺术需求。在传承过程中，学校教育和社区文化活动扮演着重要的角色。政府和教育机构可以将漫瀚调纳入学校的艺术教育课程，鼓励青少年通过课内外活动了解和学习这一非遗项目。社区活动也可以为漫瀚调的表演和推广提供平台。例如，通过组织社区文化节、艺术展演等，让群众在日常生活中参与到漫瀚调的欣赏与互动中，增强各族群众对这一非遗项目的认知和参与感。

（三）加强非遗的国际推广与中华文化的全球影响

非遗不仅具有国内的文化价值，在国际文化交流中也发挥着桥梁作用。通过加强漫瀚调的国际交流与推广，可以扩大中国少数民族文化在全球范围内的影响力，增强民族文化自信，促进全球文化多样性。政府可以通过文化外交，将漫瀚调带入国际文化节、音乐节等活动。例如，在国际非物质文化遗产交流会上展示这一艺术形式，既能够向世界展示蒙古族与汉族文化的独特魅力，也可以与其他国家的传统艺术形式进行对话和碰撞，推动文化的双向交流。此外，政府还可以与其他国家和地区的文化机构建立合作，通过跨国巡演、文化展演等方式，将漫瀚调推向国际舞台。在国际文化节或旅游节期间，邀请海外艺术家参与到漫瀚调的表演中，或在海外举办中国民族文化周活动，推广漫瀚调等非遗项目。这不仅能够增进国际社会对中国文化的了解，还能通过跨文化交流，提升中华文化的全球影响力，增强民族自豪感和文化自信。

（四）结合现代技术推动非遗创新发展

新媒体的快速发展为非遗项目的传播提供了全新的平台。通过短视频平台、直播平台等，漫瀚调的传播可以覆盖到更多的受众，尤其是年轻人群体。抖音、快手等短视频平台具有传播速度快、覆盖面广的特点，漫瀚调的演唱片段、表演片段等可以通过这些平台快速传播给更多观众，尤其是年轻群体。表演者可以通过这些平台发布表演视频或直播互动，吸引粉丝的关注和参与。通过短视频平台，漫瀚调不仅可以作为一种娱乐形式展示，还能够引发观众对少数民族文化的兴趣，从而进一步传播这一非遗文化。此外，政府和文化部门还可以与文化类节目或纪录片平台合作，推出以漫瀚调为主题的内容。例如，制作关于漫瀚调的纪录片，记录其历史渊源、发展历程和当代传承，展示这一文化形式的独特魅力。通过这些文化节目，能够让观众更深入地了解这一非遗项目，进一步提升其文化知名度和社会影响力。

五、结语

在中华民族的辽阔版图上，非物质文化遗产如星河般灿烂，其中承载着各民族的智慧与情感，是中华文化千年延续的珍贵载体。它们不仅是每个民族独特的文化符号，更是连接民族情感、促进文化认同的桥梁。在当下铸牢中华民族共同体意识的时代背景下，非遗作为文化软实力的重要组成部分，正在以其独特的方式不断发挥作用。

漫瀚调作为内蒙古西部草原上流传的民歌，其深情厚重的韵律正如一条贯通历史与现实、连接各民族心灵的纽带，值得我们深入剖析，借此升华非遗的时代价值。漫瀚调的旋律婉转悠扬，如同草原上吹拂的风，跨越历史长河，回响在现代社会的各个角落。这一民间艺术形式，是内蒙古乃至中华民族重要的文化瑰宝。它所蕴含的深厚情感、悠久历史，代表了草原民族对生活的热爱与对祖先的敬仰。而这种情感，与其他民族的非遗项目一样，体现了对共同家园的依恋与认同，深刻诠释了"中华民族一家亲"的精神。在铸牢中华民族共同体意识的过程中，非遗作为文化的传承体，承担着弘扬中华民族共同价值观、促进文化认同的重任。通过漫瀚调等非遗形式，各民族得以在共同的文化背景下互相了解、互相尊重，进而增强民族认同感与凝聚力。这种通过文化传承产生的民族团结力量，正是中华民族得以繁荣发展的基础。通过非遗的保护与传承，各民族能够更深入地理解彼此文化的共性与差异。漫瀚调不仅是蒙古族的文化象征，它所表达的情感与精神能够跨越民族边界，引起更多人的共鸣。各族人民在欣赏非遗的同时，能够更加深刻地理解中华文化的博大精深，进而增强对中华民族大家庭的认同感。这种文化认同是中华民族共同体意识的重要组成部分，是各民族团结进步的重要基础。漫瀚调以其特有的节奏与旋律，唱出了草原儿女的心声，也唱响了中华民族共同体意识的时代强音。它让我们意识到，在这片辽阔的土地上，各民族的文化虽各有不同，但在情感、精神与价值观上却紧紧相连。非遗的传承，正是让这种连接更加深厚、更加牢固的过程。通过对非遗文化的弘扬与保护，我们不仅是守护文化的根脉，更是在铸牢中华民族共同体意识。

第六章

"北部边疆文化"品牌打造视野下的奶食文化传承发展调研报告

【内容摘要】内蒙古自治区提出了要全力打造以各民族交往交流交融、守望相助、共同弘扬蒙古马精神和"三北精神"、铸牢中华民族共同体意识为基本内容的"北疆文化"品牌。内蒙古奶食文化可以被认为是北疆文化的组成部分，研究探索内蒙古奶食文化能使北疆文化的内涵更加丰富，对内蒙古奶食文化的传承发展具有重要价值。本章以内蒙古呼和浩特市赛罕区的巴音希密奶酪工厂铺为调研对象，展现了奶食品店铺的创业、运营和销售过程中对奶食文化的传承与创新，解读了奶食文化传承发展与北疆文化之间的关联。

【关键词】北疆文化；奶食文化；传承发展

一、引言

习近平总书记在文化传承大会上指出，文化关乎国本、国运，应该深刻把握中华文明的突出特性，中华优秀传统文化有很多重要元素，共同塑造出中华文明的突出特征。中华文明具有突出的连续性、创新性、统一性、包容性、和平性。[①]为更好地贯彻落实习近平总书记在文化传承发展座谈会上的重要讲话精神，推动文化传承和文化繁荣，内蒙古自治区在自治区党委十一届六次全会审议通过了《内蒙古自治区党委关于全方位建设模范自治区的决定》，着眼传承发展中华优秀传统文化，推动中华民族现代文明建设，充分挖掘和生动展现内蒙古大地上的厚重历史文化和丰富人文资源，融合红色文化和草原文化、农耕文化、黄河文化、长城文化等于一体，各民族要全力打造以各民族交往交流交融、守望相助、共同弘扬蒙古马精神和"三北精神"、铸牢中华民族共同体意识为基本内容

---

* 伊茹，内蒙古大学 2023 级民族学专业硕士研究生。
① 习近平.在文化传承发展座谈会上的讲话［J］.奋斗，2023（17）：4-11.

的"北疆文化"品牌。①

全力打造"北部边疆文化品牌"提出以来引起了学术界的积极反响与热烈讨论。李大龙和刘壮壮（2023）指出"北部边疆"这一概念不仅具有现实性还具有历史性，其范畴既涵盖历史"北部边疆"的区域范围，又包括现实"北部边疆"的地理范围，是多民族国家疆域的重要组成部分。说明了生息繁衍在北疆大地上的人群共同创造了北部边疆文化。②康建国和翟禹（2023）阐述了北部边疆文化的时代价值，并进一步说明北部边疆文化的时代价值不仅体现在内蒙古完成好五大任务、全面建设模范自治区、推动中国式现代化的具体实践上，而且体现在对未来发展道路的积极探索上。③简小文（2023）指出，打造"北部边疆文化"品牌，要正确处理好"北部边疆文化"与建设中华民族现代文明、弘扬中华民族优秀传统文化、铸牢中华民族共同体意识、办好"两件大事"之间的关系，充分发挥"北部边疆文化"在建设中华民族现代文明、不断推进"两个结合"、铸牢中华民族共同体意识、推进内蒙古现代化建设等方面的重要作用。④崔思朋（2023）指出，北部边疆及生活在这一地区的各民族对中国历史的影响最为深远。历史上，在北方农牧交错带内同中原王朝之间出现碰撞与交融历史的诸多草原民族中，无论是消亡的还是迁移的民族都是中国辽阔疆域与统一的多民族国家的重要组成部分，这些民族在中国历史发展进程中发挥了其他边疆地区无可替代的重要作用。⑤纳日碧力戈（2023）指出，北疆文化是北部边疆精神和物质的黏合剂，它有机结合了物质资源和政治精神，突出了政治文化导向。⑥

学者们通过研究说明了北疆文化是中华文化的重要组成部分，是内蒙古各族人民在交往交流交融的历史和打造美好生活的实践中共同创造的文化，也是探索中国式现代化建设过程中内蒙古地区的文化底蕴。北疆文化的内涵十分丰富，在历史和现实维度中，拥有中华性、延续性、多元性、包容性、创新性等多个层面的意义。但由于打造"北部边疆文化"品牌理念提出不久，北疆文化相关研究

① 内蒙古自治区党委关于全方位建设模仿自治区的决定［N］.内蒙古日报（汉），2023-07-10.

② 李大龙，刘壮壮.试论北疆文化的范畴、内涵与价值［J］.内蒙古社会科学，2023，44（5）：33-39+2.

③ 康建国，翟禹.北疆文化的时代价值［J］.内蒙古社会科学，2023，44（5）：40-46+213.

④ 简小文.论"北疆文化"的基本问题［J］.内蒙古社会科学，2023，44（6）：19-25+2.

⑤ 崔思朋.北方农牧交错带与北疆文化研究［J］.内蒙古大学学报（哲学社会科学版），2023，55（6）：24-25.

⑥ 纳日碧力戈.论作为中华民族现代文明组成部分的北疆文化［J］内蒙古大学学报（哲学社会科学版），2023，55（6）：18-19.

主要从宏观角度和理念层面上探讨了北疆文化的内涵、范畴、价值、地位等方面。缺乏以北疆地区各民族文化实践和现实生活为基础的实证研究。内蒙古奶食文化是北疆文化的重要组成部分，应当通过奶食文化的历史与现状说明北疆文化发展过程，解读北疆文化内涵与特点。也应当对奶食文化在城市和乡村地区的发展现状进行展现和解读，为打造宣传"北部边疆文化"品牌提供更多现实案例支撑。

二、调查过程与方法

（一）基本情况

巴音希密奶酪工厂总店坐落于呼和浩特市赛罕区桥靠西街，从 2016 年开始经营，到 2024 年发展成为在呼和浩特拥有 6 家连锁店铺和 1 家奶食品加工场的连锁品牌，主要销售乳制品、乳酪和各种牛奶产品。巴音希密奶酪工厂老板 SYITU 是一位 30 多岁的蒙古族人，他的创业理念为"以创新形式继承，以潮流方式做事"。总店面积 120 平方米左右，装修风格属于现代简约风格，给顾客带来了简约而有品质的印象。而店铺的装饰摆件多采用民族风格，装饰着各种民族风格的小摆件或图画。整个店铺的区域可以分为产品试吃区、传统奶食品区、饮品区（包括酸奶牛奶）、新型零食区、民族产品区、奶食面包区。从 2024 年开始招聘一位面包师傅，每天使用店里新鲜的牛奶和黄油制作面包出售，不仅提高了营业，还吸引了更多的顾客。

巴音希密奶酪工厂的所有商品拥有统一的品牌包装，销售商品主要分为传统奶食品及新型奶食品两大类。传统奶食品以奶豆腐、奶豆腐丝、奶皮、酸奶、爵克、黄油、图德、楚拉为主。新型奶食品以千层奶皮、拉丝奶豆腐、酸奶酪、奶疙瘩、烤奶皮、奶皮卷为主。销售产品有 115 种，这些产品主要由自家奶食加工厂提供。在销售方面，店铺采用实体店销售和网络销售两种方式，老板十分重视品牌营造，每年会花大量资金用于店铺品牌包装与宣传。店铺的主要消费者是呼和浩特地区的居民及外地游客，店铺连锁店和奶食品加工场加起来共有 30 多名员工，包括总经理、店长、快递员、技术员、包装人员、收银员、销售员等，岗位分工系统明确。在运输方面，店铺与顺丰、中通、圆通等各大快递公司都有合作，快递服务十分便利，顾客购买的产品可以直接从店里发快递邮往目的地，外地游客只要在小程序下单付款就可以从店铺安排发货。

（二）调研过程

由于巴音希密奶酪工厂的一部分商品不是在自家工厂制作的，而是从锡林浩特的部分奶食店采购的，于是笔者在 2024 年 8 月 1～22 日对锡林浩特玖愿奶食店做了 21 天的田野调查。在 2024 年 1 月 9 日至 2 月 8 日对呼和浩特巴音希密奶酪工厂进行一个月的田野调查，每日按照店里员工的通勤时间从早上 9 点到晚上 9 点开展的田野调查。最后在 2024 年 10 月中旬访谈了呼和浩特市八家奶食店铺的老板。因此，本次进行的田野调查时间加起来共有 58 天。

（三）调研方法

1.文献研究法

本章在前期做了与调查主题相关的文献梳理，阅读了有关探讨蒙古族奶食文化的特点与意义的文献书籍、有关奶食文化礼仪与习俗的文献书籍、有关奶食品制作技术研究的文献书籍、有关蒙古族奶食品起源与发展相关的文献书籍。通过阅读这些文献书籍发现以下三个问题：①以往的奶食品研究文献大多数是只在蒙古族范围内讨论奶食品，但奶食文化是各民族相互交往交流交融的产物，探讨奶食文化和文化传承，应该从更大的视野下讨论。②以往的奶食文化研究大多数是民俗学研究，很少有别的学科来讨论奶食文化。饮食文化作为人类学民族学的研究主体之一，应该从人类学民族学学科的角度来看待奶食文化。③以往的研究都是在说奶食品的传统。但是在现代社会，奶食品已经实现了机械化、商业化。已打破传统进入了更大的市场。因此，笔者研究的主题同时打破了以往的研究内容和视角，也给奶食文化带来了新的视角。

2.访谈法

访谈法是人类学研究的主要方法，人类学者使用非结构的方法，在研究双方口头进行交流的过程中，收集受访者潜在的有关行为、动机、目的、态度、感受的信息，并发现其内在的关联性。在田野调查中，我们常常会发现很多东西无法直接被观测。访谈是我们不能观察人们的行为、感觉或要了解人们怎样解释、表述自己周围世界的一个必需手段，也是我们了解过去那些不能重演的事件的必要方法。深入访谈的效果受多方因素的影响。因此，笔者在进行访谈之前，设计准备了与主题相关的问卷内容，收集了有关奶食品方面的基本情况。对 9 名奶食店店主和多名消费者进行了深入访谈，笔者所访谈的对象具有较高的多样性，年龄在 30～50 岁；包括汉族和蒙古族；性别比例均衡；访谈对象所经营的店铺也具有多样性，规模的大小、位置不同；销售方式的不同；房租租金不同；店铺面积不同；销售的奶食品种类不同。

三、奶食文化历史与现状

北部边疆文化概念十分丰富，包含红色文化、草原文化、农耕文化、黄河文化、长城文化等内容，[①] 承载着各民族交往交流交融、守望相助、蒙古马精神和"三北精神"、铸牢中华民族共同体意识等内涵（孙绍骋，2023）。[②] 内蒙古奶食文化的历史与现状可以很好地说明北疆文化发展过程，有益于解读北疆文化的内涵与特点。有关奶食文化方面的学术研究较为丰富，学者们对奶食文化的历史、种类、制作方式、功能等方面做了详细的研究。

（一）奶食品历史

中国人有着悠久的食奶历史，早在秦汉时期，奶及奶制品已经流行于中国北方的游牧民族，魏晋南北朝时期，北方的奶食习俗也传入内地，到元代后，奶食已被普遍接受，用其制作的馔肴和饮品大为增加，并且达到一个高峰（张茜，2017）。[③] 从此，各民族在中华大地上相互交流奶食制作技术、食用方法等，共同创造出了奶食文化。从历史视角看奶食文化，能挖掘出奶食文化体现着由多民族共同创造的源远流长的历史连续性。

内蒙古是我国奶食文化的重要起源地之一。在远古历史上，蒙古族主要以马或牛的奶汁为原材料。到了蒙元时期，蒙古族政权的不断扩张与其他民族交往交流的关系，蒙古族在原来直接饮用或发酵奶汁的液体奶食基础上，逐渐掌握了制作奶渣、奶干和奶皮子等固体的、便于储藏的食品加工技术。到了游牧与定居时期，器皿、磨具、图案设计等方面有了很大改进，也出现了以奶食为主体的礼仪与禁忌。在制作技术方面，蒙古族奶食文化从古代的直接获取鲜奶到古代的发酵马奶，再到蒙元时期的冷却、熬煮、分离、晒干技术，到清朝后出现了重复加工或混合加工技术（赵月梅，2012）。[④]

蒙古族的生活环境、历史背景、经济形态、生活方式、宗教信仰、社会地位

---

① 内蒙古自治区党委关于全方位建设模范自治区的决定［N］.内蒙古日报（汉），2023-07-10.

② 孙绍骋.关于《内蒙古自治区党委关于全方位建设模范自治区的决定》的说明［N］.内蒙古日报（汉），2023-07-10.

③ 张茜.历史学和人类学视野下的中国奶食文化［J］.美食研究，2017（3）：10-15.

④ 赵月梅.我国蒙古族奶食文化的起源与早期发展——以内蒙古地区为例［J］.黑龙江民族丛刊，2012（2）：104-109.

及思维方式等都通过其传统饮食体现出来，文化与饮食是相结合的。蒙古族历来把白色当作最纯洁、最珍贵的颜色。因此，白色在蒙古族传统文化中象征着最干净的食物。蒙古族把奶食品送给最为珍贵的客人，代表他们纯洁的心灵（散普拉傲日布，1997）。[①] 在奶食品种类及制作方面有学者梳理和分析了 73 种蒙古族奶食制作方式及制作过程（布林特古斯，2015）。[②] 蒙古族传统奶食除了饮用、食用、药用以外，还满足了人们的物质和精神需求。人们相互送礼、各种宴会、祭祀等活动中，奶食品充当着重要的组成部分（娜布其，2010）。[③] 例如，在蒙古族传统的"那达慕"大会上，人们会准备丰盛的奶食品。在蒙古族的传统婚礼中，新郎和新娘家会准备奶食品招待宾客，以表示尊重和感谢。在蒙古族的信仰体系中，奶食品也具有一定的神圣意义。例如，在蒙古族的祭敖包仪式中，人们会献上奶食品以祈求生灵的保佑。这种信仰习俗使奶食品在蒙古族文化中具有更加深厚的内涵。奶食品作为蒙古族文化的重要组成部分，对蒙古族民俗文化的传承和发展做出了重要贡献。首先，奶食品丰富了蒙古族人民的饮食文化，使蒙古族饮食文化独具特色。其次，奶食品在节庆、婚丧嫁娶等民俗活动中扮演着重要角色，成为传承和弘扬蒙古族文化的重要载体。

（二）现代奶食品

现在蒙古族的传统奶食品已经开始走向更大的市场，生产加工技术与现代化相互结合，奶食品已经成为具有民族特色的产业。奶食品店铺在奶食文化和消费者之间担任着"桥梁"的作用。顾客可以通过店铺来更进一步地了解奶食文化。在呼和浩特市，奶食品店铺不仅是售卖饮食的地方，也是一种体现民族文化的载体。以巴音希密奶酪工厂为例，每年都会举办几场奶酪展示活动。在活动的那几天，店里面会有穿着蒙古族服饰的店员现场熬制咸奶茶，奶茶里面会放各种各样的奶食品以及肉干给顾客们品尝。通过这种活动，那些不了解怎样制作奶茶的顾客可以学习怎么熬制奶茶，顺便也有机会学习了解蒙古族的传统服饰文化。正是这种店铺活动把奶食文化传给了更多的人。据笔者了解，呼和浩特市有很多这种店铺，从店铺的装修风格到销售种类的每个细节都体现着奶食文化。笔者通过一个月的调查发现，许多人认识和发现奶食文化一般是经过网络传媒和奶食品实体店铺，而这其中店铺扮演着弘扬奶食文化的重要角色。在传统社会中，奶食品的

① 散普拉傲日布.蒙古族饮食文化［M］.辽宁：辽宁民族出版社，1997.
② 布林特古斯.蒙古族民俗百科全书［M］.呼和浩特：内蒙古教育出版社，2015.
③ 娜布其.蒙古族传统奶食文化探析［J］.语文学刊，2010（21）：131-132.

制作过程主要是在牧区环境中，现代化和城镇化过程促使奶食文化的变迁，奶食品的制作、销售、消费过程需要迎合市场供应、交换和消费环节，实现商品化、市场化"再生产"。奶食品在城镇环境中的商品化发展主要依托于奶食品店铺，一般情况下的奶食品店铺是小规模经营，从牧民手中进货奶食品，存在运输成本高，供货源不稳定的问题，这种奶食店在内蒙古不同地区的城镇普遍存在。而在呼和浩特这种较大城市，顺应市场规模和消费者需求，出现了更大规模的奶食店铺或连锁店。乡村社区中的奶食品制作、销售、食用过程也发生了较大变化。在市场经济条件下，畜牧业经济方式产生变化，人们的生活品质也越来越好，导致牧区人们的生活习惯的变化。加上生态气候的变化，牧区牧户并不普遍挤奶和制作奶食品了，乡村社区奶食品的制作和销售更多依托于个别牧户、奶制品小作坊和奶制品店。

在现代社会中奶食品店铺不仅是销售乳制品的场所，更是向本地居民、全国消费者乃至国际友人传播蒙古族奶食文化的重要载体。奶食店作为弘扬奶食文化的重要载体，应该在未来的发展中，继续传承和创新奶食文化，为消费者带来更多的惊喜和美味，在推动奶食文化发展的道路上不断前行，为传承和弘扬奶食文化做出更大的贡献。

四、奶食文化的创新发展

奶食店作为传统的食品行业，一直以来都是人们日常生活中的重要组成部分。然而随着社会的不断发展和消费者需求的多样化，奶食店为了适应市场的变化和满足消费者的需求不断地创新。店铺创新主要体现在经营上的创新、种类和制作方式上的创新以及销售上的创新等方面。

（一）店铺在经营方面的创新

随着市场竞争的日益激烈，奶食品店跟其他行业一样在自己的运营策略上必须寻求创新，改变以往的传统经营模式才能更好地满足消费者日益增长的需求。呼和浩特市很多奶食店做到了在相互竞争的过程中改变传统的经营模式，突破以往的运营方式，给消费者带来更好的服务、更优质的产品以及更舒适的消费环境。

为了保持竞争力，许多店铺改变原来的经营方式，在经营上寻找创新点。其中最重要的一个方向就是连锁化经营。以巴音希密奶酪工厂为例，随着店铺的扩大及产品的热售，店铺现在已经有八个连锁店。经营模式也从传统的经营方式转向了连锁化经营。巴音希密奶酪工厂老板 SYITU 指出，他所采取的连锁店创新策略为品牌化经营、标准化管理、规模化采购、多元化产品。

品牌化经营通过统一的品牌形象、装修风格和服务标准来提升消费者对连锁店的认知度和信任感。[1]巴音希密奶酪工厂专门找专业的团队设计出了属于自己的品牌标志，在产品包装上有统一的包装，同时也严格要求每位员工穿统一的服装。在店铺装修上每个店铺采取统一的现代简约风格装修。在标准化管理上制定严格的奶食制作流程和质量检验标准，确保每一家连锁店都能提供高品质的产品和服务。每次进新货时要求每位员工必须检查产品的新鲜度及包装上面的瑕疵。如果有不合格的地方都会被退回制作厂家。在多元化产品方面，店铺一直在更新产品。努力在保持奶食特色的基础上，开发多元化的产品线，满足不同消费者的需求。在管理上，店铺工作人员从 2018 年的只有一位员工及一位老板的情况下发展成现在拥有 30 多名员工的中型店铺。如今，店铺除了老板以外，还有专门负责人事的经理，投资股东以及管理各个连锁店铺的总经理。总经理下面有管理各个连锁店铺的店长。店长下面的员工里分别有负责线上销售的店员、负责快递的店员、负责包装的店员、负责收银的店员。巴音希密奶酪工厂（铺）设层层管理方式保证了店铺的高效运营，保证了每个销售环节的质量，为店铺带来了更多的收入和知名度。

由此可见，奶食品店铺的经营模式的创新是店铺适应市场环境的必然选择。店铺通过实施品牌化经营、标准化管理、多元化产品、人事上的层层管理等创新策略更好地满足了市场需求，提升了品牌价值和市场份额。

（二）店铺在产品制作及种类上的创新

呼和浩特市奶食品店奶食品销售种类主要分为奶食品和饮料。奶食品里再细分传统奶食品和新型奶食品。饮料主要分为牛奶、酸奶、马奶、驼奶。传统奶食品以奶豆腐、奶豆腐丝、奶皮、酸奶、爵克、黄油、图德、楚拉为主。新型奶食品以千层奶皮、拉丝奶豆腐、酸奶酪、奶疙瘩、烤奶皮、奶皮卷为主。笔者在本章里所指的传统奶食品和新型奶食品主要是以它们的制作技术、所用原料、受众群体、发展历史来区分和定义的。传统奶食品在制作技术上主要追求纯手工，纯手工制作的奶食品跟机器制作的奶食品比起来口味上有着很大的区别。所用原料主要以五畜的奶汁为原料，在奶汁里面添加的其他原料不多。制作技术主要是以传统的发酵、加热浓缩和晒干技术来完成。新型奶食品制作主要运用机器，有

---

① 访谈对象：SYITU；访谈时间：2024 年 1 月 7 日；访谈地点：巴音希密奶酪工厂铺。

些奶食品是半手工半机器来完成。新型奶食品比起传统奶食品机械化程度更高一点。所用原料上需要其他原料混合奶汁来完成。例如，水果色素、砂糖、防腐剂、果干、水果等其他原料的混合。由此可见，新型奶食品在所用原料上追求混合原料。新型奶食品在传统的发酵和加热浓缩制作技术上又添加了烤这个技术。随着社会的发展，制作奶食品从原来的传统手工制作转向了机械化制作。现代化的机械设备提高了生产效率满足了市场对奶制品不断增长的需求，同时也降低了生产成本。但在制作技术上还沿袭了传统手工制作。

为了满足不同顾客的不同需求，店铺在销售的种类上一直在创新。以巴音希密奶酪工厂为例，笔者了解到刚开店时店铺里只销售传统奶食品，但在销售的过程中发现，有很多顾客吃不惯传统奶食品，但同时从奶食品所富含的营养价值方面来考虑又不得不吃奶食。也有些外地的顾客来内蒙古旅游，回去时想给朋友带点内蒙古的奶食品回去，但因为传统奶食品的保质期短、必须冷藏的特殊性导致这些外地顾客没法带回去。老板发现这个问题之后，从2020年开始销售以烤奶皮、千层奶皮、奶疙瘩为主的新型奶食品。这些新型奶食品的出现解决了不同顾客的不同需求。同时也为店铺带来了更多的营业额。在奶食品制作方面，笔者通过一个月的观察及访谈了解到，随着消费者对奶食品需求的不断增长，传统的纯牧区手工制作方式已无法满足市场需求。手工制作奶食品在效率和产量上都无法满足日益增长的市场需求。因此，呼和浩特市很多奶食品店铺开始从手工制作奶食品转向机器生产，以满足市场的迫切需要。

（三）店铺在销售方面的创新

在奶食品销售上，许多店铺从原来的单一实体销售发展成了结合网络销售与实体销售。如今，随着科技的快速发展，网络销售已经深入我们的日常生活，改变了传统的商业模式。网络销售的普及使更多的消费者接触到了我们的奶食品，也使更多的人了解到奶食品所承载的文化信息。这导致奶食品被更多的人接受和欣赏。同时，网络销售打破了地域的限制，使来自不同地区的人们有机会购买奶食品。以巴音希密奶酪工厂为例，2023年开始店铺开启了网络销售。聘请了专业的直播团队给店铺进行包装，在网络上售卖产品。开启了网络销售以后店铺扩大了销售范围，吸引了更多的潜在客户，增加了营业额。店铺在销售方面的创新也进一步给外地的奶制品爱好者们带来了创业机会，有些外地的商家在嗅到商机以后，自行联系到生产奶制品的工厂，展开了异地经销模式。相比于过去只有养牛或生产鲜奶的商家制作奶食品的自产自销模式，当下的工厂——经销商渠道拓宽了奶食品的销售范围和规模，由过去的牧区到旗县、再从旗县走向省会城市，现如今内蒙古的奶制品不仅作为特色产品广受来到内蒙古地区旅行的游客们的青睐，还走出了内蒙古，迈向国内各地区的市场。

综上所述，店铺在经营模式上的创新、店铺售卖种类上的创新、店铺运营上的创新不仅满足了多元化的市场需求还提升了品牌形象和知名度为店铺带来了更多的利润。同时也吸引了更多不同地区的消费者，把内蒙古的奶食品以及奶食文化传播到了更多的地区。因此，奶食品店铺应该在未来的发展中高度重视创新，不断提升自身的创新能力，以应对市场的变化和挑战。

五、奶食文化与多民族交往交流交融

在市场经济、商品经济、城镇化、人口流动普遍化等背景下，我国多民族之间的交往交流交融已经成为常态。奶食品店铺作为奶食文化传承、发展和消费的场所，也成功地建构了一种社会空间和交往场所，不同民族的人们共同参与到对奶食品的制作、运输、销售、消费等过程。不同民族的文化、语言和想法也在此得到交流、碰撞和传播，实现交融。

（一）奶食品店铺作为多民族社会交往空间

奶食品店铺作为多民族社会交往空间。在多元文化的社会背景下，奶食品店铺不仅是个商业交易的场所，更是多民族间社会交往的重要空间。在这个空间内不同民族的人们汇聚一堂，分享美食、交流文化、增进友谊。在很多人的意识中，奶食店只是个销售奶食品的地方，但笔者在田野期间了解到，奶食店在饮食文化上有着很大的兼容并包，售卖传统奶食品的同时借鉴了其他各民族，尤其是汉族的饮食种类。以巴音希密奶酪工厂铺为例，店里不仅售卖传统奶食品及新型奶食品，2024 年 11 月推出了乳酪包、黄油麻饼、黄油红糖酥饼、奶皮子饼、鲜奶乳奶酥提子厚切吐司、奶酥菠萝等产品。这些新产品每天在店里新鲜制作，所用的材料都是店里的牛奶、奶油、黄油等。除此之外，巴音希密奶酪工厂铺在右边的小型装柜内还售卖各种茶叶、炒米、牛肉干、果干、奶酒等产品。而这些新产品推出所呈现的趋向使店里拥有了多元化的产品，也吸引到了多元化的消费者。因此，奶食店把现代化跟传统化连接起来，吸引来不同社会背景的消费者，建立起一种新型的社会交往空间。在奶食品店铺经营者们之间因奶食品形成了一个交际圈，他们每隔一段时间会聚在一起讨论有关奶食行业的诸多问题。这个团体里的经营者由各个少数民族组成，他们在各种节日里带着自己的家人聚在一起过节，随着这种聚会变得越来越频繁，他们之间就形成了像家人一样的社会关系。店铺老板的孩子也会相互结交朋友，在学校里变成好朋友。在员工之间，员工们会从家里带便饭来到店铺里，午饭时拿出来吃。因为饮食习惯的不同，每位员工带的饭也会有所不同。巴音希密奶酪工厂铺店员 SN 说，她一直想尝试蒙古族的肉包子，但是因为身边没有人吃蒙餐，就一直没能品尝到。自从来到巴音希密以后，午餐时每天都能品尝到各种民族的传统饮食。SN 还学会了制作蒙古包子，并且把这个做蒙古包子的方法传授给了身边的好朋友。现在她周围出现很多爱吃蒙餐的朋友。SN 说她要是没来这个店铺里工作，应该都不会知道蒙餐是什么味道。同样地，她也把自己民族的传统美食带给店铺的其他员工。在员工之间，午餐时的休闲时刻成为员工们互相交流美食的黄金时刻。而这当中，店铺成为提供这个空间的平台。在消费者方面，到奶食店消费的顾客来自不同的民族，不同的地区。由此可见，无论是奶食的生产还是消费都体现着多民族主题。以笔者参与观察的巴音希密奶酪工厂总店为例，在店铺行政人员里老板是蒙古族，人事经理、投资股东、总经理、电脑技术员是汉族。在店铺服务人员里，店长、快递人员、烘焙人员、包装人员是汉族，收银人员是蒙古族。管理直播人员及线上销售人员是其他少数民族。这些各民族的员工们会在节假日相互分享美食，在日常生活中相互帮忙、相互关爱。由此可见，奶食品店铺中的多民族主题，不仅丰富了奶食品文化的内涵，也为各民族文化提供了一个交流与展示的平台。

（二）奶食品店铺作为文化交流传播的平台

奶食品店铺是文化交流传播的平台。呼和浩特市许多奶食品店铺在装修风格中体现着民族特色，会在店里摆放各种民族特色工艺品、摆件或图画，甚至有些店铺直接售卖这些工艺品。巴音希密奶酪工厂的装修属于现代简约风格和民族风格的混合，在店铺的左侧墙上摆放着五畜雕塑、蒙古族传统奶食模具、小型蒙古包模型。右侧墙上摆放着蒙古族工艺盘子、木质碗等工艺品。店铺的正中间摆放着马头琴和马鞍。在店铺里经常播放长调等蒙古族特色音乐。这些文化元素有时会吸引顾客来店中欣赏，也起到传播交流民族文化的作用。除了在装修布局上体现的文化元素以外，巴音希密奶酪工厂铺在奶食品销售过程中也注重对民族文化习俗的展现和运用。蒙古族传统习俗中，在春节等重要节日庆典会使用奶食品做摆盘招待客人，象征着对客人的尊重和欢迎，也寓意在新的一年里家庭幸福美满、健康快乐。蒙古族在摆盘时，把专门准备的长方形糕点摆在盘子的最下面，随后在长方形糕点的上面一层摆放奶豆腐。奶豆腐上面要依次摆放奶皮子、糖果、红枣等食物来装饰。客人在品尝摆盘上的奶食品时要先祭天、祭地、祭火神。然后才拿上面的一小块来品尝。品尝摆盘时忌讳弄坏摆盘形状。① 生活在呼和浩特市的蒙古族也会做摆盘，使用从家乡带来的或从城市店铺购买的奶食品制作摆盘。如今，一套制作完成的摆盘可以直接从奶食店铺购买，每逢过节时摆盘成了销量最好的产品之一。巴音希密奶酪工厂会将摆盘放在店铺最显眼的地方，各民族顾客会十分关注这种新产品，对摆盘习俗完全陌生的顾客会主动向店员询问这一产品和背后的文化内涵。除了顾客以外，巴音希密奶酪工厂里的其他民族员工也通过对这些商品的了解进一步加深了对蒙古族习俗和奶食文化。由此可见，巴音希密奶酪工厂社会空间中，店铺装修风格、环境元素和奶食商品一同构成整体民族文化，向多民族的顾客和店员介绍展示奶食文化和民族文化，促成文化交流和传播。

（三）奶食品店铺作为多语言文字交流空间

奶食品店铺是多语言文字交流空间。语言是人们交流思想和表达情感的重要工具，是不同民族之间互相理解和沟通的桥梁，也是各民族交往交流交融的基础和内容。在店铺中，店员的多元语言能力是不可或缺的。在这个多民族组成的社会背景下，店员们不仅需要熟练掌握国家通用语言，还需掌握一定的方言及少数民族语言的沟通能力。这种多语言能力不仅能够帮助店员与各种民族背景的顾客进行无障碍交流，还能在一定程度上增强顾客的购物体验。与此同时，店员的热情服务和标准的通用语言成为吸引顾客的重要元素。在巴音希密奶酪工厂铺中，所有员工都会讲流利的国家通用语言，在此基础上，蒙古族的员工能讲出流利的蒙古语。笔者了解到，不同语言的顾客店里会有对应的语言店员服务。由此可见，店员们的多元语言能力不仅丰富了奶食品店铺的内涵和魅力，也为顾客提供了语言上的多元、包容的交流平台。除此之外，店家格外注重文字的多样性，巴音希密奶酪工厂铺会向顾客们发放有关店铺基本信息及所有产品介绍的小册子。巴音希密小册子上的所有文字是用两种语言写成的。而这种精心设计的小册子可以展现店铺的专业性、品质和特色。通过小册子，店铺可以向顾客传递其独特的品牌文化和产品种类。从而塑造独特的品牌形象。小册子可以详细介绍店铺的各类产品，包括产品原料、口感特点、营养价值等。这有助于顾客更好地了解产品，从而选出心仪的产品。其中，两种语言介绍起到了很好的作用。保证了文字上的多元化。此外，店铺里面的蒙古族传统奶食品也是用通俗易懂的国家通用文

---

① 蒙古学百科全书编辑委员会，《民俗卷》编辑委员会.蒙古学百科全书·民俗［M］.呼和浩特：内蒙古人民出版社，2010.

字去重新标注名字的。比如，珍珠鲜酪碎、珍珠鲜酪条、水晶干酪碎等产品都是店家后期给重新起的名字。这有助于顾客更好地了解产品的相关信息。

综上所述，在多民族的社会中，奶食品店铺的存在不仅丰富了商业形态，也为多元文化的发展注入了活力。奶食品店铺所承载的多元文化信息，成为社会文化交流的重要内容。奶食品店铺也成为多民族交往交流交融的场所。

六、奶食品行业现有的困境

根据笔者对巴音希密奶工厂铺以及对呼和浩特市和锡林浩特市其他奶食店面的考察，了解到虽然在政府的支持下奶食店行业的发展相当不错，但每个行业都有自己的难处，在笔者多次访谈和考察时了解到奶食品店有以下四点困境：

（一）供货来源

奶源的不同会导致做出来的奶食品的味道及颜色不同，而在所有的奶源当中牧区黄牛的奶做出来的奶食品更为传统、好吃。其中，用正蓝旗、镶黄旗的奶源做出来的奶食品的质量和口感在市场上最受欢迎。虽然呼和浩特市里或者周围地区也有制作奶食品的工厂，但是做出来的奶食品口感和质量跟正蓝旗比起来还是有很大的差异。笔者了解到要是坚持从牧区进货。会面临两大方面的困境：一是因为奶制品的保质期短，所以需要每隔几天进货一次，这样做会提高运输成本。从正蓝旗进奶食品，有两种途径：①当地地车，运送一箱子奶食品到呼和浩特市需要50元。②冷藏车，运送一箱奶食品到呼和浩特市需要10元。而且这种运输不是由专业的团队来干，因此也会发生每隔几天才能找到运输车的问题。二是因为供货来源不稳定，在牧区，夏天和春天是水草最丰富的季节，这个季节五畜能养膘，奶汁出得多。因为这几年牧区干旱、很多牧民在秋天时收不上太多的草，因此，到冬天时五畜就不能养膘了，牧民们也不制作奶食品了，因此在冬天常常会有断货的情况发生。

（二）销售途径

随着互联网的发展，越来越多的店铺都选择通过网络媒体进行营销，对自己的产品进行推广。因此，网络销售会使店铺的运营成本降低、给店铺带来一个能在市场上公平竞争的机会。奶食品行业也是，随着网络媒体的发展，越来越多的蒙古族奶食产品被大家熟知和购买。但是网络销售也给很多店主带来了困境。主要体现在以下三个方面：①销售渠道单一。很多运营奶食店的店主大多数都是中年人，因此虽然好多店主知道网络销售会给店铺和产品带来好处，但是不知道如何进行网络销售。甚至有些店主都不知道在哪种平台进行网络销售。这样的后果就是，销售渠道单一，只能给周围的小区居民和附近酒店的外地顾客销售产品。②不会使用互联网和网络销售前期投入费高。有些店主知道网络销售，并且也试过网络销售。因为网络销售需要把自己的店铺和产品、卖货方式、更新视频方式都进行包装。这样请专业人士会提高运营成本。再加上好多人害怕前期投入很多资金，最后达不到理想的销售额。因此很多店主都不敢冒这个险，索性放弃网络销售了。③店铺位置的好与坏也直接影响销售量。在蒙古族小学、蒙医院、居民楼、各大酒店附近的店铺销售量都特别好。因为蒙古族从古代开始就有吃奶食品的习惯，奶食品也是他们日常饮食的主要食物之一。很多蒙餐都需要奶食为原料。因此，蒙古族小学的家长和附近的蒙古族居民每天早晚来接送孩子时，都会来店里消费。很多外地顾客来内蒙古游玩都会选择购买当地的特产，因此，那些位置在大酒店旁边的奶食品店一到旅游季节就特别忙碌。但是这样的好位置，通常租金比别的店铺贵好几万元。在呼和浩特市，交通和道路也会影响一个店铺的销售量。

（三）店铺定位

如何在奶食品行业给自己定位是如今很多店主面临的最大困境。现在的奶食品店分两种，第一是用了好的奶源，保证质量的奶食品店。第二是用了便宜的奶源，成本低的奶食品店。好的奶源做出来的奶食品更为好吃、传统。手工做出来的奶食品跟机器做出来的奶食品更细致、细腻。本章所指的好的奶为牧区黄牛的奶，因为牧区黄牛是吃各种植物的，很少有牛在夏天吃化学饲料，因此他们的奶可能更纯真。在工厂里饲养的牛，不像牧区的牛一样吃各种绿色植物，吃饲料便多一点。牧区奶源做出来的奶食品因为运送成本、原材料的价格偏高等原因价格更贵一点。便宜的奶源做出来的奶食品成本低、赚钱多。因此，好多店主都不知道给自己怎么定位，是要经营一个追求产品质量和口感，但价格偏高一点的店铺呢，还是经营一个主打便宜的店铺是很多奶食品店主头疼的问题。

（四）运输问题

很多外地顾客再次回购时需要把产品邮寄过去，因为奶制品的特殊性，需要冷藏或者低温度下保存。所以邮寄需要用价格方面偏高的快递公司来运输。快递公司在路上耗费的时间少，邮寄费用差不多跟产品价格一样了。外地的顾客通过网络购买的情况很多，顾客所需的数量也多，但首要问题是怎么给他们邮寄过去。进行网络销售的店主表示,是否包邮也是个最困扰的问题,虽然顾客们都喜欢购买包邮的产品,但包邮费用过高会提高他们的成本。笔者提议,应该建立一个专属奶食品的平台和快递公司,就像国内的京东公司一样,每个城市都建立自己的快递公司。虽然在如今的奶食品行业很难实现,但是,未来随着内蒙古奶食品走进更大的市场,这样的行业和公司早晚会出现。

未来发展方面,笔者认为,内蒙古奶食品要是想要全方面地进入全国市场,就必须打造出适合中国人口味的产品,需要不断地进行产品创新、销售创新。但这些都是需要在原有的传统制作技术工艺上进行。蒙古族乳制品应该与现代环境、现代社会相结合,在这个基础上创新。相信随着人民生活水平的提高,人们会越来越意识到奶食的营养性,未来中国的奶食市场会发展起来走向世界。

七、结语

奶食品店铺中所体现的北疆文化的连续性。奶食品店铺的历史连续性体现在奶食品随着时间的推移不断发展和变化的过程。从魏晋南北朝时期开始,民族融合加强,北方游牧民族的饮食习俗也传入内地,其食奶习俗也传入内地。从此,各民族奶食品制作技术、食用方法等在中华大地上相互交流,共同创造出了属于中华文明的奶食文化。从古代的天然奶制品到现代的多样化产品,奶食一直是人们生活中的重要组成部分。在古代,奶食主要是指由牛奶、羊奶等天然奶制品制成的食品,如,马奶、酸奶、黄油、奶豆腐等。而随着时间的推移,奶食的种类也发生了变化,奶食品店铺也不断发展壮大。如今,呼和浩特市奶食店的历史连续性主要体现在对传统工艺的传承与创新,对文化价值的承载和对未来发展的探索等方面。

奶食店中所体现的北部边疆文化的包容性。随着社会的发展,人们的消费需求和观念日益多样化。对于商业环境的需求也越来越高,在这样的背景下,奶食店作为人们日常生活中常见的场所,包容性显得尤为重要。奶食店的包容性是指店铺能够尊重并且适应不同顾客的需求和偏好,提供多样化的产品和服务。呼和浩特市奶食店店铺包容性主要体现在产品多样化和工作人员多民族化两大方面。为了满足不同顾客的需求,呼和浩特市奶食品店在产品上做到了创新。以奶豆腐为例,有些顾客喜爱原味的奶豆腐,而有些顾客接受不了牧区原味奶豆腐。由于它的营养价值又需要摄入奶豆腐,于是店铺为了保证不同口味的人群,推出原味奶豆腐、加糖奶豆腐、拉丝奶豆腐、软奶豆腐、硬奶豆腐等,产品创新不仅满足了消费者多样化的需求,还体现了店铺对于不同文化和背景的包容性。在奶食品行业，各族人民共同参与到了生产原材料、制作奶食、运输、销售等各个环节。奶食品店的包容性有助于各民族都加入奶食品行业，在各民族的共同努力下发展好奶食品，也充分体现了中华民族北疆文化的包容性。

店铺中展现的北疆文化的创新性与发展，是地域文化与现代商业碰撞融合的成果。在经营层面，奶食品店突破传统，采用连锁化经营，以品牌化、标准化、多元化和科学人事管理，展现出北部边疆人民紧跟时代、开拓进取的商业思维。在产品层面，传统奶食品延续手工工艺与天然原料，承载深厚历史；新型奶食品借助机械与创新原料，弥补传统短板，满足多元需求，实现了北疆奶食品文化的传承与发展。在销售层面，结合网络与实体，打破地域壁垒，让北疆奶食品走向全国，不仅拓宽销路、增加收益，还广泛传播了北疆奶食文化，吸引外地商家参与，形成庞大销售网络。北部边疆文化的创新性经营满足了市场需求，提升品牌影响力，带来丰厚效益。未来，奶食品店应持续创新，深挖北疆文化内涵，增强创新实力，更好地应对市场挑战，让北部边疆奶食品文化传播得更远。

综上所述，北部边疆地区以其独特的历史环境、历史背景和民族构成，孕育出了丰富多彩的文化。其中，奶食文化作为其重要的组成部分，对北部边疆文化产生了深远的影响。奶食文化充分体现了中华民族北部边疆文化的突出特征，发展和弘扬奶食文化能使北部边疆文化的内容变得更加丰富和多彩。相信在未来，各族人民共同努力下中国会拥有更好的奶食文化，中国的传统奶食品会走向世界。

第七章

内蒙古牧区"压岁钱"意义变迁调研报告

阿古达木 *

【内容摘要】春节是中国重要的传统节日之一，拥有美好寓意的"压岁钱"则是春节代表性的习俗活动。随着社会经济的发展，"压岁钱"的金额逐年攀升，从而导致其原本的象征意义逐渐被淡化的同时也带来了一定的负面影响。本章以赤峰市克什克腾旗罕达罕嘎查为例，追溯"压岁钱"在牧区的来历，并从经济发展和心理变化两个方面分析了"压岁钱"金额增长的原因。在此基础上，本文进一步从牧民经济负担加重、攀比心理的形成以及民族传统文化的逐渐流失三个角度，探讨"压岁钱"数额增长所带来的影响，试图指出回归其原本象征意义的途径。最后强调回归"压岁钱"原本象征意义有着重大意义的基础上，得出让其回归其象征意义，需仰赖社会各方面的共同努力的结论。

【关键词】压岁钱；内蒙古牧区；象征意义；变迁

一、引言

在 5000 多年的历史长河中，中华民族不仅塑造了深邃广博的文化底蕴，也创造了各式各样的民族节庆。中国的传统节日，既是中华民族情感和精神的凝聚体，又是承载着民族文化血脉和思想精华的重要载体。春节是中华传统节日中最大、最热闹、最重要的节日，也是文化内涵最丰富的节日，其深厚的文化内涵和丰富的历史意义使其成为中华民族的重要文化符号。"压岁钱"作为春节传统活动中重要的载体，承载着中华文化的深刻内涵。"压岁钱"中蕴含着长辈对晚辈平安健康成长的美好祝愿，也包含着对子女们的深深期盼。

随着社会经济的发展，人们的经济水平逐渐提高，与之相应的消费水平也不断升级。春节"压岁钱"金额的逐年攀升是其有力的体现之一。在牧区，"压岁钱"的概念开始于 20 世纪八九十年代，广泛流行于 21 世纪初。近几年"压岁钱"金额的增大对牧区牧民形成了无形的经济压力。从最初的象征性的几元钱到现在

---

* 阿古达木，内蒙古大学 2023 级民族学专业硕士研究生。

的上百元至上千元，"压岁钱"被赋予了过度的物质含义。从而，在此过程中，"压岁钱"的象征意义逐渐被淡化。

国内关于"压岁钱"的相关研究较为丰富，主要集中于"压岁钱"的内涵、来源以及发展历程方面。"压岁钱"的来源主要有三个方面，分别来源于"压胜钱""驱赶妖兽"（"祟"妖、"年兽"、"魔鬼"、"幽灵"等）和"洗儿钱"。施慧（2010）通过分析历史文献资料得出压岁钱较早出现于汉代，来源于一种巫术钱币—压胜钱（厌胜钱）。其主要功能为辟邪和祈福，历史发展轨迹大致为：汉代较早出现→宋代发展→明代成熟→清代至今沿袭并基本保持不变。[①]郑思萍（2014）指出，"压岁钱"来源于除夕夜除邪求祥，驱赶名为"祟"的小妖，人们害怕孩子受到伤害，会整夜"守祟"。"岁"为"祟"的谐音，逐渐被称为"压岁钱"。[②]丁骋骋（2023）提出，"压岁钱"来自"洗儿钱"。古代，婴儿出生后三日要洗身，此风俗起源时间尚不确定，但在唐代宫廷中已广泛流行。至宋代，这一习俗在民间也开始广泛传播。[③]

随着"压岁钱"金额的逐年攀升，学术界内兴起了关于"压岁钱"与"压力"以及呼吁"压岁钱"回归原本象征意义的研究。林南生（2014）指出，压岁钱已成为巨额花销的讨论话题，还由此产生了对不正确甚至扭曲的社会价值观念的反思。[④]陆静（2018）通过分析不同省份压岁钱平均支出水平的现象指出，随着物质条件的日益丰富，压岁钱原本蕴含的情感成分、感恩意识和祝福意义逐渐淡化。相反地，它逐渐演变成为一种比较和炫耀的工具，背离了其作为深情祝福孩子的初衷，转而被不良的物质观念和金钱气息所侵蚀。[⑤]翟梓琪和陈奕冰（2024）通过阐述"压岁钱"意义变化以及其攀比风气，指出"压岁钱"已经偏离传达美好祝福的道路，反而助长了"好面子""不良金钱观的消费"等现象。它已经变相地成为人们经济收入和人情往来的"内卷"筹码。[⑥]

随着"压岁钱"的意义变化，出现"精神压岁""压岁言""压岁书"等概念。这些概念的出现是针对逐年增长的"压岁钱"的压力而言。李维坚（2008）指出，将逐渐变味的"压岁钱"转变为"压岁言"。以"精神压岁"代替"物质压岁"。[⑦]周子元（2024）则针对春节红包压力，提出送纪念币、文创礼品、文具礼

① 施慧.民间压岁钱习俗小考［J］.神州民俗（学术版），2010（1）：8-10+7.
② 郑思萍."压岁钱"的文化内涵与翻译［J］.宜宾学院学报，2014，14（8）：9-92.
③ 丁骋骋.从洗儿钱到压岁钱［J］.金融博览，2023（1）：26-27.
④ 林南生.春节后的文化反思［J］.广西教育，2014（12）：35-36.
⑤ 陆静.让压岁钱回归祝福和心意的本质［N］.钦州日报，2018-02-23.
⑥ 翟梓琪，陈奕冰.压岁钱变"压力钱"会计人怎么看［N］.中国会计报，2024-02-23.
⑦ 李维坚.给晚辈送"精神压岁"［J］.今日海南，2008（1）：40.

盒等具有祝福和吉祥寓意物品。①

本文运用文献研究法、问卷调查法和访谈法，以赤峰市克什克腾旗达来诺日镇罕达罕嘎查为田野点，当地牧民为调查对象进行调研。基于前人研究，从牧区视角切入，探讨"压岁钱"在牧区的发展历程、意义变迁以及产生的影响。试图探索地方文化的动态过程，推动牧区"压岁钱"文化的健康发展。

二、罕达罕嘎查概况

达来诺日镇，隶属于内蒙古自治区赤峰市克什克腾旗，地处克什克腾旗西北部，东、南与经棚镇接壤，西、西北与达日罕乌拉苏木相连，北、东北与巴彦查干苏木毗邻。"达来诺日"系蒙古语，意为"大海一样的湖"。镇辖区内以达来诺日（湖）命名。1946年至1957年7月，属克什克腾旗巴隆阿鲁努图克。1958年6月，建达里诺尔公社。1983年，改为达来诺日苏木。1995年7月，改达来诺日镇。2011年末，达来诺日镇辖达来诺日1个居民委员会，岗更、托力、罕达罕、官地、巴音珠日和、哈达英格、哈日浩舒7个嘎查村民委员会。下设4个居民小组、43个独贵龙（黄树贤和兰恩华，2018）。②

罕达罕嘎查是达来诺日镇下辖的一个行政嘎查，是一个纯畜牧业嘎查，离克什克腾旗37.928千米。罕达罕嘎查与白音珠日和嘎查、托力嘎查、官地嘎查、岗更嘎查、哈日浩舒嘎查、哈达英格嘎查、达来诺日社区相邻。罕达罕嘎查的行政区划面积为260平方千米。现有7个自然村，户籍人口809人，常住人口有629人，其中，蒙古族有594人、汉族有35人。嘎查牲畜总头数为21839头（只）。其中，牛6551头、羊13988只、马1300匹。

地处贡格尔大草原，罕达罕嘎查拥有得天独厚的自然条件。303国道、220省道穿境而过，良好的交通条件为发展旅游业提供了便利。罕达罕嘎查附近有阿斯哈图石阵旅游区、克什克腾世界地质公园、曼陀山庄、青山岩臼景区、青山冰臼群、达来诺日国家级自然保护区等旅游景点，有克什克腾亚麻籽、克旗黄芪、达里湖华子鱼、达里湖鲫鱼、蒙古碗、蒙古族银器等特产，主要农产品有洋芋、桑葚、黄豆、茴香、莴苣、草莓等。罕达罕嘎查依托克什克腾旗黄金枢纽的地理优势，不断挖掘新发展模式。通过建设牧家乐、观光旅游中心、观景台等方式，实现"自然风光游"向"文化旅游"的转变，促进畜牧业与二、三产业融合发展。

① 周子元.让春节红包回归"本意"，这届年轻人有新招［N］.工人日报，2024-03-01.
② 黄树贤，兰恩华.中华人民共和国政区大典（内蒙古自治区卷）［M］.北京：中国社会出版社，2018.

三、"压岁钱"的发展历程

作为中国传统节日春节中不可或缺的"压岁钱"有其独特的来历。"压岁钱"的来源最早可追溯至汉代钱币形状的避邪品"压胜钱"，再到唐代，具有贺喜和护身符意义的宫廷内的"洗儿钱"。明清时期，"压岁钱"大多数是用红绳串着赐给孩子，因此，也称为"串钱"。民国时期，长辈用红纸包 100 文铜钱当压岁钱给晚辈，取"长命百岁"的寓意。货币改为纸币后，长辈喜欢用连号的新钱做压岁钱，意味着连连好运、连连高升。

中华人民共和国成立之后，"压岁钱"的金额从五分、一角到 20 世纪 70 年代的 5～10 元。直到 20 世纪 80 年代，随着国家经济状况的好转，压岁钱逐年递增。城市里的人给孩子的钱往往几十上百元，开始包成"红包"发赠。20 世纪 90 年代至今，春节发放"压岁钱"已是普遍现象。

蒙古族的春节叫"查干萨日"，意为"白月"。"查干萨日"是蒙古族重要的传统节日之一。"查干萨日"标志着全新一年的开端，蒙古族认为能在年初过得愉悦且称心如意，则预示着接下来的一年将会充满顺利与吉祥。因此，蒙古族的"查干萨日"有着丰富而独特的传统习俗，其中包括祭天仪式、点燃"卓拉"、向长辈敬酒、亲手制作并享用饺子、包子、蒙古果子等美食以及长辈赠予晚辈"压岁钱"等。

根据调研，在蒙古族群体中，20 世纪 70 年代在牧区还未出现"压岁钱"的概念。春节给予孩子的是"糖果""小孩果子""红枣""糕点"以及"布料"，统称为"压岁果子"。如 SYL 所言："我们小时候没有压岁钱。只收到在蒙古果子上放几颗糖、红枣，然后用报纸包住，用白绳子捆住，上面再放一层方块纸封上，目的就是让孩子开心。"[①] 由此可见，在当时"压岁果子"所承载的意义是让晚辈在特殊的日子里开心，不让晚辈空手出去。由于经济条件的限制，糖果、糕点等物品被视为稀有且珍贵的物品，通常只有在春节这样的重大节日，父母才会购置此类食品。20 世纪 80～90 年代在牧区开始出现"压岁钱"的概念，但额度很小，通常 2 角至 3 元的额度，但依然以"压岁果子"为主。SD 表明："小时候六七岁才开始收到压岁钱的。我是 1984 年的人，那就是 20 世纪 90 年代初开始有的压岁钱。金额就几毛钱，多的几元钱，还是以果子、糖为主。"[②] 直至 20 世纪末 21 世纪初，随

---

① 访谈对象：SYL；访谈时间：2024 年 7 月 11 日；访谈地点：罕达罕嘎查 SYL 家。
② 访谈对象：SD；访谈时间：2024 年 7 月 24 日；访谈地点：罕达罕嘎查 SD 家。

着社会的发展与经济的繁荣，民众的生活质量得到了显著提升，并逐步迈入了市场经济的轨道。在这一时期，人们的经济状况改善，消费习惯也随之发生变化。蒙古族在春节给孩子"压岁果子"的同时也开始给"压岁钱"。如今，不再给"压岁果子"，直接将"压岁钱"包成红包赠予晚辈。如今，百元已成为牧区"压岁钱"的基础标准。当孩子迎来本命年，"压岁钱"金额通常会提升至 200~600 元。

四、"压岁钱"传统象征意义及变化

古老的"压岁钱"能传承到今天，是一种文化的传承，观念的沿袭，它涉及各个年龄段的每个人，显示了春节的传统年味，传递着、增添着亲友和不同辈的人们之间浓浓的亲情，也增添了节日的喜庆气氛，所以人们乐而为之。尤其是"压岁钱"的习俗也随着时代的步伐，不断增加富有时代气息的内容（杨永年，2007）。①经过时间的洗礼，"压岁钱"被赋予了新的意义，从而导致其原本的象征意义逐渐出现了变化。

（一）变迁的背景与动因

1. 经济发展

在现代社会的背景下，经济呈现出高速发展的态势。经济的发展推动了社会的方方面面。经济发展最直接的体现是随着人民生活水平提高，与之相应的消费水平也不断升级，"压岁钱"金额也逐年攀升。调研数据证实了上述观点，被访人员皆表示："钱的价值越来越低了，大家不把钱当回事了""随着社会的发展经济也发展了""生活条件变好及钱越来越不值钱"等观点。

"钱不值钱"是具体的人在具体的经济事项中，具体经历过"钱"的价值变化说出来的。无论这种说法是个别的还是群体的，它做出了一种时间间隔里的比较、度量和计算，得到一个经验十足的结论。提供给社会的就是一个真切可靠的判断：现在的"钱"和过去的"钱"，真的不再是一回事了（陈彩虹，2024）。②"压岁钱"的金额从 10 元至百元甚至千元的跨度是人们的真实经历。在20 世纪八九十年代，10 元、20 元已是当时最有价值的面值；到 21 世纪初，开始流行 50 元的面值，经济条件较好的家庭也能出百元的面值。直至今日，百元已是最小的，50 元的早已拿不出手。因此，可以认为 20 世纪八九十年代的 10

---

① 杨永年. 三代悬殊"压岁钱"［J］. 当代江西，2007（4）：58-59.
② 陈彩虹. 有限的"钱"［J］. 书屋，2024（2）：12-18.

元与如今的百元价值相同，同样的"钱"已经不再有以往的价值。

2. 心理变化

在物质条件相对缺乏的时代，人们追崇丰富的精神世界，注重节日本身的欢乐温馨的氛围以及习俗中所包含的意义，不会过多地在乎物质生活。然而，随着物质条件的改善，人们逐渐重视物质需求。在这一过程中，人们不可避免地产生了从众心理和攀比心理，这种心理活动在"压岁钱"的金额方面表现得尤为明显。

从众心理主导的消费是指个人的观念与行为由于受群体的引导或压力，而趋向于与大多数人相一致的现象。攀比心理是基于消费者对自己所处的阶层、身份以及地位的认同，从而选择所在的阶层人群为参照表现出来的消费行为（吴子成，2007）。[①] "压岁钱"的数额在某一社区内往往呈现一定的稳定性，这种稳定性源于群体的从众心理，进而形成了一种非正式的规则。居民们在相互观察彼此给予孩子的"压岁钱"后，倾向于遵循大众的选择，从而确定了"压岁钱"的最低金额标准。至于最高标准，则依据个人的经济状况来决定。在"压岁钱"的最高金额上，攀比心理得到了微妙的体现。部分人士将给予晚辈的"压岁钱"视为展示个人经济实力的一种方式，以此来彰显或强调自己的优势条件。这些人在自己的社交圈中暗自竞争，相互比较。随着时间的推移，这种攀比心理逐渐形成。在从众心理和攀比心理的共同作用下，经济繁荣时期，个人情感往往超越理性，间接推动了"压岁钱"数额的上升。

（二）变迁的影响

1. 牧民经济压力的增加

近年来，内蒙古牧区饱受"草场退化""干旱少雨""牲畜价格下跌"和"草料昂贵"等问题的困扰，这些现象已成为该地区难以摆脱的标签。2024 年内蒙古各地牧民在各类社交平台（抖音、快手，微博）的呼声将内蒙古旱情的真实写照推向了备受关注的议题中心。大环境影响个体是必然，对于经济情况不理想的牧区而言，牧民的经济压力是不言而喻的。而"压岁钱"的金额并没有因为牧民的经济条件有往下调整的现象，反而只增不减。

根据调研，关于"压岁钱"额度的明显提高以及带来的经济压力受到被访者们的一致认可。如 SD 所言：

"给个人生活带来压力，经济损失。每年的压岁钱支出其实是挺大的。现在

---

① 吴子成.消费之从众心理与攀比心理比较［J］.中学政治教学参考，2007（10）：50-52.

最少也得给 100 元，加上本命年，有时能够送出 1000 元。"①

甚至出现春节不要有"压岁钱"的话语：

"每年的压岁钱支出将近 3000 元。我们小孩都 20 多岁了，也收不到压岁钱了。然而我们亲戚的孩子都小，而且每家差不多都两个孩子，人家带着孩子来拜年，我们也不好意思让孩子空手出去。给少了拿不出手，给多了又没有。希望不要有压岁钱了。"②

此外，虽然被访者表示"压岁钱"支出占比（40%）不是一年总支出的重要组成部分，但其支出也有一定的分量（见图 7-1）。这表明，春节时期给晚辈"压岁钱"的环节，原本是充满美好祝福的行为，现在却逐渐演变成让长辈感到沉重压力的一部分。长辈们的心态和意愿也发生了一定的变化，从最初满心欢喜地主动赠予，转变为现在更多地将其视为一种义务性的任务。

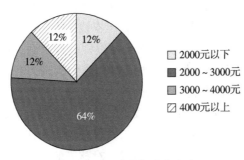

图 7-1 "压岁钱"支出占比

资料来源：笔者自绘。

压岁钱本质上是一种礼物，是一种单向的、代际的礼物，并不包含对回礼的期待（阎云翔，2000）。③ZZZ 的案例中就有所体现。2024 年，他的儿子 24 岁，所收到的"压岁钱"主要来自近亲，一些亲戚基于"孩子大了"为由，不再提供"压岁钱"，而 20 多岁的孩子也会因"已成年"而停止接受"压岁钱"。类似 ZZZ 的家庭不在少数，然而，这类家庭出于理性考虑或道德义务不能退出"压岁钱交换"的机制。一旦退出，他们的社交网络将面临崩塌的危机。因此，"压岁钱"受制于家庭发展周期的影响，呈现不平衡和不对称的特点。在缺乏严格互惠原则的压岁钱交换体系中，ZZZ 这类家庭每年都会向社交网络的一部分成员单方面地

---

① 访谈对象：SD；访谈时间：2024 年 7 月 24 日；访谈地点：罕达罕嘎查 SD 家。

② 访谈对象：ZZZ；访谈时间：2024 年 7 月 22 日；访谈地点：罕达罕嘎查 ZZZ 家。

③ 阎云翔. 礼物的流动 [M]. 上海：上海人民出版社，2000.

进行赠予。长此以往，这种单向的赠予行为也给家庭带来了经济上的负担。

2. 攀比心理的产生

"压岁钱"的话题已经成为一个社会问题，突破了"节日期间长辈祝福晚辈"这一简单意义的界限，所引发的不只是对节日巨额花销的讨论，还由此产生了对不正确甚至扭曲的社会价值观念的反思。如今已经出现了攀比压岁钱多少、以多为荣以少为耻等现象，在很多家长和孩子们眼中，"压岁钱"的多少代表了祝福的多少，成为衡量长辈对晚辈关爱程度的标准，这种标准本身就是扭曲的（林南生，2014）。[1]

对于孩子而言，一方面，他们的自主性日益增强，"压岁钱"很少或不再交给家长管理，而是自行保留满足个人需求。对于还没有完全形成正确的金钱观念和消费观的孩子来说，几千元并不是小数目，他们没有合理安排这笔钱的能力。据了解，孩子"压岁钱"的用途主要集中在品牌衣物、数码类产品以及旅游花费。笔者的一位妹妹（初中生）用其"压岁钱"专门进专卖店购买品牌鞋并表示："现在我们都穿牌子的鞋，买的牌子越贵则越受欢迎。大家都穿校服，只能比拼鞋子。"在当前的教育环境中，尤其是初高中校园，互相攀比穿着用品已是常态。这种攀比心理不仅会造成扭曲的社会价值观，甚至严重的还会影响孩子的前途。此外，孩子以学习为幌子买的数码类产品（平板、电话手表、电脑等）实际运用到学习的并不多，更多的是专注于其娱乐功能。如果家长管教不及时或过度溺爱孩子，不仅会促进不良习惯的养成，对孩子的身心健康也将造成很大的影响。另一方面，孩子不创造劳动价值，他们所耗费的财富也都是大人提供的。大额的"压岁钱"容易让他们产生财富不是劳动创造的错误认知。这种错误认知不仅会造成奢靡消费观，也将父母的辛苦一带而过，淡化了"压岁钱"原本蕴含的情感成分和感恩意识，这是万万不可取的。

对于成人而言，孩子的"压岁钱"变相地成为维护个人社交网络、助长面子的工具以及人情往来的"内卷"筹码。根据调研数据，高达 90% 的被访人员皆认可上述观点。如 HDT 所言：

"压岁钱在一定程度上成为大人之间人情往来的一种方式，如通过压岁钱增强彼此之间的联系，扩大个人或家庭的社会、资源。更有甚者将压岁钱变成一种攀比手段，以此展现生活的优渥。个人认为现在的压岁钱形式大于意义。"[2]

尽管社会普遍对此现象持批评态度，但这种趋势并未减弱，反而愈演愈烈。

---

① 林南生. 春节后的文化反思 [J]. 广西教育，2014（12）：35–36.
② 访谈对象：HDT；访谈时间：2024 年 7 月 27 日；访谈地点：罕达罕嘎查 HDT 家。

针对此现象的原因笔者结合整个大环境有两方面的考虑：①中国人对面子观念的深植与坚守；②现在的社会如果没有自己的社交网络、人际关系，可以说是寸步难行，这是不可否认的。但是笔者个人认为，大人之间的这种复杂理念不应牵扯孩子。毕竟"压岁钱"的初衷是对孩子的美好祝愿，不应被不良的物质观念和金钱气息所侵蚀（陆静，2018）。①

3. 民族传统文化的流失

蒙古族在春节这天盛装打扮，全家在拂晓时，先向东方跪拜，再分别向南、西、北方跪拜，并由家长以马奶、牛乳或撒酒祭。礼毕后，回到屋里，家长坐在主位手捧哈达接受子女和家族们的贺礼。晚辈在贺礼时需要手捧哈达、头顶帽子对长辈进行三次的跪拜并敬酒，这时长辈对晚辈说祝福词并递交果子、糖果之类的食物。来访的客人也是同样如此，不同之处是依据亲戚远近关系，敬酒次数自行调整。

蒙古族讲究"口福"（aman belge），即相信嘴里说出来的话会引导个人的运气。因此，平常说话时注重积极向上的话语，避免消极、丧气的话。在尤为重要的节日中则更加重视"口福"（aman belge）。他们认为，在特殊的日子进行祝愿或祝福，其效果会比平常更加明显。因而，晚辈收取"礼物"之前来自长辈的祝福词有着重大意义。祝福词的内容不仅表达了对晚辈在新的一年万事胜意、健康成长的美好祝愿也包括从祖先传承下来的知识以及蒙古族在日常经验中积累下来的育儿谚语。因此，这些祝福词不仅是老一辈人所独有的智慧，更是蒙古族传统文化的体现。

蒙古族的拜年习俗民族特征明显且蕴含着传统文化。然而，现如今，在笔者家乡早已看不到如此独特且烦琐的拜年习俗。究其原因，固然离不开社会的发展。在现代化普及的社会中，大家追求简单、效率，从而省略一些习俗的烦琐流程。蒙古族则在适应现代社会的进程中选择逐渐简化拜年。随着祝愿祝福词环节的消失，祝福词也逐渐退出蒙古族春节的舞台，转而被一两句"来！孩子，××给你压岁钱，自己买点好吃的！"代替并随上厚厚一沓、包装精美的"压岁钱"。孩子则微微低下头道声谢。在这一过程中，敬老爱幼的核心价值似乎被边缘化，一些年青一代甚至不再以双手恭敬地接受礼物。虽然物质条件的改善带来了优渥的个人经济生活，但因为仅享受其带来的裨益而失去传统的礼仪习俗则令人惋惜。蒙古族拜年的礼仪习俗是传统文化在生活细节点滴之处的表现形式，没有了传统习俗的支撑，传统文化也将逐渐流失甚至消失。

---

① 陆静. 让压岁钱回归祝福和心意的本质［N］. 钦州日报，2018-02-23（002）.

五、回归"压岁钱"原本的象征意义

（一）减少金额

"压岁钱"最初出现并传播的意义就在于长辈对晚辈的祈祷祝福，而所谓的"压岁钱"或"压岁果子"只是传达这份意义的载体，这些载体本身并没有多余的功能。例如，载体的数量（金额的多少）是衡量其承载意义的分量的标准，即并不是说多给"压岁钱"者的祝福含量比少给"压岁钱"者的要高。然而，随着经济发展大家逐渐把重心放在了"压岁钱"的载体之上。在此过程中，淡化了"压岁钱"原本的象征意义。这里所指的"淡化"意为"压岁钱"的象征意义不再像以前那样"纯洁"，其中掺杂着"功利""利益""面子"等混物。而且这些混物的分量有逐年增长的倾向。众所周知，这种倾向弊大于利。因此，回归"压岁钱"的原本象征意义重大，减少"压岁钱"的金额可以视为回归其传统象征意义的途径之一。

根据调研，被访者皆表示希望"压岁钱"的额度变小。如有被访者表明："今年我将压岁钱金额缩减到 50 元，每个小孩都给百元真的给不起了。"不难看出，被访者呼吁"压岁钱"额度变小的原因主要集中在其金额的逐年增长带来的经济压力。"压岁钱"额度变小不仅可以减轻牧民的经济压力，也可以推动"压岁钱"载体的重心转移。

随着"压岁钱"金额的增加，其包装也趋向精美多样，有可折叠拉伸的款式、锻锦布艺红包、烫金磨砂红包以及书法红包等。这些精致的包装不仅价格昂贵，而且销量也可观。在牧区，购买此类精美压岁钱包装的人数寥寥无几，因此，其主要消费者为经济条件较好且需维护复杂社交网络的人群。这些人群之间的人际交往和利益交换较为频繁。因此，他们更重视"压岁钱"作为人际交往媒介的功能。如果"压岁钱"的金额减少，上述群体可能不再将晚辈的"压岁钱"作为人际交往的手段。如此一来，"压岁钱"作为货币的功能将不再重要，其重心可能会逐渐回归其原有的象征意义。

（二）注重物品

自古以来，春节时长辈向晚辈赠送"压岁钱"以传递祝福的传统便有其特定的物质载体。这些载体随着时代的演进也经历了相应的演变。最初，"压岁钱"的形式可能是少量的糖果、果子、红枣，或者是方巾、布料等当时较为稀缺的物品。直至 21 世纪初,金钱逐渐成为"压岁钱"的主要载体。在这些载体上承载着长辈的祝福和愿望,构成了"压岁钱"文化中不可或缺的一部分。因此,无论是实物还是货币,作为"压岁钱"的物质形式,其存在均具有一定的必要性。但问题在于,现如今,垄断"压岁钱"载体的金钱所带来的负面影响较大,不仅对孩子的身心健康造成影响,还给大人带来经济压力以及攀比风气,甚至危及民族传统文化的流失。因此,在改变作为"压岁钱"载体的金钱的额度的基础上,可以试图用更有意义且对孩子身心健康有利的物品来代替金钱。

在现今经济昌盛的社会背景下,最大限度满足孩子的物质需求并不难,难的是如何满足孩子的精神需求。因此,在选择"压岁钱"载体时可以选择能够满足孩子精神需求的物品,诸如学习用品、书籍等。以"压岁书"取代"压岁钱",不仅能够为孩子提供精神食粮,充实其精神文化生活,又能培养孩子的高尚品德(祝庆芳,2000)。① 然而,如果要将载体从"物质需求"转换为"精神需求"并非易事,对于晚辈和长辈双方来说都是巨大的挑战。如 SD 在回答"您是否希望以其他物品(书、学习用品之类)代替压岁钱?"时表示:"最好可以代替,但是一些人就是不屑物品。"② 笔者认为,一部分人所持的小看或不重视物品的态度原因有两点:①抹不开面子;②在金钱作为"压岁钱"载体的 20 余年内其功能被大人利用得十分熟练。这两方面的原因都是从大人视角出发,因为他们将本该属于孩子的"压岁钱"变相地为己所用。

笔者在做此调研之前,预期关于"压岁钱是否仍然保持其原本象征意义"的问题的答案将倾向于否定。然而,最终的调查数据显示,否定与肯定的比率差距小于预期,表明仍有一部分人认为压岁钱保留了其原本的象征意义。结合大人对于将"压岁钱"转变为物品的消极态度,可以得知大人之所以认为"压岁钱"依旧保留着原有的象征意义是因为他们自身深陷"压岁钱交换"机制内,深受其带来的相关利益以及优势,难以抽身去客观地进行评价。如果将淡化"压岁钱"象征意义的"罪魁祸首"金钱转变为不会被大人所利用的物品,其象征意义或许会慢慢回归。

(三)重视"精神压岁"

"精神压岁"是相对"物质压岁"而言的概念。"精神压岁"主要是指通过富有教育含义的言语或说辞丰富晚辈的精神世界,从而对晚辈的成长起到启蒙和

---

① 祝庆芳."压岁钱"与"压岁书"[J].农村百事通,2000(2):43.
② 访谈对象:SD;访谈时间:2024 年 7 月 24 日;访谈地点:罕达罕嘎查 SD 家。

导航作用，此类说辞统称为"压岁言"。"压岁言"蕴含着重要价值。首先，"言"是一个思想和情感的交流过程，家长和亲友通过与孩子进行心灵对话，这种情感的交流是金钱所无法替代的。其次，"言"是一种精神寄托，提倡以精神的力量来赋予孩子成长的动力，这不仅可以提高个人的精神品质，也有助于推动社会风气的转变和进步。最后，"言"的影响力深远，一句寄语，往往能给孩子带来深刻的启示，甚至受益无穷（夏启平，2009）。[①]

"压岁言"与蒙古族在春节由长辈向晚辈道祝福词的习俗不谋而合，祝福词是"压岁言"的体现方式之一。蒙古族的新年祝福词中不仅蕴含深远的教育意蕴的传统谚语，也包含对晚辈的成长之路增加好运的美好祝愿。诸如，"祝愿犹如年一样平安、星星一样闪亮、钢铁一般坚强""心想事成、朝气蓬勃、福气满满，上天保佑"、"来年收获满满、今年笑颜盈盈、招福迎好运，平安长福"，"如日月升腾，像百花争艳"等。这些意义非凡的祝福词随着时间的推移行踪变得越发模糊不清。

"压岁言"既有人生经验，又有殷切期望；既是提醒与勉励，又是引导与鞭策。"压岁钱"只压一岁，"压岁言"却压一生（李维坚，2008）。[②]因此，如果"压岁言"能替代"压岁钱"不仅对晚辈的健康成长大有裨益。对于蒙古族而言，能够避免民族传统文化的流失，从而推动其保护和传承。

六、结论

"压岁钱"作为中国传统文化中春节的重要习俗，蕴含着深厚的人文关怀和情感温度。它不仅是长辈对晚辈关爱的物质体现，也是维系血缘关系的重要纽带。然而，时至今日，"压岁钱"的本质似乎正在发生转变。如前文所述，它逐渐成为长辈的经济负担，其经济属性日益凸显，导致其原本的象征意义逐渐减弱。

无论是城市还是牧区，"压岁钱"金额的水涨船高对个人经济、心理均有所负面影响。而对于笔者所调研的牧区而言，其主体居民为蒙古族，对他们的影响则更加深远，即促使民族文化的流失。因此，回归"压岁钱"的原来象征意义尤其重要。

首先，应该对"压岁钱"的性质和价值作出清晰的定位。"压岁钱"的本质无非是一种美好的寄托，是长辈对晚辈的祝福。真正让"压岁钱"变味的是那些

---

① 夏启平."压岁言"胜过"压岁钱"[J].金融博览，2009（3）：75.

② 李维坚.给晚辈送"精神压岁"[J].今日海南，2008（1）：40.

利用"压岁钱"谋求私利、满足虚荣心的不良心态。因此，让"压岁钱"回归简单，以适度适量的金额或物品来寄托美好的心愿，才是合理之道。其次，每个人的经济实力不同，无法统一"压岁钱"的金额标准。因此，量力而行是基本准则。当多数人不把"压岁钱"当成压力时，"压岁钱"才真正让人欢喜，其吉利的寓意才能得以彰显。最后，削弱"压岁钱"的"经济转移"的世俗性、沉重感至关重要，这需要通过"精神压岁"来达到目的。

让"压岁钱"回归其传统的象征意义，恢复其情感温度需仰赖社会各方面的共同努力。只有这样，才能让"压岁钱"真正成为传递关爱和祝福的载体，而不是成为经济负担和压力的源泉。与此同时，我们才能让"压岁钱"在新时代焕发出新的光彩，为中华民族的优秀传统文化注入新的活力。

第八章

蒙汉杂居地区汉族牧民饮食文化变迁

高碗珠 *

【内容摘要】本章以蒙汉杂居地区汉族牧民饮食文化为研究对象，探讨其变迁历程、影响因素以及与其他民族饮食文化的对比。研究发现，汉族牧民饮食文化在历史发展过程中经历了显著变迁。在食材选择上，增加了牛羊肉、乳制品等，谷物和蔬菜选择也发生了变化；烹饪方法借鉴蒙古族技巧并创新；节日饮食融合蒙汉特色。地理环境、生活方式和人口流动是主要影响因素。与回族、朝鲜族等民族相比，在食材选择、烹饪方式和饮食习惯上既有共性又有差异。这种变迁促进了当地农业、畜牧业和餐饮业发展，带动相关产业进步，对地区经济发展具有积极意义，为民族文化融合和地区可持续发展提供了参考。
【关键词】蒙汉杂居；汉族牧民；饮食文化变迁

一、引言

在我国广袤的地域上，蒙汉杂居地区呈现出独特而丰富的文化景观。其中，饮食文化作为人们生活的重要组成部分，不仅反映了当地的自然环境和经济发展，更体现了民族之间的交流与融合。蒙汉杂居地区汉族牧民的饮食文化，在历史的长河中经历了显著的变迁，这一变迁过程是多元文化相互作用的结果，蕴含着深刻的历史、社会和文化内涵。

从早期汉族移民进入蒙汉杂居地区，到如今形成相对稳定的杂居格局，汉族牧民的饮食文化逐渐从相对单一的汉族传统饮食模式，向融合了蒙古族饮食特色以及适应本地环境的多元饮食文化转变。这种变迁既受到地理环境、经济发展、文化交流等外部因素的影响，也与汉族牧民自身对不同文化的认同和选择密切相关。

研究蒙汉杂居地区汉族牧民饮食文化的变迁，对于深入了解民族间的互动与

---

* 高碗珠，内蒙古大学2023级中国少数民族经济学专业硕士研究生。

融合机制、保护和传承民族文化遗产以及促进地区的和谐发展具有重要意义。它揭示了不同民族在共同生活的过程中，如何通过饮食这一基本生活层面，实现文化的交流、借鉴与创新，进而构建起具有地域特色和民族融合特色的文化体系。

通过对这一变迁过程的详细考察，我们可以更好地领略蒙汉杂居地区独特的文化魅力，探寻文化多样性在特定地域环境中的发展轨迹，以及这种多样性如何为当地社会注入活力和凝聚力。同时，也有助于我们从饮食文化这一微观视角，透视民族关系的演变和社会文化的进步，为进一步推动民族文化的繁荣和地区的可持续发展提供有益的参考和启示。

二、历史背景以及情况概述

蒙汉杂居地区历史悠久，汉族牧民在此地世代繁衍，其饮食文化在长期的民族交融中逐渐发生变化。传统的汉族牧民饮食以面食、蔬菜、豆类为主，口味清淡。然而，随着与蒙古族牧民的深入交往，汉族牧民的饮食文化开始发生显著变化。他们开始尝试和接受蒙古族的特色食材、烹饪方法和饮食习惯，逐渐形成了独具特色的饮食文化。本次研究着重调研了锡林郭勒盟苏尼特右旗的新民社区、巴彦淖尔市临河区以及乌海市乌达区，这三个地区都是汉族移民较多的地区，不同的移民情况形成了不同的饮食文化，以下是锡林郭勒盟苏尼特右旗的新民社区、巴彦淖尔市临河区以及乌海市乌达区汉族移民的相关情况：

1. 锡林郭勒盟苏尼特右旗新民社区

苏尼特右旗曾是草原游牧地区，随着经济发展、交通改善以及地区开发等因素，有部分汉族人口逐渐迁移至此。苏尼特右旗新民乡的移民情况复杂且具有历史阶段性。20世纪20年代河北尚义县人刘志安在此开荒，历经抗日战争前后的人口流动，于1946～1949年达到移民高潮，移民主要来自河北、山西等地，包括因逃避罪责、商业目的、亲属关系、原籍受灾以及其他多种原因而来。这些移民使新民乡人口构成发生变化，汉族占主导且有少数民族聚居，同时对当地经济产生多方面影响，在农业上带来新方式和技术，推动基础设施建设和生产制度变革；在畜牧业方面，增加劳动力并促进品种改良；在经济方面，汉族移民带来了农耕技术和商业经营理念，在一定程度上推动了当地农业和商业的发展；在文化方面，促进了不同民族文化间的交流与融合，丰富了当地的文化内涵。例如，在饮食文化上，汉族的一些烹饪方式和饮食习惯对当地产生了一定影响，一些结合了当地食材和汉族烹饪手法的特色美食逐渐出现；在社会建设方面，汉族牧民积极参与当地的基础设施建设、社区发展等工作，为新民社区的发展做出了贡献。汉族牧民的到来为当地带来了新的生产方式和文化元素，促进了地区间的交流与融合。

2. 巴彦淖尔市临河区

巴彦淖尔市临河区的汉族移民历史较为悠久，尤其是在清代，出现了大规模的"走西口"移民潮。当时，由于内地人口增长、土地资源紧张等原因，山西、陕西、甘肃等地的许多汉族人通过"走西口"来到巴彦淖尔地区。他们开垦荒地、兴修水利，逐渐定居下来，成为当地的重要居民群体。巴彦淖尔市位于河套平原，黄河流经此地，为农业灌溉提供了充足的水源，使这里成为重要的商品粮油生产基地。优质的河套小麦、闻名的华莱士瓜、紧实的乌拉特草原羊等都是巴盟饮食文化的重要食材基础。例如，河套小麦蛋白质和面筋含量高，是制作各种面食的优质原料，像当地特色的糖麻叶、肉焙子、酿皮等面食都离不开河套小麦；乌拉特草原羊因肉质紧实、肥而不膻，成为巴盟人餐桌上常见的肉类食材，可用于制作手把肉、烤羊肉等美味佳肴。巴盟是蒙古族等少数民族聚居的地区，蒙古族的饮食文化对巴盟饮食文化的形成产生了重要影响。蒙古族的传统美食如烤全羊、手把肉、奶食品等，成为巴盟饮食文化的重要组成部分。同时，在长期的杂居、通婚过程中，蒙汉民族的饮食传统相互交融。例如，在婚丧嫁娶宴会上，河套硬四盘（酥鸡、红扒丸子、扒条肉、清蒸羊肉）等汉族传统菜肴与烤羊排、羊背子等蒙古族特色美食共处一桌。

在农业方面，汉族移民带来了先进的农耕技术和农作物品种，大大提高了当地的农业生产水平。他们利用黄河水灌溉，将原本的荒地变成了肥沃的农田，使巴彦淖尔成为重要的农业产区。在饮食文化方面，汉族移民将晋、陕、甘一带中原农耕民族的饮食习俗带到了河套地区，与当地蒙古族的饮食习惯相互影响、交融，形成了独特的河套饮食文化。例如，猪肉烩酸菜、铁锅焖面、酿皮等美食，成为巴彦淖尔地区的特色菜品。在商业方面，汉族移民的商业活动促进了当地经济的繁荣，他们开设店铺、经营贸易，使临河区成为重要的商业中心。

3. 乌海市乌达区

乌海市乌达区的汉族移民主要是在国家建设和资源开发的过程中逐渐聚集而来。乌海地区拥有丰富的煤炭资源，随着煤炭开采和工业发展的需要，大量的汉族人口从其他地区迁移到乌达区，参与到当地的工业建设和生产中。在工业方面，汉族移民为乌达区的煤炭工业发展提供了大量的劳动力和技术支持，推动了当地工业的快速发展。他们在煤矿开采、煤炭加工、电力生产等领域辛勤工作，为乌达区的经济发展做出了重要贡献。在城市建设方面，汉族移民积极参与城市的规划、建设和管理，使乌达区的城市面貌不断改善。同时，他们也带来了不同地区的文化和生活方式，丰富了乌达区的文化多样性。

三、饮食文化变迁历程

（一）食材选择的变化

汉族牧民开始引入和养殖草原特色动物，如牛羊等，使肉类成为饮食中的重要组成部分。同时，他们也开始尝试利用草原上的野生植物制作各种特色调料和食品，进一步丰富了食物种类。内蒙古一些地区的土壤肥力低下，缺乏农作物生长所需的氮、磷、钾等营养元素。所以在汉族牧民迁入后也逐渐改变饮食结构。在内蒙古地区，汉族牧民的饮食构成中食材选择发生了显著变化，主要体现在以下五个方面：

1. 肉类选择

内蒙古地区受当地蒙古族等少数民族以牛羊肉为主食的影响，汉族牧民逐渐增加了牛羊肉在饮食中的比例。内蒙古草原拥有丰富的牛羊资源，牛羊肉不仅容易获取，而且品质上乘。例如，肥美的草原羊肉，肉质鲜嫩多汁，没有膻味，无论是烤、煮、炖还是做成手把肉，都深受汉族牧民喜爱。适应游牧生活方式的需要。在草原上进行游牧，需要高热量、高蛋白的食物来维持体力。牛羊肉正好满足了这一需求，成为汉族牧民日常饮食中重要的能量来源。

2. 接受乳制品

内蒙古地区是我国重要的乳制品产区，蒙古族等少数民族有着丰富的乳制品制作和食用传统。汉族牧民在与当地少数民族长期相处的过程中，逐渐接受并喜爱上了各种乳制品。例如，奶豆腐、奶酪、奶皮子等，这些乳制品不仅营养丰富，而且口感独特。奶豆腐可以直接食用，也可以泡在奶茶中，增加奶茶的醇厚口感；奶酪则可以作为零食，或者在烹饪中作为调料使用。乳制品成为日常饮食的重要组成部分。对于汉族牧民来说，乳制品不仅是一种美食，也是适应草原生活的重要食物来源。在早餐中，一杯热气腾腾的奶茶搭配着奶食，成为许多汉族牧民开启一天生活的方式。在正餐中，乳制品也常常被用来搭配其他食物，丰富饮食的口感和营养。

3. 谷物种类变化

（1）增加莜麦、荞麦等粗粮的食用。内蒙古地区的气候和土壤条件适合莜麦、荞麦等粗粮的生长。这些粗粮具有耐旱、耐寒的特点，适合在草原地区种植。在当地生活中，汉族牧民逐渐认识到粗粮的营养价值和独特风味，开始增加对它们的食用。莜麦可以做成莜面窝窝、莜面鱼鱼等美食，荞麦则可以制作成荞麦面条、荞麦饼等，以适应草原生活的健康需求。莜麦和荞麦富含膳食纤维、维生素和矿物质，具有降低胆固醇、调节血糖等功效。对于长期在草原上生活的汉族牧民来说，食用这些粗粮有助于保持身体健康，适应草原生活的艰苦环境。

（2）减少大米、白面等细粮的消费。在传统的汉族饮食中，大米和白面是主要的谷物类食材。然而，来到内蒙古地区后，由于运输和储存条件的限制以及当地饮食习惯的影响，汉族牧民对大米、白面等细粮的消费逐渐减少。一方面，草原地区交通不便，运输成本较高，使得大米、白面等细粮的价格相对较高。另一方面，内蒙古部分地区的土壤肥力低下，缺乏农作物生长所需的氮、磷、钾等营养元素。例如，锡林郭勒盟的部分草原地区，土壤中的有机质含量低，矿物质养分不足，难以支持农作物的正常生长。在锡林郭勒盟苏尼特右旗的新民社区对白玉宝老爷爷访谈时，他提到，他的祖辈是民国 18 年山西阳高地区发生自然灾害"水灌山西"时逃荒到包头一带，又因为没有办法生存逃荒到新民乡（现在的新民社区），从此有了自己的土地，但是这里的农业种植完全是靠天吃饭，"十年九旱"，即使是丰收年亩产也就 300 多斤。这样的产量也仅仅是粗粮的产量，也就是耐寒，耐旱的莜麦荞麦等的产量，如果种植小麦亩产也只有 30 斤左右。

4. 蔬菜类食材

在内蒙古草原地区，蔬菜的种植和供应相对有限。汉族牧民在选择蔬菜时，更加注重蔬菜的耐储存性。例如，土豆、胡萝卜、洋葱等，这些蔬菜可以长时间储存，不易腐烂，成为汉族牧民日常饮食中的常见蔬菜。土豆可以做成土豆泥、土豆饼等美食，胡萝卜可以生吃或者用来煮汤，洋葱则可以作为调料使用，增加食物的美味。草原上生长着许多野生蔬菜，如沙葱、黄花菜、蕨菜等，汉族牧民在长期的生活中，逐渐学会了采摘和利用这些野生蔬菜。这些野生蔬菜不仅丰富了饮食的种类，而且具有独特的营养价值和药用价值。例如，沙葱具有开胃消食、杀菌消炎等功效，黄花菜则富含蛋白质、维生素和矿物质。在传统的汉族饮食中，绿叶蔬菜是不可或缺的一部分。然而，在内蒙古草原地区冬季寒冷且漫长，由于气候和土壤条件的限制，绿叶蔬菜的种植和供应相对较少。酸菜和咸菜的制作可以将秋季丰收的蔬菜进行保存，以便在冬季食用。像白菜这种当地大量种植的蔬菜，通过腌制制成酸菜，在冬季成为重要的蔬菜来源，保证了当地居民冬季饮食中蔬菜的摄入。同时又因为内蒙古草原地区饮食以肉食为主，当餐桌上有较多肉类菜品时，酸菜和咸菜可以起到平衡口味的作用。

5. 调味料的变化

内蒙古的饮食以牛羊肉等为主，这些食材本身具有一定的风味，但通过添加各种调料，可以使口感更加丰富多样。胡麻油具有特殊而浓郁的香气，能为内蒙古的各类菜肴增添独特风味。无论是炒菜、凉拌菜还是制作面食，加入胡麻油都可使食物散发诱人香味，提升食欲。例如，在制作内蒙古传统凉拌沙葱时，适量加入胡麻油，能更好地衬托出沙葱清香，让菜肴更美味。苏子具有独特香味，带有淡淡的草本香气和微微辛味，能为菜肴带来独特风味。如内蒙古的苏子饼，以苏子为主要调料制作，其独特香味受当地人们喜爱。苏子在处理腥味较重食材时效果很好。例如，在烹饪羊肉时，羊肉有腥味，加入苏子可有效去除腥味并增添特殊香味。这种去腥增香作用使苏子在内蒙古饮食中，尤其在处理肉类食材时，具有不可替代的作用。

总之，内蒙古地区汉族牧民的饮食构成中食材选择发生了明显的变化。这些变化是汉族牧民在适应草原生活过程中，与当地蒙古族等少数民族文化交流、融合的结果，也是他们在长期的生产生活实践中，根据当地的自然环境和资源条件做出的合理选择。

（二）烹饪方法的创新

在烹饪方法上，汉族牧民借鉴了蒙古族的烤、炖、煮等烹饪技巧，创新出多种美味佳肴。在内蒙古地区，汉族移民带来了不同的烹饪方法，并与当地的蒙古族等少数民族的烹饪方法相互融合。苏尼特右旗的蒙古族饮食文化独具特色，可分为肉食、奶食、粮食三大类，重视"红""白"食。奶食种类繁多，有白油、黄油、奶皮子、奶豆腐等。发酵饮料有酸奶、塔尔格、额德木、奶酒等。肉食以牛羊肉为主，通常吃法为"手把肉"，苏尼特右旗的美食还包括苏尼特羊肉、苏尼特羊肉串、苏尼特黄花菜、内蒙黄焖羊羔肉、内蒙古口蘑等。苏尼特羊不仅体格大、产肉多，其肉鲜嫩多汁、无膻味，高蛋白、低脂肪、瘦肉率高。祖籍是河北尚义县的刘奶奶随家人迁居到乌兰察布市商都县，于1996年落户新民乡，她在访谈中说："最开始来到新民乡时，主要以农业种植养家糊口，后来发现这里土壤条件不适宜种植，天气干旱，打井也不出水，慢慢改为半农半牧。"当地的蒙古族牧民有时用牛羊肉与他们交换谷物，他们也逐渐将牛羊肉纳入日常饮食，并且学会了多种牛羊肉的烹饪方式，如烤羊肉、炖牛肉等，这在一定程度上改变了他们过去以猪肉为主的肉食习惯。此外，像沙葱、黄花菜等当地的特色蔬菜也开始出现在他们的餐桌上，丰富了食材的种类。

在巴彦淖尔，早餐丰富多样，可以是河套盐水拉面、煎饼、油条、肉焙子配粉汤、羊杂碎、荞面、饸饹面等汉族美食，也可以是炒米、奶茶、手把肉、蒙古馅饼、蒙古包子等蒙古族美食，还可以来一顿蒙汉合璧的早餐。河套地区的蒙汉饮食各具特色，随着社会发展和蒙汉文化交流，蒙汉各族在饮食方面保持了各自传统特点的同时，又相互融合。蒙古族的羊背子、烤全羊、手把肉、涮羊肉、奶茶等与甘肃、晋、陕的面食，陕西的羊肉泡馍、肉夹馍，山西的刀削面，甘肃的民勤拉面、发面馍馍、挽面、油果子，还有独具特色的河套面精酿皮①、猪肉勾鸡，猪肉酸烩菜等吃法，蒙汉通吃，风靡河套大地。在酒店菜中，硬四盘和烤羊排、羊背子共处一桌，蒙古风味的奶食与汉族的凉盘争奇斗艳，在走向融合的过程中又不乏创新。河套饮食文化研究会汲取蒙汉餐饮文化精华，创制了融蒙汉餐饮特色于一体的河套名宴和乌拉特草原风情宴。

（三）节日饮食的改变

在节日饮食习惯上，汉族移民往往保留了原有的汉族节日食品，如春节的饺子、中秋的月饼等。但同时，他们也可能受到蒙古族节日习俗的影响，创造出具有蒙汉特色的节日食品。

1. 春节的饺子

春节是汉族最重要的传统节日之一，饺子是春节期间必不可少的美食。饺子寓意着团圆和吉祥，通常由面粉皮包着各种馅料制成。汉族移民将饺子带到内蒙古地区后，逐渐与当地饮食文化相融合。在内蒙古地区，饺子的馅料制作可能会更多地使用当地特色食材。例如，由于内蒙古是畜牧业发达地区，羊肉成为常见的饺子馅料。羊肉饺子在内蒙古地区深受欢迎，其独特的风味与当地的饮食习惯相契合。除了羊肉，一些地区还会使用当地的野生植物作为馅料。例如，在绿草丰盈的季节，还会加入沙葱等野菜，使饺子具有独特的草原风味。

2. 端午节的粽子

端午节吃粽子是汉族的传统习俗。粽子通常由糯米、红枣、豆沙等馅料包裹在粽叶中蒸制而成。在内蒙古地区，汉族移民的粽子也逐渐融入了当地特色。内蒙古地区畜牧业发达，在粽子的馅料食材选择上，可能会更多地融入当地特色肉类。除了常见的猪肉以外，羊肉还成为一种具有地域特色的选择。羊肉粽子带有独特的草原风味，适合当地居民的口味偏好。有时还会添加奶制品，如奶酪、奶皮子等。这些奶制品为粽子增添了浓郁的奶香，丰富了粽子的口感和风味。由于内蒙古地区可能缺乏制作粽子常用的粽叶材料，牧民们可能会尝试使用其他材料进行替代。例如，一些地区可能会使用当地的植物叶子，如芦苇叶或者其他类似的叶子进行包裹，尽管这种替代可能不具有普遍性，但反映了地域特色对制作方法的影响。

3. 中秋节的月饼

中秋节是团圆的节日，月饼是中秋节的传统美食。月饼的种类繁多，有广式月

---

① 当地有很多小摊上的招牌上写"面精酿皮"，也叫"面筋凉皮"。

饼、苏式月饼、京式月饼等。内蒙古地区以畜牧业和奶制品生产闻名。在月饼制作中，经常会加入奶制品，如奶酪、奶皮子、奶油等。这些奶制品不仅增加了月饼的营养成分，还赋予了月饼独特的奶香风味，使其更加符合当地居民的口味偏好。受当地饮食习惯影响，部分月饼会采用肉类作为馅料。除了常见的火腿月饼外，还有羊肉月饼等。羊肉月饼以其独特的风味，满足了当地消费者对肉类食品的喜爱。在内蒙古的一些地区，由于传统的烤炉（如蒙古族的勒勒车烤炉）或炉灶形式不同，月饼的烤制方式可能会有所调整。例如，可能会采用更适合当地炉灶特点的低温长时间烤制方法，以使月饼内部熟透，外部形成独特的酥脆口感。为了适应当地的饮食习惯和文化活动需求，月饼的形状和大小可能会发生变化。例如，在一些大型节日庆典或家庭聚会中，可能会制作更大尺寸的月饼，以满足多人分享的需求。同时，月饼的形状还会借鉴一些蒙古族传统图案或符号，使其更具地域文化特色。

四、影响因素分析

（一）地理环境

蒙汉杂居地区独特的地理环境对汉族牧民的饮食文化产生了深远影响。草原的辽阔和资源的丰富使汉族牧民能够接触到更多的特色食材和烹饪方法。

1. 特色食材丰富

蒙汉杂居地区的草原辽阔无垠，为畜牧业提供了得天独厚的条件。这使汉族牧民能够接触到大量优质的牛羊肉、奶制品等特色食材。例如，新鲜的羊肉可以用来制作手把肉、烤羊肉等传统美食，而牛奶则可以加工成奶豆腐、奶酪等奶制品。这些特色食材不仅丰富了汉族牧民的饮食选择，也为他们的饮食文化带来独特的风味。

2. 烹饪方法多样

草原的地理环境还影响了烹饪方法。由于草原上的燃料相对较少，炖煮和烤制成为常见的烹饪方式。例如，用大锅炖煮羊肉，可以使羊肉更加软烂入味，同时也能节省燃料。而烤制食物则可以利用草原上丰富的风力资源，使食物在烤制过程中受热均匀，口感更佳。此外，草原上的野菜、蘑菇等野生食材也为汉族牧民提供了更多的烹饪灵感，他们可以将这些食材与牛羊肉搭配，制作出具有草原特色的美食。

3. 饮食文化的地域特色

蒙汉杂居地区的农村地区以种植农作物为主，如小麦、玉米、荞麦等。汉族移民来到这里后，可以获得丰富的农作物资源。这些农作物成为他们的主要食材之一。例如，在土默特地区杨家堡村，汉族移民可能会种植和食用当地的农作物，如荞麦等。汉族移民带来了自己的农业文化，他们在蒙汉杂居地区继续从事农业生产。在这个过程中，他们的食材选择也会受到农业文化的影响。例如，他们可能会制作面食、米饭等传统的汉族美食，同时也会尝试将当地的农作物融入到自己的饮食中。蒙汉杂居地区的地理环境还赋予了饮食文化独特的地域特色。在草原上，人们通常会在户外进行烹饪和用餐，享受大自然的美景。这种独特的用餐环境也影响了汉族牧民的饮食文化，使他们更加注重食物的原汁原味和与自然的融合。例如，在草原上举办的那达慕大会等活动中，人们会一起品尝烤全羊、手把肉等美食，感受草原文化的魅力。

（二）生活方式

随着生活方式的变化，汉族牧民开始逐渐适应草原的生活节奏和习惯，这也反映在他们的饮食文化中。他们开始习惯早出晚归的放牧生活，饮食也变得更为简单和便捷。

1. 适应放牧生活节奏

汉族牧民早出晚归的放牧生活使他们的饮食变得更为简单和便捷。例如，学习蒙古族牧民早起喝早茶，为了补充能量，他们会选择在奶茶中加入奶食品和炒米。他们会准备一些便于携带的食物，如奶疙瘩、肉干等，在放牧途中随时食用。这些食物不仅能够提供足够的能量，还便于保存和携带。

2. 饮食结构的调整

为了适应放牧生活的体力消耗，汉族牧民的饮食结构也发生了一些变化。他们开始增加牛羊肉、奶制品等高蛋白、高脂肪食物的摄入，以满足身体的能量需求。同时，他们也会适量摄入一些野菜、水果等用于补充维生素和矿物质，保持身体的健康。

3. 饮食习惯的改变

草原的生活方式还影响了汉族牧民的饮食习惯。在草原上，人们通常会围坐在一起，共同分享食物。这种饮食习惯不仅体现了草原人民的团结和互助精神，也让汉族牧民感受到了草原文化的温暖。此外，草原上的人们还喜欢喝奶茶、吃炒米等传统美食，这些饮食习惯也逐渐被汉族牧民所接受。

（三）人口流动

蒙汉杂居地区的人口流动也促进了饮食文化的交流与融合。汉族牧民通过与蒙古族牧民的交往和互动，逐渐接受了他们的饮食文化和习俗。

1. 饮食文化的交流与融合

蒙古族的烤全羊、手把肉等美食成为汉族牧民餐桌上的常客，而汉族的炒菜、面食等也受到了蒙古族牧民的喜爱。这种饮食文化的交流与融合不仅丰富了双方的饮食选择，也增进了蒙汉民族之间的友谊和团结。具体表现在以下两个方面：①对蒙古族特色食材的接受与运用：蒙古族的传统食材如牛羊肉、奶制品等，逐渐被汉族牧民所接受和喜爱。例如，手把肉原本是蒙古族的特色美食，汉族牧民也开始将其纳入自己的日常饮食中，这不仅是对蒙古族饮食文化的一种认同，更是一种融合。在一些重要的节日或聚会场合，手把肉成为汉族牧民餐桌上的重要菜品，体现了他们对蒙古族饮食文化中这种特色食材的尊重和喜爱。这种对蒙古族食材的接受，既丰富了汉族牧民的饮食选择，又促进了蒙汉之间的文化交流。②特色食材加工方式的借鉴与创新。汉族牧民在接受蒙古族食材的同时，也借鉴了蒙古族的食材加工方式。例如，蒙古族制作奶制品的工艺独特，有奶皮子、奶酪、奶豆腐等多种奶制品。汉族牧民学习了这些制作工艺，并根据自己的口味和需求进行了创新。例如，在制作奶皮子时，汉族牧民可能会在传统的制作方法基础上，加入一些自己喜欢的调料或食材，使其更符合自己的口味。这种对蒙古族食材加工方式的借鉴与创新，既保留了蒙古族饮食文化的特色，又融入了汉族的文化元素，是文化认同与传承的一种体现。

2. 文化认同与传承

蒙古族的烹饪方式以烤、煮、炖为主，这些烹饪手法能够最大程度地保留食材的原汁原味。汉族牧民在与蒙古族长期杂居的过程中，学习了传统的烹饪手法，并将其应用到自己的饮食制作中。例如，烤羊腿是蒙古族的一道经典美食，汉族牧民学会了这种烤制方法后，不仅用于制作烤羊腿，还将其应用到其他肉类的烹饪中，如烤鸡、烤鹅等。这种对蒙古族传统烹饪手法的学习和应用，使汉族牧民的饮食文化更加丰富多样，也体现了他们对蒙古族烹饪文化的认同。通过人口流动，汉族牧民对蒙古族的饮食文化有了更深入的了解和认识，从而增强了对草原文化的认同和传承。他们开始积极参与蒙古族的传统节日和活动，品尝蒙古族的美食，学习蒙古族的语言和习俗。这种文化认同与传承不仅有助于保护和传承草原文化，也为蒙汉民族之间的和谐共处奠定了基础。

3. 创新与发展

人口流动还带来了不同地区的饮食文化和烹饪技巧，为汉族牧民的饮食文化创新与发展提供了动力。例如，一些汉族牧民学习了蒙古族的奶制品制作工艺，并将其与汉族的传统美食相结合，创造出了新的美食。同时，一些外来的厨师也将不同地区的烹饪技巧带到了草原，为汉族牧民带来了更多的美食体验。汉族有着悠久的烹饪历史和丰富的烹饪技艺，如炒、煎、炸等。在蒙汉杂居地区，汉族牧民将自己的烹饪技艺与蒙古族的烹饪方式相结合，创造出了一些新的美食。例如，"荞面合子"就是汉族和蒙古族饮食文化融合的产物。汉族牧民将荞面与蒙古族喜爱的牛羊肉相结合，采用烙制的方式制作出了"荞面合子"，这种美食既保留了荞面的口感，又融入了牛羊肉的香味，深受蒙汉两族人民的喜爱。这种融合创新的烹饪方式，不仅是对汉族和蒙古族饮食文化的传承，更是一种文化的创新和发展。

五、结论

蒙汉杂居地区汉族牧民的饮食文化变迁是多元文化交融的生动体现。通过深入研究这一变迁过程，我们不仅能够更好地理解和欣赏这一地区的饮食文化魅力，还能够为保护和发扬民族特色、推动社会和谐发展提供有益的借鉴和启示。蒙汉杂居地区的文化交流与融合是一个长期而复杂的过程。其中，汉族牧民在与蒙古族及其他民族的互动中，其饮食文化发生了变迁。这种变迁不仅反映了社会生活的变化，也对当地经济发展产生了多方面的影响。

随着与蒙古族及其他民族的交流，汉族牧民的食材选择逐渐丰富。除了传统的汉族食材外，开始引入蒙古族的特色食材，如牛羊肉、奶制品等。这种变化使汉族牧民的饮食更加丰富多样，也促进了不同民族食材的流通和贸易。例如，在内蒙古自治区锡林郭勒盟苏尼特右旗新民社区这样的蒙汉杂居社区，蒙古族与汉族长期相互接触和借鉴，汉族牧民开始食用蒙古族的牛羊肉等食材，而蒙古族也会尝试汉族的一些特色食物。这种食材的交流不仅丰富了双方的饮食，也为当地的食材市场带来了新的需求和活力。

汉族牧民在与蒙古族的交流中，吸收了蒙古族的一些烹饪方式，如烤、煮等。同时，也将汉族的烹饪技巧传授给蒙古族，促进了烹饪方式的融合。这种融合不仅丰富了当地的饮食文化，也为当地的餐饮业发展提供了新的思路和方法。

汉族牧民饮食文化变迁中对牛羊肉、奶制品等蒙古族特色食材的需求增加，直接带动了当地畜牧业的发展。同时，为了满足多样化的饮食需求，农业生产也会相应调整，种植更多适合当地饮食文化的农作物，从而促进农业的发展。例如，在内蒙古区域，随着蒙汉杂居村落的增多，汉族牧民对蒙古族特色食材的需求不断上升。这促使当地牧民加大对牛羊的养殖力度，提高了畜牧业的产量和质量。同时，农业生产也会根据市场需求，种植一些适合与牛羊肉搭配的蔬菜和粮食作物，如土豆、玉米等，促进了农业的多元化发展。

烹饪方式的融合和饮食文化的多样化为当地餐饮业带来了新的机遇。特色美食的推出吸引了更多的游客和消费者，促进了餐饮业的发展，增加了就业机会和经济收入。以巴彦淖尔市临河区为例，在乡村振兴背景下，蒙汉杂居地区积极发展当地特色餐饮业。通过挖掘和整合汉族与蒙古族的美食文化，推出了一系列具有地方特色的菜肴，吸引了众多游客前来品尝。这不仅带动了当地餐饮业的繁荣，还为当地居民提供了更多的就业机会，促进了经济的发展。

饮食文化变迁还会带动与食品加工、物流运输、旅游等相关产业的发展。例如，特色食材的加工和销售需要食品加工企业的参与，食材的运输需要物流企业的支持，而美食旅游的兴起则会促进当地旅游业的发展。在内蒙古地区，随着蒙汉杂居地区饮食文化的不断融合和发展，一些食品加工企业开始注重开发具有地方特色的食品，如牛肉干、奶制品等。这些产品不仅在当地销售，还通过物流运输销往全国各地，带动了食品加工和物流运输业的发展。同时，美食旅游也成为当地旅游业的一大亮点，吸引了众多游客前来体验蒙汉杂居地区的独特饮食文化，促进了旅游业的发展。

蒙汉杂居地区汉族牧民饮食文化的变迁对当地经济发展产生了积极的影响。通过食材选择的多样化和烹饪方式的融合，促进了农业和畜牧业的发展，推动了餐饮业的繁荣，带动了相关产业的发展。在未来的发展中，应进一步挖掘和整合蒙汉杂居地区的饮食文化资源，推动当地经济的可持续发展。

综上所述，内蒙古地区的汉族移民历史是一部多民族交融、共同发展的历史。不同历史时期的移民活动对内蒙古地区的社会经济、文化生态等方面产生了深远影响。

附　录

一、访谈资料

被访者 1

访谈时间：2024 年 5 月 3 日

访谈对象：刘某

性别：男

从事职业：牧民

访谈内容：

1. 您是本地人吗？

祖籍是集宁的，现在是哈达乌苏行政村的，2002 年移居到新民村。

2. 新民村是跟移民相关吗？

对，2015 年建成了幸福苑，是为了附近五个村子 120 户 70 岁以上的低保户养老建的。这附近的很多牧民都是以前从山西和河北逃荒来的。

3. 您现在以什么为生？

现在种点地，也放牧。种地收成不好，天太旱了没办法。

4. 在肉类选择上您会选择什么肉？

主要还是牛羊肉，主要是自家养的。

5. 您对奶食品接受程度怎么样？

挺好的，早上要放牧时间太赶了，就会喝奶茶，泡上炒米、奶酪、饼子，再放点肉，一碗下去能顶到下午。

6. 在您记忆中家里的饮食有变化吗？怎么变的？

也变了吧，那时太小了，记得不是特别清楚，很小的时候，我们不像现在这样吃肉，也不会泡奶茶喝，后来没办法嘛，早上没时间做饭，牧区活重不吃肉顶不住呀。

被访者 2

访谈时间：2024 年 5 月 3 日

访谈对象：白某

性别：男

民族：蒙古族

从事职业：牧民

访谈内容：

1. 您祖籍是这儿的吗？

不是，我爷爷是阳高的，1918 年水灌山西时逃荒出来的，那时发大水，把家里的地呀、房子呀都给冲走了，啥也没剩下，我爷爷只能跟着人逃荒，往北边逃，先去了包头，但是那边人太多了，没有地，后来就听说来这边给分地，就来这边了。

2. 您现在是放牧还是种地？

现在啥也不干了，老了，我年轻时也种地，也放羊。不放羊不行呀，来了这边才发现就是靠天吃饭，十年九旱，雨水多的那一年亩产只有 300 多斤，雨水正常的亩产也不超过 100 斤。

3. 在肉类选择上您会选择什么肉？

现在习惯了吃牛羊肉，在内蒙古最好吃的绵羊肉就是我们西苏的，我们自己肯定也是吃牛羊肉比较多嘛。

4. 您对奶食品接受程度怎么样？

还行啦，我喜欢吃自家做的，现在做不动了，就去牧民家里买，这种新鲜的泡茶才好吃，城里卖的包装好看但不好吃。

5. 您家里吃内蒙古特有的调料吗？就像胡麻油这类的。

别的调料我不清楚，胡麻油是吃的，拌凉菜时加一点进去，那个味道还挺好吃的。

6. 在您记忆中家里的饮食有变化吗？怎么变的？

是变化了，我们以前在山西是种小麦的，吃的是面食。来这以后，天不下雨，井里也没水，地根本浇不上，小麦就长不出来，这边风还大，能长出东西的就那么薄薄的一层土，风一刮就给刮走了。我们就改种莜麦、黍子、谷子。但就靠地里这点出产也吃不饱呀，牧区一些牧民就用肉跟我们换谷物，有的牧民家里有马群，我们也去给人家当马倌，能填饱肚子就行。这慢慢就开始吃牛羊肉了，也学着吃奶食品。

被访者 3

访谈时间：2024 年 5 月 3 日

访谈对象：刘某

性别：女

从事职业：牧民

访谈内容：

1. 您祖籍是这儿的吗？

不是，我以前是尚义的，后来跟家里人迁到商都了，我老伴祖上也是阳高的。我们是 1994 年搬到赛罕的，1997 年就落户到这来了。

2. 那您现在是放牧还是种地？

以前放牧，现在干不动了，我有心脏病，前两年才搭了桥，老伴也动不了了，现在躺在床上。但是我们老两口有养老金，村里还给办了低保，每个月过的生活还可以。

3. 在肉类选择上您会选择什么肉？

吃牛羊肉，都习惯了。

4. 您对奶食品接受程度怎么样？

我还挺喜欢吃的，就是医生说不让多吃，我这岁数大了，三高都有。

5. 您家里吃内蒙古特有的调料吗？像胡麻油这类的。

吃呀，咱们这也有种胡麻的，医生说胡麻油对身体好，我们家现在拌凉菜都是用胡麻油，我有时还去草场上找沙葱，找回来凉拌，包到饺子里也好吃。

6. 在您记忆中家里的饮食有变化吗？怎么变的？

特别明显就是来这一段时间后，慢慢和牧民熟起来了，我们就开始换东西吃，他们出去买东西不方便，我们又有一点地，种点黍子，土豆，就跟他们换肉吃。也是来了这儿以后才知道还有沙葱野菜，第一次吃了，味道还可以，后来就去草场上找，现在找不了了，就直接从朱日和买。

被访者 4

访谈时间：2024 年 7 月 5 日

访谈对象：吕某

性别：男

民族：汉族

从事职业：牧民

访谈内容：

1. 您祖籍是这儿的吗？

不是，我们祖辈是从沂蒙那边过来的。我们老家那边山多，能种的地少，我们就向北走，就来到了这儿。

2. 您现在是放牧还是种地？

放牧呀，这边的地离黄河近一点才能长出庄稼，我们这边一点也长不出来，放牧还好一点，比种地收成好。

3. 您现在大多吃什么肉？

肯定是牛羊肉呀，不过我们也吃猪肉，吃得不多。

4. 您对奶食品接受程度怎么样？

也没啥接受不接受的，牧区的活重，时间又赶，早上就喝个茶，不吃点奶食品不行。不过，我们家邻居都是蒙古族，他们来做客时肯定得给人家准备茶和奶食品。我们慢慢也就这么吃。

5. 您家里吃内蒙古特有的调料吗？像胡麻油这类的。

吃，我们不仅吃胡麻油，还吃苏子饼，有种独特的味道，我挺喜欢吃的。

6. 在您记忆中家里的饮食有变化吗？怎么变的？

变了，以前活没这么重，不会这么频繁地吃肉，到这边以后吃肉就多了，吃肉有劲。

二、调研照片

附图 8-1　巴盟临河区骋鹰涂料厂
资料来源：2024 年 7 月 12 日笔者摄。

附图 8-2　巴盟临河区临铁村羊圈
资料来源：2024 年 7 月 15 日笔者摄。

附图 8-3　牧户家午餐
资料来源：2024 年 7 月 1 日笔者摄。

附图 8-4　黄河景观
资料来源：2024 年 7 月 3 日笔者摄。

第九章

传统技艺类非物质文化遗产传承
与保护调研报告

郝启华[*]

【内容摘要】非物质文化遗产是人类文明的结晶和共同的宝贵财富，承载着人类的智慧。保护和发展是非遗传承的重要路径，在传承保护的基础上进一步创新发展需要长期的努力。本章采用实地观察、半结构访谈以及二手资料分析法，系统地分析了东达山面塑的历史渊源、文化内涵、传承现状以及未来发展方向。通过实地走访传承人、收集资料、观察东达沟村活动等方式，了解东达山非遗艺术区发展情况。地方性知识是一种认识、理解和保护非物质文化遗产的视角和方法。本章从地方性知识的视角出发研究东达山面塑手工艺的传承保护机制以及未来创新发展路径。通过对面塑地方性知识的外化、转移、重构，理解面塑在传承保护过程中做出的努力，从宣传到体验构建一套保护体系，从而增强大众对非遗文化的保护意识。不同多元主体社会资源介入非遗面塑的保护，不仅增加面塑的影响范围，更增加面塑的社会和经济价值。通过这些做法，不仅可以保护和传承这一珍贵的非物质文化遗产，也可以让更多人了解和欣赏面塑的独特魅力。

【关键词】非物质文化遗产；面塑；地方性知识；传承保护

一、引言

　　非物质文化遗产是文化保护的对象之一，也是文化传承的重要载体。近年来，习近平总书记多次强调要处理好继承和创造性发展的关系，重点做好创造性转化和创新性发展。非物质文化遗产是"民族记忆的背影"，是地域的灵魂是中华民族最重要的文化灵魂。中华民族丰富的文化技艺，几千年来被世代传承。如果没有文化传承，这些传统文化技艺可能如断线风筝一般消失得无影无踪，成为文化记忆中模糊的背影。每一分钟，我们的田野里、山坳里都有一些传统文化技

---

　　* 郝启华，内蒙古大学 2023 级民族社会学专业硕士研究生。

艺消失，它们消失得无声无息，好似从未出现。当抢救某种文化技艺的话题被提起，可能已经预示着该文化技艺的消亡。保护非物质文化遗产对于我们来说极其重要，保护非物质文化遗产，就是保护民族的前世和今生，就是保护我们民族文化之根脉。非物质文化研究起步于人类学和民俗学研究，其核心表现是地域文化的生活活力。非物质文化是以人、社区为载体，与当地历史文化紧密相关，不可移植，具有强烈的地域文化特征。因为非物质文化根植于地域文化特征，其核心在于文化与精神的价值传递。推动非物质文化与旅游的融合发展，为旅游业向深层次文化体验和传播提供了方向。非物质文化遗产对于传承人和传承者而言，为相关社区和社会团体提供了认同感和地方感。非物质文化遗产不仅是文化资源，更是一种经济资源，非物质文化遗产的传承对社会经济结构优化有着重要的积极作用。保护和传承对于非物质文化遗产具有重要的研究意义，从传承到发展需要时间的沉淀。非物质文化遗产保护应该是一个综合性工作，它不仅需要关注传统文化的保存，还要重视文化共同体的建构，以及如何在全球化和现代化背景下，实现民族地区非物质文化遗产的可持续发展和社会记忆的有效传承。

面塑艺术的起源与发展与中国饮食文化密切相关，起源于清朝末年，脱胎于黄河文化。简单地说，面塑就是用面粉加彩后，捏成的各种小型人物与事物。面塑材料主要为可食用的米粉或面粉，这反映了中国自古以来的饮食文化。最初，面塑的发展受到地理环境的影响，例如，河套地区得天独厚的地理环境为面塑的产生创造了条件，内蒙古地区的农耕文化和游牧文化的交融造就了面塑艺术深厚的历史底蕴，使它与民俗文化相结合，丰富了传统手工艺的发展。在河套地区面塑又被称为"花馍"，是内蒙古中西部地区传统文化的重要组成部分。这些遗产是民族交往交流交融的历史见证，对传承和弘扬中华文化具有重要的现实意义。从捏制风格来说，黄河流域古朴、粗犷、豪放、深厚；长江流域却是细致、优美、精巧。面塑上手快，只需掌握"一印、二捏、三镶、四滚"等技法，但要做到形神兼备却并非易事。面塑的核心技术是发面，只要掌握好发面技术，按照式样、步骤进行捏制，一个鲜活的面塑形象就将呈现出来。

此次实地调查以非参与式观察法、半结构访谈法以及二手资料分析法开展调研活动。对包头市东达沟村进行实地研究，对生活在东达沟村的村民、非遗面塑传承人以及外来艺术家等进行半结构式访谈，深入了解面塑艺术的保护传承，以对其保护和创新机制进行全面的剖析。对面塑传承人进行深度的访谈，了解面塑在内蒙古地区的发展和传播历程，此外开展历时性和过程性研究，有利于深入挖掘面塑未来的创新发展。最终归纳面塑地方性知识的动态演变，得出面塑传统手工艺的创新发展机制。此次调研活动走访了包头市博物馆、美术馆以及东达山非遗集合地，包括鹿文化艺术馆、长城研学基地等。访谈对象以充分了解研究问题为目标，访谈东达沟村手工面塑的多方主体，包括店主、外来艺术工、非遗传承人、工艺美术大师等。访谈围绕受访者的手工知识结构、创作过程、从业经历以及在东达沟村的创作经历等展开。向面塑手艺人了解，他们在面塑制作和保护过程中遇到的问题和困难以及解决方法。关注传承人的生活状况、传承动机、面临的困难以及保护需求，通过对传承人的保护研究，更有助于非遗的传承和发展。

二、文献综述

（一）非物质文化遗产相关文献

非物质文化遗产也称为无形文化财。现在学术界公认的非物质文化遗产定义来自联合国教科文组织。1989 年 11 月联合国教科文组织在巴黎第 25 届大会上通过了《保护民间创作建议案》。建议案指出"承认民间创作之传统形式的极端不稳定性，特别是口头传说之诸方面的不稳定性以及这些方面有可能消失的危险"。[①]联合国教科文组织 1997 年 11 月第 29 次全体会议上通过一项关于建立国际鉴别的决议，这个决议称为："联合国教科文组织宣布人类口头遗产优秀作品"。联合国教科文组织执委会第 154 次会议指出，由于"口头遗产"和"非物质遗产"是不可分的，因此在以后的鉴别中，在"口头遗产"的后面加上"非物质"的限定。1998 年 11 月教科文组织第 155 届执行局会议通过《联合国教科文组织宣布人类口头和非物质文化遗产代表作条例》，明确了"口头及非物质遗产"的定义。2003 年 10 月 17 日，联合国教科文组织在巴黎举行的第 32 届会议上通过了《保护非物质文化遗产公约》（*Convention for the Safeguarding of the Intangible Cultural Heritage*），确定了"非物质文化遗产定义"。

2003 年 10 月，联合国教科文组织通过《保护非物质文化遗产公约》（以下简称《公约》）。《公约》明确提出世界遗产由"自然遗产""文化遗产""非物质文化遗产"三部分组成。"非物质文化遗产"是"被各社区、群体、个人视为其文化遗产的各种实践、展现、表达、知识和技能以及与之相关的工具、实物、手工制品和文化空间；各社区、各群体为适应他们所处的环境，为应对他们与自然

---

①   UNESCO.Recommendation on the Safeguarding of Traditional Cultural and Folklore［EB/OL］.（1989-11-15）［2024-07-12］.https://www.unesco.org/en/legal-affairs/recommendation-safeguarding-traditional-culture-and-folklore.

和历史的互动，不断使这种代代相传的非物质文化遗产得到创新，同时也为他们自己提供了一种认同感和历史感，由此促进了文化的多样性和人类的创造力"。同时"来自某一文化社区的全部创作，这些创作以传统为根据，由某一群体或者个体所表达，并认为符合社区期望的作为文化和社会特性的表达形式：其准则和价值通过模仿或其他方式口头相传"。[①] 非物质文化遗产表现形式在以下方面：口头传说和表述，作为非物质文化遗产媒介的语言，民间文学和民族语言；表演艺术，包括音乐、舞蹈、戏剧、曲艺、杂技和竞技等；社会风俗、礼仪、节庆，包括伦理道德、婚姻家庭、社交礼俗、人生礼仪、岁时礼仪和节日等；有关自然界和宇宙的知识和实践，包括民间的天文、历法、医药和民间信仰等；传统的手工艺技能，包括雕刻、绘画、刺绣、编织、剪纸、油漆和染色等。

2011 年，国家颁布了《中华人民共和国非物质文化遗产法》。其定义非物质文化遗产是指"各族人民世代相传并视为文化遗产组成部分的各种传统文化表现形式，以及与传统文化表现形式相关的实物和场所"。其中包括了传统口头文学及其语言，传统美术、书法、音乐、舞蹈、戏剧、曲艺和杂技，传统技艺、医药和历法，传统礼仪和节庆，传统体育和游艺等。[②] 目前研究主要体现在以下三个方面：

第一，历时性研究。历时性研究不仅提供了非物质文化遗产研究的文献资料，还折射出社会发展阶段主导性的文化理念。Janet Blake 区分了文化遗产与文化财产两者的概念，界定了文化遗产、文化遗产本质、文化意识与文化权利等四个方面定义。他为非物质文化遗产创作提供了一个历史性、渐变性与关系性的立体型概念体系。Dawson Munjeri 扩展了非物质文化遗产的定义范围。他基于物质的真实性、手工的真实性、设计的真实性、环境的真实性等方面的狭窄定义，逐渐将非物质文化遗产定义扩大到传统、技艺、精神、感情、历史与社会等方面的维度。Lourdes Arizpe 在《非物质文化遗产：多样性与一致性》一文中评论影响非物质文化遗产保护标准的因素，审视非物质文化遗产概念的演化。

第二，建议性研究。建议性研究涉及非物质文化遗产保护实施、知识产权、文化权利等方面主题。Gorges Condominas 以口述文化与书写文化的为例，阐述了保护非物质文化遗产的目的、困难、重要性和研究者所应具备的研究意识、方法与技巧。Wend Wendland 论证了知识产权保护的意义、知识产权保护与文化遗产

① UNESCO.Convention for the Safeguarding of the Intangible Cultural Heritage［EB/OL］.（2003−10−17）［2024−07−12］.https://atom.archives.unesco.org/recommendation−on−safeguarding−of−traditional−culture−and−folklore.

② 中华人民共和国非物质文化遗产法［EB/OL］.（2011−02−25）［2024−07−12］.https://zwgk.mct.gov.cn/zfxxgkml/zcfg/fl/202012/t20201214_919523.html.

保护的关系、传统文化表达与知识产权的关系面临的问题、目前知识产权组织运作的结果等五个方面的内容。Rex Nettleford 面对非物质文化遗产迁移现象，分析了在迁移中造成的遗产流失和衰亡的现象。建议性研究立足非物质文化遗产保护和传承有效性与可行性的思路，试图完善非物质文化遗产保护体系框架。

第三，反思性研究。反思性研究阐述了非物质文化遗产遭遇的实施障碍与效度问题。Richard Kurin 从非物质文化遗产内容、历史背景、公约框架和职责与义务等方面讨论非物质文化遗产公约的缺陷、执行障碍以及条件充分性的问题。Susan keitumetse 发表《联合国教科文组织 2003 保护非物质文化遗产公约：非洲遗产管理方法的实用含义》，分析了有形文化遗产与无形文化遗产概念在实行中的分离以及两者领域的分隔削减了非物质文化遗产保护实践的有效性。

（二）传统手工艺相关文献

传统手工艺作为重要的非物质文化遗产，其学术界研究专注技艺的坚守和流变。生产性保护的同时，文化部强调将文化资源转化为文化产品[1]，为非遗传承提供经济动力（吴文浩和王永桂，2015）。[2] 同时，非遗研究由对文化遗产的本真性的社会价值转向挖掘消费者的交换价值（吴兴帜和罗沁仪，2015），[3] 手工艺的生活方式和审美成为研究的关键（廖勇等，2021；郭寅曼等，2021）。[4][5]

学术界从不同角度解释传统手工艺的保护机制。目前有三种取向：①强调手工艺者是保护和传承的主体。手工艺者的身份认同是传承文化的主体。当今传统手工艺者兼具匠人和商人的身份。他们突破传统技艺题材和样式，更加开放进行现代创造（孙发成，2015）。[6] 手工艺者根据社会情景进行身份转化，消费和生产的互动循环是文化传承与创新的动力机制。②手工艺的传承是社会互动的结果。一方面，传承关系带动了新想法的产生、接受与创造性转化，推动了传统技

① 文化部.关于推动文化文物单位文化创意产品开发的若干意见［EB/OL］（2016-05-11）［2024-07-12］. https://www.gov.cn/zhengce/content/2016-05/16/content_5073722.htm.

② 吴文浩，王永桂.文化资本视角下民族传统手工技艺生产性保护［J］.贵州民族研究,2015,36（7）: 37-40.

③ 吴兴帜，罗沁仪.手工艺遗产保护传承研究：回顾与思考［J］云南师范大学学报（哲学社会科学版），2015, 47（1）: 56-62.

④ 廖勇，刘怡，李庆芳.传统手工艺创新——共创视野下传统工匠与时尚设计师的合作机制研究［J］装饰, 2021, 335（3）: 120-123.

⑤ 郭寅曼，季铁，闵晓蕾.非遗手工艺的文化创新生态与设计参与价值［J］.装饰, 2021, 337（5）: 102-105.

⑥ 孙发成.当代语境下民间手工艺人的身份转向与群体特征［J］.民族艺术, 2015, 123（2）: 61-65.

术的发展（潘安成和常玉凡，2023）。① 另一方面，传承与创新可以通过手工艺人与设计师合作促成。在文化合作中，文化认同促进双方互信，权利分享促进知识分享，"展示"实践获取市场认同（廖勇等，2021）。② 设计师作为"知识中间人"为手工艺人应对挑战提供帮助。③传承与保护依赖文化生态，非遗生产形成了以社区与本真性为核心的手工生产生态、以产值与大众化为驱动的工业转化生态、以个性与技术融合为目标的数字智能生态三种类型（郭寅曼等，2021）。③

　　当今，传统手工艺非遗实践受到不同层面多元主体的共同作用，形成地方与不同尺度的外部建立开放性与动态性联系的跨地方聚合（魏雷和朱竑，2022）。④ 然而，既有传统手工艺保护与创新研究鲜少聚焦地方转型影响下传统手工艺知识与地方的互动与流变（钟迪茜等，2023）。⑤

（三）地方性知识相关文献

　　想要创新关键在于将地方性知识进行转化和转移⑥⑦⑧，地方性知识视角有利于传统手工艺的创新发展。手工艺人在实践过程中会遇到很多难以言传的技巧、经验和内涵表达，同时随着现代科技的进步受到了情境性等因素的影响，地方性知识的转移在创新过程中是关键的一步。传统手工艺根植于地方性知识（陶伟等，2020），⑨ 与其密不可分。地方性知识强调"地方性"和"局域性"，不是指任何特定的、具有地方特征的知识，是由特定的历史条件所形成的文化和亚文化群体的价值观，由特定的利益关系所决定立场和视域等。格尔茨在《地方性知识》

　　①　潘安成，常玉凡，曹耀."父子有亲"文化背景下中国传统技艺传承性创新的动力机制研究［J/OL］.南开管理评论，2023：1–16.［2023–01–13］.http://kns.cnki.net/kcms/detail/12.1288.F.20220623.1435.004.html.

　　②　廖勇，刘怡，李庆芳.传统手工艺创新——共创视野下传统工匠与时尚设计师的合作机制研究［J］.装饰，2021，335（3）：120–123.

　　③　郭寅曼，季铁，闵晓蕾.非遗手工艺的文化创新生态与设计参与价值［J］.装饰，2021，337（5）：102–105.

　　④　魏雷，朱竑.地理学视角下非物质文化遗产的跨地方实践［J］.地理学报，2022，77（2）：492–504.

　　⑤　钟迪茜，卢颖，罗秋菊，从陶瓷生产中心到文化创意旅游地：知识视角下的景德镇传统手工艺当代复兴与创新［J/OL］.旅游学刊.https://doi.org/10.19765/j.cnki.1002–5006.2023.00.032.

　　⑥　Richards G. Tourism and the world of culture and heritage［J］.Tourism Recreation Research，2000，25（1）：9–17.

　　⑦　Ara E，Tucker H，COETZEEWJ.Handicrafts–enacted: Non–human agency and tourism realities［J］.Journal of Hospitality and Tourism Management，2022（50）：345–354.

　　⑧　Nonaka I. A dynamic theory of organizational knowledge creation［J］.Organization science，1994，5（1）：14–37.

　　⑨　陶伟，蔡浩辉，高雨欣等.身体地理学视角下非物质文化遗产的传承与实践［J］.地理学报，2020，75（10）：2256–2268.

中提及，世界上不同地方所呈现出的艺术和文化的多样性，反映了人们认知的多样性，而概念的多样性才是文化多样性背后的本质（朗雅娟，2020）。[1][2] 地方性知识大多是非正式的、个人的、隐性的，通过实践经验总结并以心口相授等方式代代相传（刘相军等，2021）。[3] 地方性知识是对科学知识的补充，它凝结了地方的经验和智慧，对于地方的可持续发展发挥了重要作用，如开发商业区和旅游区、进行农业生产等。

知识是动态和流动的，受到地方情景、空间、环境的相互作用影响。对此在进行面塑手工艺传承和保护时，要考虑其知识在转移过程中的多重影响因素，关注地方性要素对传统手工艺生产与转移的影响。在其进行创新的过程中也要考虑知识多元化和偶然性促进信息的溢出，地理聚焦更容易形成地方性知识转移的创新场域。[4]Bathelt 和 Schuldt 描绘这类场域为统一区域内人与企业面对面交流产生的一种信息与交流的社会生态。[5]

三、研究地概况

东达山位于内蒙古包头市青山区兴胜镇东达沟村东北部，占地面积 8 万亩，距离市政府 15 公里，是青山区着力打造的市民"周末休闲第一村"，由西边墙、东达沟、福合当三个村组成。东达山面塑手工艺是由"走西口"带来的移民文化，后来结合当地特色发展成为包头市的非物质文化遗产。东达沟人祖祖辈辈守护着这片大青山冲积扇，在这里繁衍生息。非遗文化的进入，带动了东达沟村的发展，非遗艺术区与非遗研学基地的建立体现了非遗传承保护的创新路径。

东达山作为河套平原面塑文化的聚集地，吸引了大量本地非遗技艺手艺人和外来艺术家。从剪纸、刺绣、印染、农民画到面塑，既有传统气息又有当代艺术语言。虽然东达山非遗艺术区成立时间比较短，但其具有的地方性知识的承载属性，确保了非遗文化在这里传承和不断发展。

地方文化。东达山艺术区是不同非遗文化的聚集地，游客在这里可以体验到

① 朗雅娟.地方性知识的产生与阐释——以侗族歌谣分类研究为例［J］.民族文学研究.2020，38（5）：117-122.

② 格尔茨.地方知识［M］.北京：商务印书馆，2016.

③ 刘相军，张士琴，孙九霞.地方性知识对民族旅游村寨自然环境的治理实践［J］.旅游学刊，2021，36（7）：27-42.

④ Storper M，Venables A J. Buzz: The economic force of the city［C］//DRUID Summer Conference，2002.

⑤ Bathelt H，Schuldt N. International trade fairs and global buzz，Part I: Ecology of global buzz［J］.European Planning Studies，2010，18（12）：1957-1974.

剪纸、面塑、葫芦烙画等民俗活动，这些活动不仅展示了当地独特的非遗文化，还让游客近距离感受到非遗文化的魅力。此外，东达山艺术区还引进了扎染、皮雕等传统手工艺，进一步丰富了非遗文化内容。多样的非遗文化为发展地方文化提供了优良的发展条件，在众多非遗文化中，面塑艺术逐渐发展成为东达山优先发展的非遗项目。

专门的面塑工作室。东达山有专门的面塑工作室，供游客参观和学习（见图9–1）。面塑讲求发面和塑性，要将制作好的面保持蒸后不变形是一件需要长期实践的过程。从和面到上色每一步都有精确的要求，不同的制品也有不同的要求。将面捏出大致形状后进行细节的调整，在入蒸锅前，需要静置一段时间，为的是其形状不变形。不同的面塑添加的成分也不一样。如要长期保存需添加一些防腐剂，制作完成后，放到通风阴凉处，防止其发霉；如为自己食用，则无须添加防腐剂，形状没有很高的要求，但要保障味道香甜可口。不同地区的面塑颜色和做法也有不同的特点，包头地区的面塑造型简单，多为食用色素点上红点、绿点做装饰。

图9–1　面塑工作室

资料来源：2024年7月12日笔者摄。

东达山作为包头第一个面塑传承的承载地，不仅有传承人专业的助阵，更是包头地方性知识集合地。在其转变成为东达山文化创意旅游区的过程中，面塑的地方性知识如何被激活、被改变，从而实现面塑手工艺的传承和创新，是具有典型意义的。

四、面塑手工艺保护历程

（一）面塑制品展览

随着对面塑工艺的发掘和重视，包头市博物馆对面塑手工艺品进行了展示，向市民们宣传独特的非物质文化遗产之美。在 2017 年《鹿城往事：包头民俗文化展》中，第二个单元陈列了特色的大花馍馍面塑；在第四十七个国际博物馆日，包头市博物馆也展览了丰富多样的面塑手工艺制品；特定时期博物馆也会对面塑进行专门展览陈列。东达沟村也会在端午节前后举办面塑艺术节，进行面塑的培训、展示、比赛。面塑制品在博物馆的展出、举办艺术节等，正是体现了地方性知识外化的过程。

博物馆、东达山艺术区美术陈列馆是面塑文化传播的重要载体（见图 9-2）。青山区艺术作品大赛主题作品展——印象青山艺见东达，将不同的面塑展品陈列出来供游客参观。东达山艺术区美术陈列馆始建于 2015 年，馆内陈列着来自世界各地的民间传统艺术品和工艺品。面塑被置于一个具有包头本土特色装修风格的区域内，是面塑和包头特色的巧妙融合。在这里可以看到春节花馍、枣山、清明节寒燕燕、百岁面锁、生日花糕、龙凤呈祥等造型的面塑。在包头市博物馆民俗文化展厅也可以看到面塑的身影，各种面塑异彩纷呈，栩栩如生。虽然其展示内容较少，但我们依旧能够欣赏到各色各类的面塑制品以及感受到其传递的精神内核。面塑展览主要以实体形式呈现，配合简单明了的文字说明，让参观者可以一眼明白其丰富的内涵。这是地方性知识显性化的过程，从侧面折射出包头地区的人文风貌和绚烂的文化。

图 9-2　美术陈列馆陈列作品

资料来源：2024 年 7 月 12 日笔者摄。

此外，围绕非遗文化的旅游景区也在近几年建成。越来越多的游客前来体验非遗面塑的制作，也有很多学生参加研学活动学习面塑课程。政府的党日活动或公司团建都将东达山作为文化体验的首选，不仅带动了当地的经济发展，更提高了大家对非遗保护的意识。在旅游区内，节日前后会开展面塑文化节，面塑培训大赛等。各种文化活动是面塑技艺外化传播的重要平台。在这些活动中，面塑作品作为具有浓厚地方特色的文化符号被广泛展示和传播，吸引了众多游客和观众的关注和喜爱。政府也越来越重视面塑文化活动，各级政府部门采取多种措施加强对面塑手工艺的保护和传承工作，为其外化传播提供了强有力的政策支持。现代媒体的发展也为面塑手工艺的传播提供了更加广阔的空间，通过电影、社交媒体等渠道展示面塑作品，让更多人了解和认识面塑，从而不仅在包头地区具有影响力，推动其在全国乃至全球范围内的传播与影响。

博物馆和旅游区通过实物参观、影像、图片、文字等方式，将东达山不同类型的面塑制品制作过程转译，供游客观察、体验和学习了解，这是一个地方性知识外化的过程。让更多的游客了解面塑手工艺，面塑也在这个过程中得到了极大的传播。

（二）面塑技能培训

东达山作为非遗文化的承载地，聚集了大量优秀的非遗手艺人和非遗产品，吸引游客和外来艺术家的前往。2017年，面塑传承人来到东达山艺术区，扩展了面塑手工艺推广的范围，让更多人了解面塑、学习面塑，自此东达山成为以非遗文化为中心的文化创意旅游地和非遗项目承载地。

"面塑文化节"固定在端午节前后举办，通常在端午节前对参加文化节的人员进行一定的培训，在端午节活动期间对制作的面塑成品进行展出。活动参与人员多为具有一定面塑手艺的普通老百姓，还有一些面塑爱好者也会参与其中。面塑课程的培训目的是将这项非遗手工艺进行传承，并将其保留在大众的日常生活中。面塑这项手艺有一部分的隐性知识，需要传承人和学习者长时间学习和模仿，最终做出具有个人特色的面塑制品。2017~2022年由包头市青山区主办的文化节在2023~2024年已变为包头市主办，这体现了政府对于非遗项目的重视，使得面塑被更多人熟知。东达沟村的面塑艺术是该村的文化艺术招牌。以2023年为例，东达沟村举办了包头市妇女手工艺作品大赛成果展、面塑精品展以及非物质文化遗产项目展、艺术交流讲座、民俗项目体验等活动。在活动期间，该村直接或间接拉动村集体经济消费50万元，各类艺术品意向销售和实际销售额近

100 万元。①

目前，东达山面塑传承人非常稀少，因面塑完全为手工制作，无法满足大规模的展出或出售，如果想要定做特殊的面塑制品需要提前预订。面对面塑的供小于求的现状，对地方性知识进行转移能够更好地解决这一问题。在转移中需要考虑地域性和活态流变性，在保障大量生产下，注重面塑文化内涵的流传。其具有的"生生不息"的意识，是民族文化之根，体现了普遍性和特殊性、全球性和地方性的内在张力（黄胜进，2006）。②

东达山非遗文化、艺术氛围和行业资源浓厚，吸引了大批外来艺术家和非遗传承人的到来。艺术家们带来了现代的艺术元素、国内外艺术理论知识，同时制作了贴近日常生活的成品，更符合当代人对于艺术的追求和审美。此外，东达山还吸引了其他艺术创作的艺术家移民，如土塑、雕刻等，他们将自身的技艺同包头本地特色结合起来，同面塑制品结合起来，形成新的艺术形式。但随着时代的进步发展，包头地区的面塑所代表的符号含义也在逐渐减少，大多为节日和典礼所制作。在传承的过程中，其功能也在不断变换，在符合现代需求的情况下，需要更多的传承人，将地方性知识进行转移，不仅传承技艺，更将面塑工艺和其他文化制品相结合，吸引更多人观赏和学习，实现文化和经济双收益。

"面塑最早的功能是用来祭祀，在黄河流域的山西、陕西一带，面塑是祈求平安和丰收的。内蒙古地区的面塑是当时'走西口'传进来的，一开始制作面塑还有一些祭拜的含义在其中。但是，现在的面塑都回归日常生活，它的功能发生了转变。但作为一种经典的流传，还是保留了一些过年过节的习俗的。像我们过端午节、中秋节、大年三十都会蒸一些相关的面塑。这样简单的制作方法更能吸引人们学习，像以前专门去做面塑就比较烦琐，现在贴近我们的生活，在蒸馒头的时候就能顺手蒸几个（面塑），既美观又有一定的节日含义，大家也愿意学习，我们的面塑技艺也能传承下去。"（面塑传承人）③

将地方性知识通过文化节和培训的方式转移到普通人的日常生活中，不仅是对面塑手工艺的传承更是对于文化内核的传承。是我们对于节日庆典表达祝福的一种方式，是在面塑文化圈影响下生活的普通人对于美好生活的追求。其所形成的文化土壤吸引更多艺术家和非遗传承人的学习，也夯实了对传统文化的认

① 山脚下有个东达沟艺术村［EB/OL］.（2018-09-01）［2024-07-29］. https://inews.nmgnews.com.cn/system/2018/08/31/012560607.shtml.

② 黄胜进. 作为"地方性知识"的非物质文化遗产之文化价值探微［J］. 天府新论，2006（6）：108-110.

③ 访谈对象：邢某；访谈时间：2024 年 7 月 13 日；访谈地点：包头市东达山艺术区。

知。东达山作为非遗艺术旅游区，承载地方性知识的转移，文化创意旅游得到发展。

面塑不仅满足礼俗生活，也是日常生活的艺术表达，不同面塑种类及其表达的意涵不同（见表9-1）。

表9-1 面塑类型及含义

类型	造型	内涵	用途
植物	石榴	民族团结	展览
	佛手瓜	祝福之意	多种庆典
	向日葵	追逐光明、朝气蓬勃	考学、有学子的场合
	白菜	发财	赠送亲朋好友
	葫芦	"福禄"之意	祝寿、送长辈
	荷花	观赏	中秋节
动物	寒燕燕	对风调雨顺和美好生活的期盼	寒食节
	五毒（蝎子、蛇、壁虎、蜈蚣、蟾蜍）	避五毒	端午节
人物	爬娃娃	玩具	长辈送给孩子的零食和玩具
事物	连年有余（莲花和鱼）	年年有余	结婚等祝福场合
	诸事如意（猪、柿子、如意）	心想事成、万事如意	祝福场合
	五福捧寿（五只蝙蝠围绕寿桃）	五蝠代表五福	祝福长辈长寿
	如意	心愿顺遂	祝福场合
	枣山	二十八把面发，二十九蒸馒头的传统习俗	庆祝春节
	满月	孩子平安健康	摆满月酒席
	面锁	孩子身体健康	孩子出生一百天时
	圆锁	孩子平安长大，可以自由翱翔去广阔天地	孩子十二岁时举行开锁仪式

资料来源：面塑——包头市青山区"非遗进校园"优秀案例集萃。

（三）面塑走进课堂

学校教育被视为传承非遗的重要途径，目前已在全国 1484 所中小学建设中华优秀文化艺术传承学校，各级非遗项目占比近 55%，中小学展演活动参与率达 85%，非遗进校园活动逐渐常态化和规范化。[①]2021 年，中办、国办印发《关于进一步加强非物质文化遗产保护工作的意见》，进一步明确提出将非遗融入国民教育体系，鼓励非遗进校园。[②] 非遗想要达到"活态化"的传承目标，教育传承成为当下非遗传播与传承的重要方式之一。学校拥有丰富的教学资源，开展有目的、有计划、有影响的活动，对教育对象有着全面且深刻的影响（唐智松，2017）。[③]

面塑技艺不局限于面塑传承人手中，面塑制品也不局限在节日庆典，创新发展面塑工艺，需要更多的人学习也需要将它以新兴形式进行传播推广。"非遗进校园"是一个加深对非遗文化传承的过程，扩展了传承保护面塑的方式。将非遗融入教育体系，有效促进综合育人的效果。学校美育融入地域性非遗艺术，不仅深化了学生对面塑的认识，还能主动服务本土文化的建设，实现活态化传承地方文化的精髓。

挖掘面塑背后的历史故事、制作工艺、文化意义等，是实现地方性知识重构的基础，确保教学内容贴近实际、具有地方特色。基于地方性资源的挖掘成果，设计符合学生认知水平和兴趣的面塑教学课程。包括历史故事、制作技巧，结合学生的实际情况，采用实践操作等教学方式。学生在这个过程中不仅能学习到面塑的制作技巧，还能深入理解面塑所蕴含的地方文化和精神价值。重构也不能拘泥于艺术类课程的教学，通过与历史、语文等课程进行结合，形成跨学科的教学模式。通过研究面塑在不同历史时期的发展变化，加之创作以地方特色为主题的面塑作品，学生能够更好地表达自己的思想情感和对地方文化的认同。关于面塑的传承，不仅仅要在重构的基础上推广，更要体现在使用上，要在实践中得到传承。地方性知识的重构需要有一个实体和实践的支撑。面塑在制作过程中，不仅要塑形更要亲身感受其制作过程以及面塑所蕴含的意义。

---

① 对十三届全国人大三次会议第 9852 号建议的答复 [EB/OL].（2020-09-07）[2024-07-19]. http://www.moe.gov.cn/jyb_xxgk_jyta/jyta_jkw/202009/t20200921_489387.html.

② 中共中央办公厅国务院办公厅印发《关于进一步加强非物质文化遗产保护工作的意见》（2021）[EB/OL].（2021-08-13）[2024-07-29].https://www.ihchina.cn/zhengce_details/23400.

③ 唐智松. 教育原理：研究与教学 [M]. 重庆：西南师范大学出版社，2017.

"在我们（进行）非遗进课堂时，前期由于经费的限制进行得很困难，家长们对于收取相关费用持怀疑态度。教授面塑的老师和传承人都比较少，孩子们对面塑的学习只停留在浅显层面。一些家长对学生参与非遗项目没有很高的热情，不去和孩子一起制作面塑，认为孩子只是随便玩玩浪费食物。这样就会造成面塑的传承和地方性知识重构的中断。如果家长同孩子一起参与其中，不仅能够保护我们的非遗文化还能增进双方的情感交流。"（面塑传承人）①

政府的扶持和学校的关注，加大了人们对面塑项目的关注度。非遗进校园是地方性知识重构的实践案例，通过教学扩大对非遗文化的宣传，扩大对非遗了解的群体比例。2017 年末至 2018 年初，包头市面塑进课堂活动在光荣道小学顺利开展。而作为早期的非遗进校园活动，受到了很多阻碍，在对地方性知识进行重构的进程中遇到了瓶颈。面塑课程教学费用收取比较困难，家长的局外参与导致面塑进课堂的进程缓慢。在教学过程中不同文化主体对面塑教学的理解不同，导致学生对面塑的认知产生了一定的偏差。学校教师与面塑传承人对于面塑的教学方式存在一定的差异，学校老师更侧重于手法的教学，有一套自己的制作口诀；但面塑传承人更加注重文化内涵的传递和情感的转移，她们认为面塑的制作每个人都有自己的方式和风格，不必拘泥于特定的顺序。随着政策的出台以及学校的大力支持，家长和学生的配合，非遗进校园的活动顺利开展。政府补贴经费以及公众对面塑的关注度提高，解决了非遗进课堂经费方面的困难。此外，面塑制品进行自身创造性的转化和创新性的发展，结合现代元素进行了文化转化，对地方性知识进行了又一次的重构。青少年和在校学生更易于接受和学习，更加贴近他们的生活。2018 年至今政府与包头师范学院、光荣道小学、一机七小、北重四小、普林斯顿幼儿园等 31 家学校合作开展"非遗进校园"活动380 多场。②面塑传承人的非遗传承故事拍摄成动画形式的电影，更加吸引青少年对面塑的关注，引起他们学习面塑的兴趣。学校和面塑传承人在学校开展讲座，共编非遗教材，达成相互理解的合作关系，使得非遗融入学校教育的价值效用辐射更多群体（马雯，2024）。③教材的编写使得面塑校本课程成为可能，在这个过程中不仅详细教学了面塑的制作过程，更激发学生对文化的理解和创造力。

综上所述，笔者绘制了面塑手工艺传承保护历程图（见图 9-3）。

---

① 访谈对象：邢某；访谈时间：2024 年 7 月 13 日；访谈地点：包头市东达山艺术区。
② 面塑［EB/OL］.（2024-03-12）［2024-07-29］.https://www.qsq.gov.cn/fwzwhyc/92270.html.
③ 马雯.民族地区非遗融入学校教育的文化困境与优化路径——以宁夏 L 县非遗进校园活动为例［J/OL］.民族教育研究，2024 . https://doi.org/10.15946/j.cnki.1001-7178.20240509.001.

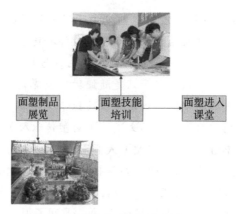

图 9-3　面塑手工艺传承保护历程

资料来源：笔者自绘。

五、面塑手工艺创新发展

（一）打造非遗文化旅游区

为保证非遗文化得到保护和发展，政府吸引外部资金的投入与乡村建设共同打造包头市以艺术区为主导的新形式旅游区。向游客提供多元化的非遗课程体验和学习，不仅在面塑，同样在其他传统文化或本土美食等方面，将本土化的特色旅游产品与旅游相结合，增加旅游附加值。有学者认为非遗成为助推旅游发展的重要因素，东达山旅游区同非遗文化相结合，其核心是通过体验独特的地方性文化来满足其文化需求。面塑项目就是东达山艺术区最直接的体现，具有较高的文化价值。文化旅游中融入非遗元素，使其旅游形式更加多元化，更具文化价值，其延伸出来的课程体验让旅游过程变得更加丰富全面。非遗文化旅游区赋予旅行独特的人文、艺术等方面的价值，具有较强的体验性和较高的参与度。在此过程中增加了社会效益与经济效益。非遗文化和旅游体验相结合，技艺传承与创意策划相结合，丰富非遗旅游业态，从而实现收入的增加。看得到发展前景和希望，进而带动非遗保护传承和创新，同时也丰富了文化旅游的发展内涵，增强了东达山旅游的吸引力。除体验非遗项目之外，非遗文创产品也需要得到进一步的发展和提升。文化创意产业是一种对现代性和城市化的适应，对文化传承有较大的影响（麻国庆和朱伟，2018）。① 旅游文创产品的

---

① 麻国庆，朱伟.文化人类学与非物质文化遗产［M］.北京：生活·读书·新知三联书店，2018.

文化附加值尤为重要，通过非遗文化的植入，将文化和设计巧妙地融合，既满足了大众物质需求又使大众得到文化体验。售卖小型面塑制品，不仅弘扬了我国传统文化，又增加了东达山的经济效益，在旅游体验中感受到面塑非物质文化遗产的魅力。文创产品购买多为年轻人，将非遗项目同创意设计相结合，是年轻人对非物质文化遗产保护传承的新途径。通过感受非遗文化旅游，对于强化身份认同和文化意识具有一定的作用。当今中西文化相碰撞的大变局中，文化艺术审美需要进一步展开新时代自我身份认同，新的文化共同体的建构，重新建立起自我认同感和身份归属感（金永兵，2019）。[①] 打造非遗文化旅游区，可以进一步提高保护非物质文化遗产的意识。东达山面塑作为当地的地理标志，加强了非遗项目的保护和传承，确保了这些珍贵的面塑制品和其他非遗作品得到有效的保存和利用。文化旅游区的打造让前来参观的大众意识到保护非遗文化的重要性，并且体会到面塑带来的趣味性（见图9-4）。地方性知识外化于个人，在旅游放松的同时也能提高保护传承非遗文化的意识。因地制宜培育具有产业化潜质的非物质文化遗产项目，以非遗项目带动地方旅游业的发展，相互促进、互动发展，丰富旅游业态，以非遗保护传承与旅游高质量发展助力社会进步发展（廖四顺，2024）。[②]

图9-4　面塑作品"喜馍"

资料来源：2024年7月12日笔者摄。

① 金永兵.文艺的文化担当：建构新的社会共识和身份认同［J］.文艺参考报,2019（2247）：11-15.
② 廖四顺.乡村非物质文化遗产保护传承与旅游高质量互动发展［J］.社会科学家,2024(2)：86-92.

（二）建设东达山研学基地

非遗研学是以非物质文化遗产为内容的研学旅行的简称，是研学旅行与非遗在文旅融合时代的有机结合。研学旅行首先在 2013 年《国民休闲旅游纲要》中提出；2017 年教育部印发《中小学综合实践活动课程指导纲要》明确了研学旅行的定义。东达山作为包头地区非遗文化的承载地，是很多包头市学校首选的研学旅行地之一，在参与课外活动的同时学习非遗文化。从鹿文化体验馆到长城研学基地，都展现了丰富的传统文化。通过整合地方特色和非遗资源，创建了一个既具有艺术性、社会性、商业性、信息性的实体性基地，从而有效地保护和传承了非物质文化遗产。面塑课程作为研学活动的体验课之一，帮助学生了解面塑的历史、制作工艺、保存方式等，使地方性知识变为普适性知识教育。地方性知识以其在社会生活实践中的实用性、文化理解中的有效性和社会环境的紧密性被重视，"地方性是地方性课程的内在规定性"，表明为一种立场和态度（成尚荣，2009）。[1] 从课堂上理论的学习到亲身的实践，地方性知识以实体化的形态出现在学生的面前，更能加深他们对于非物质文化遗产保护重要性的理解。东达山研学基地的建设使面塑的创新发展成为可能，这是地方性知识转移的过程。教育传承作为非遗保护的对策之一，学生和游客在东达山研学基地参与非遗文化的体验和学习，从而实现非遗的教育传承。面塑文化不再只为面塑传承人和民间艺人所熟知，公共教育让越来越多的人了解并主动去保护传承面塑技艺。同时，社区参与也成为研学的重要对象。东达山研学基地鼓励当地社区参与，通过社区的支持和深度参与，保护非遗的"形"和"神"，同时促进社区的文化事业建设和发展（李晓明，2016）。[2]

"东达山有艺术区、实训中心，还有一个纪念馆，在文化广场上也会举办一些活动。让来研学的学生、游客或东达沟的村民参观和体验。这边有长城研学基地，有些公司的团日活动，或者单位的党日活动都会来这边体验。"（合作社店主）[3]

研学基地的建设得到了政府的支持和引导，同时也吸引了社会力量的参与，共同推动非遗的传承和保护。通过研学的开展，让更多人见证了多民族交往、互通、共同繁荣的发展历史，让大家对草原文化、长城文化和非遗文化有了身临

---

① 成尚荣.地方性知识视域中地方性课程开发［J］.课程教材法，2009（9）：3-8.

② 李晓明.论"社区"与非遗整体性保护［J］.贺州学院学报，2016（3）：21-24.

③ 访谈对象：马某；访谈时间：2024 年 7 月 12 日；访谈地点：包头市东达山艺术区。

其境的感受，也提高了对面塑保护传承的重视程度。研学基地的建设是面塑项目内化的过程，地方性知识不仅仅通过旅游让大家了解，更是转移到每个人对于非遗保护的意识当中。通过加强非遗研学基地的硬件设施设备，凸显非遗研学的特色；此外，融入"互联网+"建立非遗研学的新媒介，在各大平台推广非遗研学活动，提高非遗研学基地的知名度，塑造包头市非遗研学的旅游品牌。

（三）促进面塑项目同民营企业合作

面塑仅通过宣传达到保护传承的效果是不够的，与民营企业合作，拓展了传承保护新路径。党的二十届三中全会强调，要为非公有制经济发展营造良好环境和提供更多机会，完善民营企业参与国家重大项目建设长效机制。[1] 非物质文化遗产项目为国家级的项目，引起国家的重视和社会的普遍关注。通过鼓励民营企业参与非遗项目的创新发展，激发保护传承新活力，形成有效机制。面塑大多用于节日和典礼，具有祝愿意义，包括长辈过寿、孩子圆锁[2]、寒食节传统等。建立民营企业与面塑工作室协同机制，扩大创新发展的渠道。双方拓展市场空间、广开销路渠道，多种主体合作模式有助于扩宽非遗保护的资金来源和市场空间，同时通过企业的宣传，能够提高公众对非遗的认识和参与度。民营企业的参与将商业运作与社会价值结合起来，介入非物质文化遗产的"生产性保护"，有助于实现非遗保护的使命和目标。同时，民营企业的介入也会为非遗保护提供新的思路和方式。将面塑制品作为企业运营中的一部分商品进行售卖或组合销售，增加经济价值的同时也能够收获社会的关注度。双方的合作也体现在对非遗传承人的支持上，如提供资金、技术和市场等方面的物力和智力支持。支持面塑传承人的发展，包括提供面塑制作设施和推广市场等方面。此外，发挥电商平台优势，通过联合社会各界资源、手艺人帮扶、非遗人培养、设计师重构和联合品牌重塑等举措，推动非遗现代生活化、时尚商品化和可持续发展，促进非遗的传承。通过线上售卖面塑制品的方式改善面塑销售和宣传的单一渠道。企业介入后，政府作为协调力量，搭建平台，制定和夯实规则与政策，吸引更多的社会力量来参与非遗面塑的保护和传承，吸引人才和资源形成良好的创新发展机制（张旭东，2019）。[3] 政府对于参与面塑项目的民

---

① 中国共产党第二十届中央委员会第三次全体会议公报［EB/OL］.（2024-07-18）［2024-07-20］. https://www.gov.cn/yaowen/liebiao/202407/content_6963409.htm.

② 过十二岁生日。

③ 张旭东.民营企业参与扶贫攻坚的困境及对策——以唯品会贵州Z县"非遗"工艺扶贫项目为例［J］.决策与信息，2019（12）：27-37.

营企业给予一定的优惠，使其有更大的发挥空间。重视非遗的内核，确保非遗得到健康的活态传承，面塑项目是具有市场潜力的非遗项目，通过市场化和产业化发展模式，使非遗资源在市场化进程中实现自身的良性发展。与民营企业合作是地方性知识重构的过程，通过创新发展路径，合作售卖面塑制品，增加经济收入，扩大保护非遗意识影响力，提高公众对非遗的认识和兴趣，增强社会的凝聚力和创造力。

六、结语

本章以地方性知识为视角，梳理了包头市东达山面塑手工艺从外化到重构创新的过程，追踪地方性知识的流变，构建出东达山面塑创新发展的新路径。地方性知识构建了面塑技艺传承的社会基础和文化语境。通过深入挖掘和整理地方性知识，能够更好地理解面塑艺术的独特价值和文化内涵，进而在全球化浪潮中坚守本土文化的根与魂。强调了围绕地方性知识的生产和转移对面塑手工艺创新实现的核心意义，归纳了地方性知识的流变及其促成面塑手工艺创新的过程，弥补了既有研究对地方性知识动态变化的理解缺失。从地方性知识外化到转移再到重构，博物馆的面塑展览、文化节的面塑培训以及非遗项目进校园，都体现了面塑手工艺在现代化浪潮中为不断传承保护做出的努力。解决了面塑传承人数量少、传承人经费有限等困难。传承人队伍在不断的宣传活动和研学活动中逐渐庞大起来，传承人在开展课程中也得到了政府和企业的支持，越来越多的社会力量关注并且参与其中。我们应当认识到，面塑技艺的保护与传承是一个长期且复杂的过程，需要社会各界的共同努力和参与。通过开发非遗旅游区，创建研学基地，加强面塑的教育和普及，提高公众对面塑文化的认识和理解；通过与民营企业合作，制作文创产品，使其更符合现代审美和市场需求，从而吸引更多人的关注和喜爱；通过政策支持和社会资源整合，为面塑的保护和传承提供更加有力的支持。面向未来，积极探索将面塑技艺融入现代教育体系、文化创意产业及旅游开发等领域的有效途径，使其在保留传统精髓的同时，焕发新的生机与活力。最终，非遗面塑成为连接过去与未来、传统与现代的桥梁，以创新之举发展艺术，共同守护这份宝贵的非物质文化遗产。

非物质文化遗产既是宝贵的文化遗产，也是文化认同感和民族记忆感的核心载体。对非物质文化遗产的保护，不仅是对我国传统文化的保存，更是一种对多元文化和社会记忆的维护。面塑作为众多非遗项目中的一种，承载的是河套地区人民的生活习惯和风俗传统。一个个大大小小的面塑作品，用鲜活造型、鲜艳色彩和繁多的意义，述说着黄河上游与中游人民血脉相连的文化，是母亲河上盛开的地域之花。[①]

附　录

一、访谈资料

被访者 1

访谈时间：2024 年 7 月 13 日

访谈地点：东达沟村邢茹面塑工作室

访谈对象：邢某

性别：女

民族：汉族

年龄：66 岁

文化程度：本科学历

从事职业：非遗传承人

出生地：包头

访谈内容：

1. 您认为东达山在开发旅游区方面做得怎么样？

（我认为）做得挺好的，因为有政府的支持，现在这是政府的项目，还有艺术家的入驻。这样的情况在包头地区还是挺少的，还建立了非遗街、非遗工作室。

2. 您认为东达山在研学基地方面做得怎么样？

研学基地做得也是挺好的，现在有配套设施，像长城研学基地，里面的配套设施比较完善。再加上非遗街上的老师，两方结合起来。东达山最大的特点就是有政府搭建的平台，有非遗传承人。

3. 请您讲一下面塑进课堂的情况

从 2017 年开始，现在发展得比较好。从最开始的一所学校，到现在全市有

---

① 喜迎二十大·文脉颂中华 | "传统手工艺大课堂"视频连播（二）[EB/OL].（2022-10-17）[2024-08-05].https://www.ichnmg.cn/information/detail.shtml?id=5474#.

十几所学校，都参与面塑进课堂的活动。但目前存在老师不够的情况，开不了太多班。这么多活动，传承人跟不上。政府给予很多的支持和帮助，民间艺人进课堂，没有政府的支持是进不了学校的，（像以前）就是路边摆摊。从街头艺人到现在能够进入课堂成为教师，脱离不了国家的支持。

有些家长和学校比较注重学科的进步和发展，对于传承文化的学习比较少，宣传面塑，是一个潜移默化的过程，将传承文化弘扬下去，时间长了自然就脑子里生根发芽了，逐步推进。

4. 对于面塑未来的发展您有什么看法或建议？

完善政策支持，因为面塑来源于生活，是从日常生活中演变过来的。面塑就是传承文化的一种符号，例如，现在的汉服文化，有人穿就有人制作，需要有这样的手艺和技能。面塑也是一样，最好的方式就是用。一是政府的宣传；二是从自己做起，亲身去实践体验。

你如果都不去做就很难体会到。如果家长都不支持，很难对孩子产生影响。面塑不仅传承了文化，也增进了情感交流。

有人说面塑代替了面包和蛋糕，其实是面包蛋糕代替了它。面塑自古以来就有，20世纪80年代开始流行吃蛋糕，逐渐影响人们对面塑的关注程度。但很多人对外来的东西不适应，所以又返回来对它进行关注。

5. 请您讲述一下内蒙古面塑发展的历史。

受到陕西、山西"走西口"移民文化的影响，面塑发展大概有500年的历史。面塑与人们的生活习惯、实用程度息息相关，大浪淘沙，留下了经典的形象，如面锁、寿桃。面塑的不同形象寄托了人们的情感和记忆，是一种情感的流传。是一种传承，是不同家庭的传统习惯、家风的流传。

6. 东达山如何成为面塑发展的承载地？

2017年我来到东达山，这里举办了首届面塑艺术节。之后都年年举办，我的工作也在这边。

7. 近年来包头市有没有举办过与面塑相关的活动？

2017年开展面塑节，之前是没有的，在固定的时间，也就是端午节前后，现在已经开展了六七次了。2017～2022年是区级的，从2023年开始变成了市级的了。

被访者2

访谈时间：2024年7月12日

访谈地点：乡村振兴大卖场

访谈对象：马某

性别：男

民族：汉族

年龄：35 岁

文化程度：本科学历

从事职业：店主

出生地：呼伦贝尔

访谈内容：

进入大卖场先与店主进行了简单的说明，并告知其来意，随后开始访谈。

1. 您认为东达山在开发旅游区方面做得怎么样？

它有自己的长期规划，现在有全国文明村、艺术规范区的头衔。在政府的引领下，有外部资金的投入，共同建设。从 2023 年正式投入，今年是第二年。发展有一定的潜质，在包头市范围内有文化艺术属性的村子比较少，东达山算是开发比较好的，其他地方没有。这里有艺术馆、鹿文化馆，还有艺术家工作室等，这些场馆开放供大家参观。这些工作室和我们有合作，如果有团队想要去体验或者需要讲课，就可以带他们过去。

2. 您认为东达山在研学基地方面做得怎么样？

研学是东达山比较重要的板块，分为三方面，如党建、团建和青少年发展。在硬件方面，东达山有党员实训中心，包括青山区政府做党日活动的场地，还有文化广场。上面还有长城研学基地，可以做相关公司的团日活动和青少年研学。

3. 面塑的扩大宣传给东达山带来了什么样的效益？（社会效益、经济效益）

社会效益，丰富了东达山的非遗项目，使游客能够了解非遗文化；经济效益，可以售卖面塑制品。在青少年研学、团建方面有一些收费的项目，可以增加经济效益。做艺术沙龙，讲关于面塑的课（历史方面等），多个老师共同讲解。

4. 对于面塑未来的发展您有什么看法或建议？

学校里可以开设选修课，建设更多面塑艺术馆，现在的规模比较小，传承的老师也比较少。其他传统艺术，像雕刻、书法有综合健全的艺术馆，有更丰富的课程，能够吸引更多的人。现在的学生比较单一，开设面塑的并不多，形式上也需要创新，更为年轻人接受。

被访者 3

访谈时间：2024 年 7 月 14 日

访谈地点：村中某处空地

访谈对象：王某

性别：男

民族：汉族

年龄：63 岁

从事职业：农民

出生地：东达沟村

访谈内容：

（1）现在这个面塑弄得还挺不错的，周六日有挺多人过来玩。而且政府和村委也给了很大的帮助和支持，重新修建了好多房子。还有一条非遗街装修得也很不错，里面有卖土塑的、扎染的，还有很多包头特色，像是茶汤什么的。

（2）周六日或者寒暑假，有挺多学生过来这边体验面塑，还有长城研学基地。美术馆，挺多人过去参观的。不过，除了假期以外，其他时间没啥人，而且有时也不开。

被访者 4

访谈时间：2024 年 7 月 14 日

访谈地点：东达山合作社店内

访谈对象：刘某

性别：女

民族：汉族

年龄：58 岁

从事职业：合作社店员

出生地：东达沟村

访谈内容：

（1）挺好的，假期很多人都过来看这个面塑。我们这个店下面就是邢茹面塑，邢老师那个工作室里都有人去参观。大人小孩都挺感兴趣，都会进去看一看。而且政府和社区给予了很大的帮助和支持，时间一长，面塑就变成了东达山的特色了。之前举办的面塑培训和展览我也参加过，就在端午节那段时间，再加上我本身也喜欢这个东西，就参与了一下。

（2）现在旅游区做得也不错，在进村、进非遗街的路上，有两家饭店，人们来这边参观完去那边吃饭。而且还有个露营地，夏天有很多年轻人和一家几口人过来凉快一下（避暑）。我们这个合作社里也卖一些文创产品，有东达山的特色，还有一些其他特色产品。东达山特色有山泉水，还有这边的茶叶卖得比较好。挺多游客进来买一瓶尝一尝，而且我们前段时间还有免费品尝的活动，让人们先尝后买，吸引顾客。

被访者 5

访谈时间：2024 年 7 月 15 日

访谈地点：东达沟村某处

访谈对象：张某

民族：汉族

年龄：65 岁

从事职业：农民

出生地：东达沟村

访谈内容：

（1）面塑是我们以前给娃娃们玩的玩具，还有平常过时节也会蒸几个。也没想过面塑变成了非遗，以前觉得它就是很普通的东西，会个手艺，捏个面人儿。村子现在还挺重视面塑的，非遗街上也有很多传统的东西，还挺有意思的。

（2）旅游发展得挺不错的，政府建好了村子里旅游的地方，我们住的房子外面也经过了修缮，而且路也修整得平平整整的，人们进村子也很方便。从村子外面进来的时候墙上还有很多画，画得还挺好看的。有时候还能看见人们去那边拍照什么的。后面还有挺多艺术家的工作室，那个美术馆里有很多雕塑、雕刻的（作品）。

被访者 6

访谈时间：2024 年 7 月 16 日

访谈地点：东达沟某处

访谈对象：王某

民族：汉族

年龄：60 岁

从事职业：农民

出生地：东达沟村

访谈内容：

（1）感觉近几年东达山越来越火了，因为这个面塑的带动吸引，还有那些艺术家雕刻的作品，都很受欢迎。周一到周五人不多，周六日人挺多的，还是挺红火的。就是六日人多了打扫卫生就比较多了，前面饭馆得勤打扫，不然时间长了环境也不行了。东达山发展起来后，村口油菜花地也承包出去了一些，共同发展经济，感觉也挺好。

（2）刚刚说那个油菜花地，外面的墙装修了一番，好多人都去那边拍照片。村外的墙上的彩绘也有很多人去拍照。大卖场里面也有挺多新奇的小玩意，小孩们都去里面转转，而且还有那个雪糕，小孩们吃得可多了。每次看见基本人手拿一个。

二、调研图片

附图 9-1　合作社

资料来源：2024 年 4 月 5 日笔者摄。

附图 9-2　东达沟村简介

资料来源：2024 年 7 月 3 日笔者摄

附图 9-3　长城遗址

资料来源：2024 年 7 月 3 日笔者摄。

附图9-4 艺术品大赛海报

资料来源：2024年7月12日。

附图9-5 面塑作品

资料来源：2024年7月12日笔者摄。

第十章

牧民对故土情感的动物化表达调研报告

其日嘎*

【内容摘要】本章基于在内蒙古锡林郭勒盟阿巴嘎旗 A 嘎查所做的田野调查，首先，探讨阿巴嘎旗 A 嘎查牧民如何通过阿巴嘎黑马这一独特的文化符号，表达并深化他们对故土的深厚情感；其次，通过该嘎查马奶产业化来揭示本土知识如何推动当地经济发展，特别是通过马奶产业增加牧民收入方面的积极作用；最后，试图说明阿巴嘎黑马成为他们表达故土情感的重要媒介的作用。在长期的生产生活实践中，阿巴嘎旗牧民积累了丰富的本土知识，这些本土知识不仅有助于牧民更好地保护和利用阿巴嘎黑马资源，也为他们通过马奶产业增加收入提供了有力支撑。

【关键词】阿巴嘎黑马；故土情感；动物化；马奶产业化；本土知识

一、引言

在此次的田野点阿巴嘎旗，黑马、牧民、当地自然环境在历史的车轮中慢慢形成了三赢的局面，牧民对故土情感的动物化能促成三者之间的互相成就。因此自古以来牧民与大自然之间形成了一种独特的关系。

就像王孔敬和佟宝山（2006）在《论古代蒙古族的生态环境保护》一文中提出，古代蒙古族出于自己生存的需要，在实际的生产活动中形成了一套蕴含着非常正确和朴素的生态环保思想意识，即人与自然协调平衡的发展观、对动植物有恻隐之心的伦理道德观和认为自然资源是无比珍贵的价值观。这些思想反过来通过宗教和立法手段融入整个社会的实践活动中，使之逐步习俗化、社会化、制度化。① 又如陈祥军（2023）在《阿尔泰游牧者》一书中以整个草原生态环境及其变化为背景展开论述，较为全面地探讨了哈萨克游牧知识，探讨了游牧知识与草

---

* 其日嘎，内蒙古大学 2023 级民族学专业硕士研究生。
① 王孔敬，佟宝山.论古代蒙古族的生态环境保护 [J].贵州民族研究，2006（1）：95–98.

原生态的关系。陈祥军认为，哈萨克族在长期的生产实践中，在草原和畜群的互动中，形成了一套调节三者关系的平衡机制，产生了一套放牧牲畜、利用草原、规约和管理游牧社会的知识以及对待草原的态度与规范。正是这种大范围有规律的移动，牧民才得以适应"脆弱的""多变的"和"不确定的"干旱区环境，这种适应机制是牧民基于数千年对草原环境的观察和积累，由此哈萨克游牧社会以草原环境为基础形成了一套文化知识体系，游牧民对草原生态环境有着高度的依赖性。[1] 所以，这套本土知识体系对于维持草原生态系统的平衡起着重要作用。陈祥军指出游牧并不是漫无目的地游荡，它有自己的一套缜密的组织管理知识，游牧的组织管理知识是以游牧民对草原和畜群的认识为基础，并运用一套规则来进行水草资源的分配、个体劳动的分工以及组织游牧生产的全过程。

二、牧民对故土情感的动物化表达

牧民对故土情感的动物化，指的是游牧民族对于他们的土地有着一种深刻而原始的情感，这种情感在某种程度上类似于动物对其栖息地的依赖和忠诚，也在一定程度上指三者之间的联系，即动物—故土—牧民之间的关系。因此也可以理解为牧民与动物的深厚感情，游牧民族与动物的关系非常深厚，他们与动物朝夕相伴，共同生活。在他们的生活中，动物不仅是获取生活资源的一种经济手段，也是生活伙伴，甚至是家庭成员。对于牧民而言驯养动物是经济生态中的必要因素。这些动物具备特殊的"动物性"，其动物性与其生长环境有着密切的关系，因此牧民必须掌握自然环境及牧畜动物性的知识，以发展适当的游牧技术与生活节奏。

通过访谈了解到，对于牧民而言，有畜群就有足够的生活资源。这种深厚的依赖使他们在表达对故土的情感时，往往会将动物作为重要的象征和载体。首先，动物作为故土的象征：在游牧民族的文化中，动物常常被赋予特殊的意义和象征。在世界各地游牧民族的文学、艺术、宗教等文化形式中，动物常常被用来象征故土、家园、民族等概念。其次，动物作为情感的寄托：游牧民族的生活环境艰苦，他们与动物共同面对自然的挑战和考验。这种共同的生活经历使他们对动物产生了深厚的感情，动物成为他们情感的寄托。最后，在表达对故土的情感时，游牧民族往往会通过动物来表达自己的情感和思念。阿巴嘎黑马作为阿巴嘎旗的特产，不仅是当地牧民生活需求的基础，也是他们文化的象征。而阿巴嘎黑

---

① 陈祥军.阿尔泰山游牧者［M］.北京：社会科学文献出版社，2023.

马马奶产业的发展不仅是今天内蒙古乡村振兴、产业振兴的真实写照，更是中华民族坚韧不拔的奋斗精神的集中展现。以"多元化马产业"为核心，阿巴嘎旗赋予传统技艺崭新的内涵。在文化传承与繁荣发展的道路上，继续发扬"忠诚""奉献"的蒙古马精神，为地区的发展描绘了独特的画卷。

近年来，蒙古马的数量逐渐减少，保护蒙古马成为一个亟待解决的问题。针对此问题，阿巴嘎旗的牧户们通过养殖阿巴嘎黑马，保护了蒙古马，还通过马奶产业增加了收入，实现了产业振兴和乡村振兴。正是由于游牧文化是依托于草原生态系统所形成的独特的、适应这一自然生态系统的文化模式，它与中原农耕文化的结构性差异，使我们不能简单地以农耕文化的视角和观念去评判其文化优劣和价值，而是要从一种地方性的游牧知识与生态环境的关系之中寻找到一种解释，牧民们通过掌握和实践地方性知识才得以把文化代代传递下去。游牧生计作为草原环境的最佳适应方式，需要重新挖掘其生态适应价值。在现代条件下辅以必需的技术和制度改良，建构新的草原文化——生态协调发展格局。游牧人对故土情感的动物化是一个独特的文化现象，它反映了游牧民族与自然环境、动物和故土之间深厚的情感联系。这种情感的动物化，不仅体现在对动物的崇拜和依赖上，也体现在对自然环境的尊重和保护上。这种情感的动物化，使游牧人与动物之间形成了一种特殊的亲密关系，这种关系超越了人与动物之间的物质关系，成为一种精神和情感的寄托。

阿巴嘎黑马是内蒙古四大名马之一，这种马以其体格健壮、四肢发达、背腰长、奔跑速度快和耐力强而著称。在当地文化中，阿巴嘎黑马不仅是一种动物，它还承载着深厚的文化象征意义。

阿巴嘎黑马的故事和传说作为历史和文化的一部分，体现了"勇往直前""吃苦耐劳"等蒙古马精神。近年来，牧民因自然环境和社会环境收入不再稳定。为了增加牧民收入，政府实施了一系列政策和措施。例如，自 2011 年起，中央财政在内蒙古等 13 个主要牧区省份实施草原生态保护补助奖励政策，旨在推动牧区发展、改善草原生态环境、增加牧民收入。这一政策的实施，使草原保护制度得到有效落实，草原科学利用技术得到推广应用，草原畜牧业生产方式加快转变，初步实现了草原生态保护、牧业高质量发展和牧民增收三方共赢。

此外，数字经济的发展也为牧民收入的增加提供了新的途径。通过数字化转型，可以提高生产效率、扩展市场，从而促进畜牧经济增长。政策宣传与对接、数字化牧业创新、培育数字农民、推动畜牧业数字化转型等措施，都有助于促进农牧民增收。然而，要实现牧民收入的持续增长，还需要关注牧民的教育程度、家庭劳动力数量、牲畜养殖规模、草场承包面积等因素。这些因素对牧民收入有着显著的影响。

阿巴嘎旗牧民在长期的生产生活实践中积累了丰富的本土知识。这些知识不仅有助于牧民更好地保护和利用阿巴嘎黑马资源，更为他们通过马奶产业增加收入提供了有力支撑。例如，牧民们通过改进饲养方法和挤奶技术，提高了马奶的产量和质量，从而在市场中获得了更高的价格。

阿巴嘎旗被誉为"黑马文化之乡"，牧民们将马视为草原的精灵，是他们文化的重要组成部分。每年的那达慕大会上，牧民们都会举行赛马、驯马、骏马选美等活动，以此来传承和发扬他们的马文化。牧民们与马建立了深厚的情感联系。

52岁的呼某和他的父亲都是当地有名的牧马人，他们的生活与马息息相关。呼某的小女儿从小就在马背上长大，骑马成为她与父亲的日常互动。[①]

呼某表示，每天骑骑马、看见马，心里就舒服。

阿巴嘎旗的牧民那某说道："以前牧民们不挤马奶，因为没人收购，现在养马、卖马、挤奶、放马都很挣钱。"他的200多匹黑马成为当地旅游一景，许多游客甚至专业摄影师找他放马拍照。

阿巴嘎旗的牧民与马的情感还体现在马文化节等活动中。例如，阿巴嘎旗举办的"阿都沁"马文化那达慕，就是以马文化为主题的盛会，其中包括驯马、套马、马上射箭、马上拾物等表演，展现了牧民对马的深厚情感。阿巴嘎旗的马产业也成为牧民增收的重要途径。通过销售马奶，创立了"阿巴嘎策格"酸马奶品牌，从而实现了增收。

阿巴嘎旗的牧民对马的保护和传承也充满情感。例如，巴某家的马群被纳入"阿巴嘎黑马"地理标志保护工程项目，其中19匹马还被选为"重点保护对象"。他认为，让马无拘无束地生活在草原上，就是最好的保护和传承。

由此可见，阿巴嘎旗牧民与马之间的紧密联系，无论是在日常生活中，还是在文化和经济活动中，马都是牧民生活中不可或缺的一部分。

三、阿巴嘎旗与阿巴嘎黑马的文化意义

阿巴嘎旗位于内蒙古自治区锡林郭勒盟。这里地势辽阔，水草丰美，是典型的草原游牧区。阿巴嘎黑马，作为当地特有的马种，是牧民生产生活的重要工

---

① 访谈对象：呼某；访谈时间：2024年8月4日；访谈地点：阿巴嘎旗巴彦图嘎苏木青格勒宝拉格呼某家。

具。它们象征着力量、自由和忠诚，是牧民精神生活的重要寄托。阿巴嘎黑马在当地文化中的象征意义非常丰富。首先，它们被认为是"天马下凡"，象征着人民对自然的敬畏和对神秘力量的崇拜。阿巴嘎黑马，也称为僧僧黑马，与内蒙古铁蹄马、鄂尔多斯乌审马、乌珠穆沁白马并称为内蒙古四大名马，这反映了它们在当地历史和文化中的重要地位。其次，阿巴嘎黑马的毛色乌黑发亮，体格健壮，奔跑速度快，耐力强，这些特征使它们成为速度和耐力的象征。在阿巴嘎旗的文化节日中，黑马文化节是蒙古族人夏季最盛大的那达慕活动之一，人们通过驯马、赛马、驰马射箭等活动来展示和传承这一文化。阿巴嘎旗牧民对故土情感的动物化主要表现在以下三个方面：

（一）情感寄托

在内蒙古锡林郭勒盟阿巴嘎旗 A 嘎查，阿巴嘎黑马与牧民之间的情感纽带，承载着深厚的文化内涵与故土情怀，也就是游牧民族与土地、动物之间独特的联系。段义孚（2018）在《恋地情结》指出，人类对特定地方有着情感上的眷恋，这种情感塑造着人们的生活和文化[①]。在阿巴嘎旗，阿巴嘎黑马，作为这片土地上的特殊存在，成为牧民们对故土情感的重要寄托。在现代社会，人们与故土和自然的关系逐渐疏远。正如《恋地情结》中描述的，受到特定情境制约，身体与自然界的接触变得间接，科技削弱了人与自然打交道时的生产意义，娱乐意义却不断增强。但在阿巴嘎旗 A 嘎查，牧民们依旧保持着与自然紧密的联系，阿巴嘎黑马在其中扮演着关键角色。它不仅是生活伙伴，更是与自然沟通的桥梁。牧民们与黑马朝夕相伴，共同面对草原上的风雪、干旱等自然灾害，这种共同经历加深了他们之间的情感。在游牧民族的文化中，动物常常被赋予特殊的意义，阿巴嘎黑马更是如此。它不仅是阿巴嘎旗人们生活需求的基础，也是文化的象征。从古老的传说故事中，可以看出阿巴嘎黑马在牧民心中的地位。

阿巴嘎黑马作为情感寄托，在牧民的生活中处处体现。每年的"哈日阿都"文化节，各类与马相关的比赛和活动，如驯马、赛马、驰马射箭、黑马选美等，都是牧民们表达对马深厚情感的方式。在这些活动中，牧民们展示着阿巴嘎黑马的矫健英姿，也传递着自己对故土的热爱和眷恋。例如，52 岁的呼某某一家与马的故事，他的小女儿从小在马背上长大，骑马成为父女间的日常互动，马融入了他们生活的点滴，是情感的重要寄托。牧民们对阿巴嘎黑马的保护和传

---

① 段义孚，恋地情结 [M].北京：商务印书馆，2018.

承，同样饱含着对故土的情感。巴某某的马群被纳入地理标志保护工程项目，他认为让马自由生活在草原上就是最好的保护和传承。这种观念体现了牧民对土地和马的尊重，他们深知阿巴嘎黑马与故土相互依存，保护马就是保护故土文化。在阿巴嘎旗 A 嘎查，牧民、阿巴嘎黑马和故土之间形成了三赢的局面。牧民通过养殖阿巴嘎黑马，传承和弘扬了本土文化，同时获得了经济收益，实现了产业振兴。阿巴嘎黑马在牧民的精心呵护下，种群得以延续和发展，故土则因阿巴嘎黑马和相关文化活动，保持着独特的魅力，吸引着游客，促进了地方文化的传播和经济的发展。这种和谐共生的关系，正是牧民对故土情感的动物化的生动体现。

（二）文化传承

在阿巴嘎旗，牧户们养殖阿巴嘎黑马的意义非凡。这一行为不仅有效保护了蒙古马这一珍贵马种，还借助马奶产业拓宽了收入渠道，成功推动产业振兴与乡村振兴，更是传承和弘扬本土文化的关键举措。从根源上来讲，游牧文化是基于草原生态系统孕育而生的独特文化模式，它与草原生态紧密相连、高度适配。牧民们在长期的生产生活中，积累并掌握了丰富的地方性知识，正是通过实践这些知识，才使游牧文化得以代代相传、绵延不绝。在现代社会，我们应重新审视游牧生计的价值，深入挖掘其在适应草原环境方面的独特优势。同时，借助现代技术和合理的制度改良，构建起草原文化与生态协调发展的全新格局。在阿巴嘎旗除了马奶产业外，阿巴嘎旗牧民对故土的情感还体现在以下四个方面：

（1）传统音乐。阿巴嘎旗地区蕴含着深厚的传统音乐文化，其中，"潮尔道"这一独特的多声部民歌，更是当地民间艺术的瑰宝。它以独有的人声合唱形式存在，既是牧民们对悠久传统文化的传承，也是他们对民族情感的深情寄托。这种音乐以其特有的和谐旋律和丰富的情感表达形式，成为阿巴嘎旗地区民间文化的一个重要组成部分，充分展现了牧民们对生活的热爱和对自然的敬畏之情。在历史的长河中，"潮尔道"不断演变发展，逐渐成为一种具有鲜明地域特色和民族风格的音乐形式。

（2）传统手工艺。阿巴嘎旗的传统手工艺，诸如毡艺、木雕、马具制作等，承载着牧民们对故土深厚的情感。这些手工艺不仅是他们日常生活中的实用工具，更是他们心灵深处对家园的无尽眷恋与守望。每一针一线、每一刀一凿，都凝聚着牧民们对自然环境的敬畏和对传统文化的坚守。这些手工艺不仅丰富了他们的生活，更成为文化传承的重要载体，将古老的智慧与技艺代代相传，让后人在触摸这些手工艺品的同时，也能触摸到历史的脉络和文化的温度。

（3）非物质文化遗产。阿巴嘎旗的非物质文化遗产如蒙古象棋雕刻技艺、阿巴嘎潮尔等，都是牧民情感的动物化和文化传承的体现。

（4）马文化节。阿巴嘎旗举办马奶文化节，通过展示拴马驹、挤马奶、捣马奶等传统马奶制作流程以及马奶产品展销等活动，弘扬了马文化，增强了牧民对故土的情感。

这些传统产业和文化活动不仅体现了阿巴嘎旗牧民对故土的深厚情感，也是他们文化身份和生活方式的重要组成部分。总的来说，阿巴嘎黑马在当地文化中不仅是优秀的畜牧品种，更是力量、自由、历史和文化传承的象征。

（三）社会活动

马奶产业的发展带动了当地的社会活动。阿巴嘎旗的马奶产业在当地的社会活动中起到了积极的推动作用，不仅促进了经济发展，也丰富了当地的文化生活。阿巴嘎旗举办了首届马奶文化节，通过打造马奶小镇这一特色平台，弘扬优秀传统文化，推动阿巴嘎马奶品牌走出阿巴嘎旗，提升马奶品牌的美誉度和知名度。随着马产业的发展，阿巴嘎旗的牧民们开始使用现代化的挤奶设备，提高了效率和卫生标准，同时也提高了马奶的收购价格，增加了牧民的收入。阿巴嘎旗的马奶产业不仅局限于传统的酸马奶，还开发了多种创新产品，如马奶冰激凌、马奶风味饮品、马奶冻干粉、马奶片等，这些新产品的开发不仅丰富了市场，也增加了马奶产业的附加值。阿巴嘎旗的非物质文化遗产项目代表性传承人萨日娜，通过开设家庭牧场和销售店面，将传统的酸马奶酿制技艺传承下去，并且将产品远销到其他城市。

除此之外，那达慕是蒙古族的传统活动，阿巴嘎旗的那达慕大会已经成为当地牧民和游客共同参与的盛会。在大会上，阿巴嘎黑马成为焦点，大会活动还包括马奶的展示和品尝，成为传播马文化和马奶产业的重要载体。马奶产业的发展也带动了当地旅游业的繁荣，很多游客慕名而来体验草原文化和马奶的风味，这不仅增加了当地的旅游收入，也促进了文化交流。

通过这些活动和措施，阿巴嘎旗的马奶产业不仅成为当地经济的支柱，也成为了社会活动和文化传承的重要组成部分。

四、马奶产业化与经济发展

阿巴嘎黑马对当地牧民的经济影响是多方面的，既有直接的经济收益，也有间接的经济效益。

（一）直接经济影响

1. 马奶产业

阿巴嘎黑马，作为一种独特的当地品种，其优质的马奶成为当地牧民重要的经济来源。据统计，每年这里销售的德力格尔黑马奶产量可达 300 吨，这不仅为牧民们带来了丰厚的收入，还促进了当地经济的发展。具体来看，当地牧民清晨起床后的第一件事就是为阿巴嘎黑马挤奶，他们熟练地操作着，确保每一滴珍贵的马奶都能被收集起来。随后，部分马奶会被直接销售，而另一部分则经过发酵、调味等工艺，制成了独具特色的酸马奶（策格）。这种传统的饮品口感醇厚，营养价值丰富，还具有独特的保健功效，在当地深受欢迎。

值得一提的是，这些马奶及其加工产品的销售，每年为牧民带来了 480 余万元的经济收入。这对于生活在偏远牧区的牧民来说，无疑是一种重要的经济支撑。这种增收不仅提高了他们的生活水平，还激发了他们进一步发展养殖业的积极性，为当地的可持续发展注入了新的活力。

2. 马匹养殖

阿巴嘎黑马，作为一种被广泛认可的优良马种，以其出色的品质受到市场的青睐，成为牧民们重要的经济支柱。在牧区，每匹阿巴嘎黑马每天的毛收入可以达到 80 元，这一数字对于当地居民而言，无疑是一笔可观的收入。以三个月为一个周期计算，一匹马的纯收入便能轻松达到 2000 元，为牧民们带来了稳定的经济来源和改善生活的希望。这一收入水平，不仅保障了牧民的基本生活需求，还为他们提供了额外的经济缓冲，使阿巴嘎黑马的养殖成为了当地牧业发展的一个亮点。

3. 马产品加工

在当前的市场环境下，当地企业积极探索马奶的深加工技术，成功研发出一系列创新产品，极大地丰富了消费者的选择。这些产品包括美味的马奶冰激凌，还有各具特色的马奶风味饮品，如马奶果汁、马奶茶等。此外，企业还利用先进的冻干技术，生产出了马奶冻干粉，便于保存和携带，使消费者可以随时随地享受到纯净的马奶。为了满足不同消费者的需求，企业还推出了马奶片，这种便于携带的即食产品，不仅口感独特，还富含丰富的营养成分。同时，结合现代生物科技，企业还研发出了含有益生菌的马奶产品，这既增加了产品的健康价值，又提升了产品的附加值。

通过这一系列的深加工创新，当地企业成功地将马奶转化为多种形式的产品，不仅满足了市场的多样化需求，也使马奶的价值得到了更充分的挖掘和利用。这些举措无疑为当地经济的发展注入了新的活力，同时也为消费者带来了更多健康、美味的选择。

（二）间接经济影响

1. 旅游业

阿巴嘎黑马，以其独特的魅力，成为吸引游客的一大亮点。近年来，当地政府巧妙地运用文化节、那达慕大会等多种形式，成功吸引了大量游客纷至沓来，进而有效促进了当地旅游业的蓬勃发展。在这一系列活动中，阿巴嘎黑马的文化节尤为引人注目，展示了当地丰富的民族文化和传统习俗。游客们可以在这里感受到浓厚的民族风情，品尝到地道的美食，欣赏到精彩的民间艺术表演。此外，那达慕大会作为一项具有悠久历史传统的盛大节日，更是吸引了无数游客的目光。会上，游客们可以观赏到摔跤、赛马、射箭等传统体育竞技项目，充分领略到民族英雄的豪迈与激情。

正是通过这些独具特色的文化活动，阿巴嘎黑马成功吸引了大量游客，带动了当地旅游业的繁荣。酒店、餐饮、交通等行业随之蓬勃发展，为当地经济注入了新的活力。可以说，举办文化节、那达慕大会等活动，不仅丰富了游客的旅游体验，也为阿巴嘎黑马地区的旅游业带来了前所未有的发展机遇。

2. 文化品牌价值

阿巴嘎旗依托"中国马奶之乡"这一独特品牌效应，成功提升了地方品牌的知名度和影响力。这一举措不仅使马奶品牌得以跨越草原的界限，走向全国市场，更在无形中推动了地区文化的广泛传播，增强了其在全国范围内的文化影响力。

具体而言，阿巴嘎旗凭借其丰富的马奶资源，结合当地独特的文化背景，倾力打造了"中国马奶之乡"这一品牌。这一品牌的推广，使越来越多的消费者开始关注和了解马奶的营养价值及其在传统文化中的地位。随着品牌知名度的不断提升，马奶产业得以迅速发展，产品逐渐走出草原，走进了全国各地消费者的视野。在这个过程中，阿巴嘎旗不仅关注马奶产品的市场推广，还深入挖掘和传承了马奶文化。通过举办各类马奶文化节、研讨会等活动，阿巴嘎旗成功地将马奶文化与地方特色相结合，使之成为一张独具特色的文化名片。这张名片不仅为地区经济发展注入了新的活力，也使阿巴嘎旗在文化交流中占据了更为重要的地位。

总之，阿巴嘎旗通过"中国马奶之乡"的品牌效应，不仅提升了地方品牌的知名度，推动了马奶品牌走出草原、迈向全国，还显著增加了地区的文化影响力，为当地经济和文化的发展注入了强大动力。

3. 产业链延伸

随着马产业的蓬勃发展，它不仅为当地经济注入了新的活力，还带动了相关上下游产业链的全面繁荣。这些产业链涵盖了马具制作、马匹交易、马术培训等多个环节，为当地牧民提供了丰富的就业机会和多元化的收入来源。首先，在马具制作领域，各类专业的马具生产厂商如雨后春笋般涌现，他们生产出品质优良、款式多样的马具，满足了市场需求。这些马具包括马鞍、马鞭、马蹄铁等传统产品，还涵盖了马术运动装备、防护用具等新兴领域，为马产业的发展提供了有力支撑。其次，马匹交易市场的繁荣也为牧民带来了丰厚的收益。随着马匹品种的丰富和品质的提高，交易价格逐渐攀升，牧民们可以通过出售马匹获得较高的经济回报。此外，马匹交易市场的活跃还促进了相关服务业的发展，如马匹运输、兽医服务等。最后，马术培训产业的兴起为当地牧民提供了更多的就业机会。马术培训中心、俱乐部等机构纷纷设立，为广大马术爱好者提供了学习、交流的平台。这些机构不仅需要专业教练，还需要管理人员、后勤保障等人员，从而为当地牧民创造了更多的就业岗位。

总之，马产业的发展带动了上下游产业链的全面发展，为当地牧民提供了更多的就业机会和收入来源，有力地促进了当地经济的繁荣和社会的和谐。

综上所述，阿巴嘎黑马对当地牧民的经济贡献是全方位的，不仅提高了牧民的直接收入，也促进了当地相关产业的发展，提升了地区的经济活力和文化影响力。阿巴嘎黑马在当地文化节中扮演着非常重要的角色。它们不仅是文化节上展示和比赛的焦点，更是当地文化和历史的象征。在阿巴嘎旗的文化节中，人们会举办各种与马相关的活动，如驯马、赛马、驰马射箭、黑马选美、搏克、传统弓箭等赛事。这些活动不仅展示了阿巴嘎黑马的卓越品质和美丽形象，也体现了蒙古族人民对马的深厚情感和对传统文化的尊重。

阿巴嘎黑马对当地牧民的生活影响深远。首先，它们是牧民重要的交通工具和劳动工具，帮助牧民进行放牧和其他日常活动。其次，黑马的养殖和马奶的生产成为当地牧民重要的经济来源。阿巴嘎旗被誉为"中国马奶之乡"，当地牧民通过挤马奶、酿制酸马奶（策格）等方式，将马奶转化为经济收益，每年可销售马奶产量300吨，实现牧民增收480余万元。此外，马奶文化节等活动的举办，也吸引了众多游客，促进了当地旅游业的发展，为牧民带来了额外的收入。阿巴嘎黑马还与当地的非物质文化遗产紧密相关，例如，马奶的加工过程和马奶制品的制作，都是当地牧民代代相传的技艺。通过这些文化节和相关活动，不仅保护和传承了这些非物质文化遗产，也提高了当地文化的知名度和影响力。

　　总之，阿巴嘎黑马在当地文化节中不仅是比赛和展示的对象，更是当地文化和经济的重要组成部分，对牧民的生活产生了积极而深远的影响。

五、结论

　　本章以内蒙古锡林郭勒盟阿巴嘎旗 A 嘎查为田野调查点，深入探讨了牧民对故土情感的动物化现象，以及阿巴嘎黑马在当地文化、经济发展中的重要作用。调研发现，牧民与阿巴嘎黑马、故土之间存在着紧密且相互依存的关系，这种关系在文化传承、经济发展等多个层面都有着深刻体现。牧民对故土情感的动物化，是游牧民族与自然长期相处所形成的独特文化现象。他们与阿巴嘎黑马朝夕相伴，共同面对草原上的艰难险阻，这种共同经历使得阿巴嘎黑马成为他们情感的寄托和故土的象征。正如前文所提及，阿巴嘎黑马不仅是牧民生活的得力助手，更是他们文化的重要符号，承载着诸多传说故事，在每年的"哈日阿都"文化节等活动中，牧民们通过各种与马相关的比赛和表演，表达着对阿巴嘎黑马的喜爱，也传递着对故土的深深眷恋。在文化传承方面，阿巴嘎旗牧户养殖阿巴嘎黑马，不仅保护了蒙古马这一珍贵马种，还借助马奶产业实现了经济增收，推动了产业振兴与乡村振兴。同时，这也是对游牧文化的传承与发扬。牧民们凭借世代积累的本土知识，掌握了阿巴嘎黑马的特性，发展出适宜的养殖技术和马奶加工技艺，这些知识和技艺是游牧文化的核心，在现代社会中仍然发挥着重要作用。此外，当地的传统音乐、手工艺、非物质文化遗产等，都从不同角度展现了牧民对故土的情感和对传统文化的坚守。从经济发展来看，阿巴嘎黑马对当地牧民经济的影响广泛且深远。在直接经济收益方面，马奶产业、马匹养殖和马产品加工为牧民带来了可观的收入。而在间接经济效益方面，阿巴嘎黑马吸引了大量游客，带动了当地旅游业发展；"中国马奶之乡"的品牌效应提升了地方知名度，推动马奶产品走向全国；马产业的发展还带动了上下游产业链的繁荣，创造了更多就业机会。综上所述，阿巴嘎旗 A 嘎查的黑马、牧户和当地自然环境之间形成的三赢局面，正是牧民对故土情感动物化的生动体现。在未来，我们应重视游牧文化与草原生态的内在联系，进一步挖掘游牧生计的生态适应价值，在现代技术和制度的支持下，推动草原文化与生态的协调发展。同时，继续弘扬"忠诚""奉献"的蒙古马精神，以"多元化马产业"为引领，促进阿巴嘎旗在文化传承、经济发展和生态保护等方面取得更大的进步，让这片草原上的独特文化和美丽风光得以长久延续。

附　录

访谈资料

访谈时间：2024 年 8 月 4 日

访谈地点：阿巴嘎旗巴彦图嘎苏木青格勒宝拉格呼某家

访谈对象：呼某

民族：蒙古族

年龄：52 岁

文化程度：初中学历

从事职业：牧民

访谈内容：

呼格吉勒图先生，您好！非常荣幸能在这里见到您，并有机会了解您与阿巴嘎旗黑马的深厚情缘。首先，请您简单介绍一下自己。

呼某： 你好，很高兴接受你的采访。我叫呼某，今年 52 岁，是这片草原上的一名牧马人。我和我父亲都是这里的养马大户，我们家族世代与马为伴，对马有着特殊的感情。

笔者： 阿巴嘎旗被誉为"黑马文化之乡"，而青格勒宝拉格嘎查更是阿巴嘎黑马的发源地。您能谈谈这里与阿巴嘎黑马之间有哪些独特的联系吗？

呼某： 可以。青格勒宝拉格嘎查不仅地理位置优越，水草丰美，而且气候适宜，非常适合马匹的生长和繁衍。这里出产的阿巴嘎黑马，以其强壮的体魄、优良的耐力和独特的毛色而闻名。它们不仅是草原上的精灵，也是我们牧民生活的重要伙伴。作为阿巴嘎黑马的发源地，我们嘎查一直致力于保护和传承这一优良品种，确保它们能够在这片草原上生生不息。

笔者： 听说您家养了 100 多匹阿巴嘎黑马，规模相当可观。能分享一下您是如何管理和养护这些马匹的吗？

呼某： 确实，我家现在有 100 多匹阿巴嘎黑马，还有 17000 亩的草场供它们自由驰骋。在管理方面，我采取了分群饲养的方式，将公马和母马分开，避免打斗。同时，我也非常注重马匹的近亲繁殖问题，每有小马驹出生，我都会根据血统和品质将它们分配到不同的马群中，以保持马群的遗传多样性。在养护方面，阿巴嘎黑马非常适应草原环境，它们饿了吃草、渴了喝水，几乎不用人过多照料。但我也会定期为它们检查身体、修剪马鬃和马尾，确保它们健康成长。

笔者： 阿巴嘎黑马在市场上具有很高的价值，对于您来说，养马的经济效益如何呢？

呼某： 养马的经济效益确实存在，但相比牛羊来说并不算高。马匹的生长周期长，而且市场需求相对有限。然而，对于我来说，养马更多的是一种情怀和责任。阿巴嘎黑马是我们草原的骄傲，也是我们牧民生活的一部分。我希望通过我的努力，能够保护和传承这一优良品种，让更多人了解并爱上它们。同时，我也希望通过赛马、马术表演等活动，提升阿巴嘎黑马的知名度，为牧民们带来更多的经济收益。

笔者： 您刚才提到赛马和马术表演等活动，这些活动在阿巴嘎旗的牧民生活中扮演着怎样的角色呢？

呼某： 赛马和马术表演是我们牧民生活中不可或缺的一部分。每到盛夏时节，锡林郭勒草原各地都会举办那达慕盛会，赛马就是其中的重头戏。我和我的黑马们经常参加这样的比赛，并且取得过不少好成绩。这些活动不仅丰富了我们的文化生活，也增强了牧民之间的交流和团结。同时，赛马还是一种展示马匹品质和骑手技艺的方式，能够吸引更多人关注阿巴嘎黑马这一优良品种。

笔者： 最后，您对未来阿巴嘎旗黑马产业的发展有什么展望或建议吗？

呼某： 我希望未来阿巴嘎旗黑马产业能够得到更多的关注和支持。首先，政府可以加大对黑马产业的扶持力度，提供资金、技术和市场等方面的帮助。其次，我们可以加强与其他地区的合作与交流，共同推广阿巴嘎黑马这一优良品种。同时，我们还需要注重黑马文化的传承与保护，通过举办各种文化活动、建立博物馆等方式，让更多人了解并爱上这一独特的草原文化。我相信在大家的共同努力下，阿巴嘎旗黑马产业一定会迎来更加美好的未来。

第十一章

饮食文化与民族互嵌调研报告

苏丹 *

【内容摘要】中国饮食文化是在各民族长期交往交流交融中形成的，地方饮食文化中存在着深厚的交融性、凝聚性、共同性特点。内蒙古呼伦贝尔市锡尼河地区的糕点文化在种类、制作方法和饮食习惯中体现出建构认同和超越边界的作用；在共餐活动中体现出增进社区凝聚力的作用；在市场化发展中体现出增强各民族共同性的作用。本章认为糕点文化的传承与创新过程也是各民族实现全方位嵌入的过程，这种民族互嵌关系是从微观层面推动各民族交往交流交融，不断铸牢中华民族共同体意识的实践途径。

【关键词】铸牢中华民族共同体意识；民族互嵌；糕点文化；锡尼河地区

一、引言

党的十八大以来，以习近平同志为核心的党中央提出了大力加强民族团结、培育中华民族共同体意识、推进民族工作创新发展的总体思路。其中对文化建设给予了前所未有的高度关注，发表了一系列重要讲话，指出围绕铸牢中华民族共同体意识，从文化自信、文化认同、构筑各民族共有精神家园、弘扬社会主义核心价值观和爱国主义等方面做出了深刻阐释。习近平总书记在党的二十大报告中提出了在全面建设社会主义现代化国家的征程中更加丰富人民精神文化生活，不断增强中华民族凝聚力和中华文化影响力的任务目标。[①] 中国各民族在历史上共同创造的中华文化不是简单的各民族文化汇聚，而是各民族优秀传统文化品质在交流、借鉴、吸收中的中华文化塑造，体现着中华文化的创新发展（郝时远，

---

   * 苏丹，内蒙古大学 2024 级民族学专业硕士研究生。

   ① 习近平 . 高举中国特色社会主义伟大旗帜为全面建设社会主义现代化国家而团结奋斗［N］. 人民日报，2022–10–26（001）.

2020）。①文化是国家和民族的灵魂，文化的繁荣是中华民族的伟大复兴，各民族文化之间的共生是建设中华民族共同体的重要基础（麻国庆，2017）。②中国饮食文化是各民族在长期的交往交流交融中形成的，在地方饮食文化内涵、表征和实践中体现的交融性、凝聚性、共同性是各民族铸牢中华民族共同体意识的现实路径。

食物与人类生存和社会发展有着密切关系，人类社会在历史上发展出多样的饮食文化。饮食人类学主要从文化视角去探讨饮食的生产、获取、烹饪、分配、交换和消费过程，并分析饮食中体现的社会关系、经济意涵和文化表现。饮食人类学已经形成了独特的民族志表述传统和研究领域（彭兆荣和肖坤冰，2011），③它对理解民族文化有重要的意义（陈云飘和孙萧韵，2005），④饮食行为是解读社会交流的一种重要途径（阎云翔，2003），⑤地方饮食文化随着社会文化变迁、人口流动增多、经济贸易和工业科技的发展而产生变化，对人们的文化和身份建构同样产生影响（张展鸿，2008）。⑥本章在陈运飘、张展鸿、彭兆荣等学者的研究基础上，主要从以下三个方面对近年来的饮食人类学研究进行梳理。

首先，族群认同与族群边界。饮食对于族群认同建构和族群边界维系产生重要作用，人们通过饮食文化形塑和促进身份认同，思考自我与他者的关系。徐新建和王明珂（2005）在关于饮食与认同的对话中，徐新建认为饮食可以成为族群或民族的边界，王明珂认为食物作为一种物品不足以成为文化认同的标志。⑦彭兆荣认为在一些情景下饮食可以是族群认同的符号，徐新建指出现实社会中的饮食文化情况十分复杂，也往往会成为群体之间建立你中有我，我中有你关系的途径。

饮食人类学研究一向关注饮食的建构认同和超越边界的双重意义，陈运飘和孙萧韵（2005）通过香港茶餐厅案例说明了饮食是地方文化产物，可以代表群体的文化特色和身份认同。⑧刘志扬（2004）通过藏族农村社区饮食结构和习俗，

---

① 郝时远.文化自信、文化认同与铸牢中华民族共同体意识 [J].中南民族大学学报（人文社会科学版），2020，40（6）：1-10.

② 麻国庆.民族研究的新时代与铸牢中华民族共同体意识 [J].中央民族大学学报（哲学社会科学版），2017，44（6）：21-27.

③ 彭兆荣，肖坤冰.饮食人类学研究述评 [J].世界民族，2011（3）：48-56.

④ 陈运飘，孙箫韵.中国饮食人类学初论 [J].广西民族研究，2005（3）：47-53.

⑤ 阎云翔.汉堡包和社会空间：北京的麦当劳消费 [A] // 戴慧思，卢汉龙.中国城市的消费革命 [M].上海：上海社会科学院出版社，2003：231-259.

⑥ 张展鸿.饮食人类学 [A] // 招子明，陈刚.人类学 [M].北京：中国人民大学出版社，2008：240-254.

⑦ 徐新建，王明珂.饮食文化与族群边界：关于饮食人类学的对话 [J].广西民族学院学报，2005，27（6）：83-89.

⑧ 陈运飘，孙箫韵.中国饮食人类学初论 [J].广西民族研究，2005（3）：47-53.

指出饮食是族群性特征和民族身份的标志，有强化边界作用。而在各民族长期交流互动中，人们也会接受外来因素对饮食文化进行重构。[①] 巫达（2017）以凉山彝族烤肉和烧烤为案例，说明饮食文化变迁过程既有不同民族文化交融的现象，也有各民族文化传承现象，两者相伴而生。[②] 刘春呈（2021）指出，饮食是可以流动、传播、整合的，不仅能够充任边界，还能够在交融中消解边界。[③] 马成明（2021）以宁夏银川多元饮食文化为例，指出在多民族杂居的环境下，饮食文化边界有时可以被打破和超越，人们可以通过饮食文化将自我的认同和他人感知进行统一，实现群体文化的相互调适和融合。[④]

其次，共餐与社交。在所有的社会，分享食物都是产生和维持社会化人际关系的基本形式，人们通过共餐来巩固共同体意识（彭兆荣，2013）。[⑤] 就饮食与社交之关系，学者们说明了共餐、宴席、共同的饮食空间可以促进社会交往，增进群体共同性。陈志明等（2018）指出，一起吃饭是一种社交行为，有着组织社会关系的含义。共餐可以强化社会关系、表达热情关爱、增进友谊。[⑥] 安德森（2003）指出中国人使用食物来判别族群、文化变迁和社会交往，重要的交往事务都是在宴席中完成的，食物成为交流手段和社会关系的指标。[⑦] 巴吉尼（2016）指出，食物是表达人际关系、承认共同的人性，促进交流与平等，实现和平喜悦的完美载体。[⑧] 郑宇和杜朝光（2014）说明了哈尼族长街宴具备村寨共同体凝聚整合功能，也会促进食物再分配和互惠交换活动。[⑨] 海涛（2021）以宁夏吴忠早茶文化为例，说明价格实惠、环境舒适的早茶馆成为人们维护社会关系和适应现代城市生活的重要场域。[⑩] 马成明（2021）指出了不同群体之间的共餐实践可以促进彼此的理解、感悟和认知。人们通过饮食的共享，超越边界、形成和谐关

---

① 刘志扬.饮食、文化传承与流变——一个藏族农村社区的人类学田野调查［J］.开放时代，2004（2）：108-119.

② 巫达.从诅鬼的烧肉到宴客的烧烤——彝族饮食文化的同质化和异质化过程的人类学阐释［J］.西北民族研究，2017（1）：148-155+56.

③ 刘春呈.铸牢中华民族共同体意识的饮食文化认同进路［J］.广西民族研究，2021（2）：43-52.

④ 马成明.多元文化社会中的日常饮食实践与群体共生——基于宁夏银川的人类学考察［J］.贵州民族研究，2021，42（3）：133-141.

⑤ 彭兆荣.饮食人类学［M］.北京：北京大学出版社，2013.

⑥ 陈志明，马建福，马豪.共餐、组织与社会关系［J］.西北民族研究，2018（4）：80-90.

⑦ ［美］安德森.中国食物［M］.马孆，刘东译.南京：江苏人民出版社，2003.

⑧ ［英］巴吉尼.吃的美德：餐桌上的哲学思考［M］.闫佳译.北京：北京联合出版公司，2016.

⑨ 郑宇，杜朝光.哈尼族长街宴饮食的人类学阐释——以云南省元阳县哈播村为例［J］.西南边疆民族研究，2014（2）：13-19.

⑩ 海涛.从日常饮食到文化体验：宁夏吴忠早茶文化的饮食实践与社会交往研究［J］.回族研究，2021，31（4）：86-93.

系，培育共同体情感。[1]

最后，社会变迁与市场消费。社会环境的变化会对饮食结构和模式产生影响，促成饮食文化的变迁，以适应现代化转型。此过程中，饮食从满足生活和生计的需求转变为社会化消费需求（彭兆荣，2013），[2]发展到市场上的供应、交换和消费环节，成为一种产业，与政治经济关系密切相关。因而，饮食人类学还得注意市场化商业化所导致的饮食文化变迁，以及文化生产者和消费者在互动中产生的对饮食文化和价值的认同（陈云飘和孙萧韵，2005）。[3]郑宇和杜朝光（2014）指出，哈尼族长街宴的商品化、市场化和产业化发展可以推动当地与外部的沟通交流，促进经济发展。[4]王平（2014）以厦门市清真拉面经营为例，分析了拉面行业在经营管理、品牌塑造、营销模式、文化认同等方面都体现出经济与文化的综合特色。[5]海涛（2021）以吴忠早茶为例，指出在全球化和城市现代化背景下，新兴的商业文化对餐饮行业和居民的公共生活产生了重要的影响。这是地方多主体共同塑造文化符号的过程，提升了地方居民"品位"、共同的饮食文化自信和身份认同。[6]

综上所述，饮食文化和饮食行为有着超越族群边界、强化社会关系、增进共同性的作用，近年来，从中华民族共同体角度探讨饮食文化促进各民族交往交流交融的研究成为学界关注的热点，学者们通过不同地区的饮食文化证明了各民族交往交流交融的历史。何元凯等（2021）认为，不同地域的饮食文化是构筑中华饮食文化的基础，由共有饮食文化构成的中华饮食文化认同中华民族共同体认同的核心维度。[7]刘春呈（2021）指出，饮食实践中的选择与互动使社会群体间以交往交流交融持续发生，对理解我国新时代铸牢中华民族共同体意识的理念与实践具有重要意义。[8]但从民族互嵌的角度探讨饮食现象的研究尚不多见，民族互

① 马成明.多元文化社会中的日常饮食实践与群体共生——基于宁夏银川的人类学考察［J］.贵州民族研究，2021，42（3）：133-141.
② 彭兆荣.饮食人类学［M］.北京：北京大学出版社，2013.
③ 陈运飘，孙箫韵.中国饮食人类学初论［J］.广西民族研究，2005（3）：47-53.
④ 郑宇，杜朝光.哈尼族长街宴饮食的人类学阐释——以云南省元阳县哈播村为例［J］.西南边疆民族研究，2014（2）：13-19.
⑤ 王平.经营、认同与互动：清真拉面经济的人类学解读［J］.青海民族研究，2014，25（1）：46-50.
⑥ 海涛.从日常饮食到文化体验：宁夏吴忠早茶文化的饮食实践与社会交往研究［J］.回族研究，2021，31（4）：86-93.
⑦ 何元凯，周超，郝国强.饮食文化叙事与铸牢中华民族共同体意识：广西米粉文化溯源［J］民族学刊，2021，12（12）：16-22+125.
⑧ 刘春呈.铸牢中华民族共同体意识的饮食文化认同进路［J］.广西民族研究，2021（2）：43-52.

嵌是从微观层面巩固民族团结，推动各民族交往交流交融，不断铸牢中华民族共同体意识的实践途经（郝亚明，2019），① 主要包含"空间、经济、社会、文化和心理"等领域的互嵌关系。我国各地区各民族饮食生产、制作、分配、消费等过程中包含着丰富的民族互嵌意义，是从微观层面铸牢中华民族共同体意识的重要方式。另外，"空间、经济、社会、文化和心理"等意涵如何在民族互嵌中体现，并互相交织是互嵌研究的重要关注点，饮食文化与认同心理、社会关系、经济消费深刻交织，是探讨民族互嵌多方位内涵、机制和关联的恰当主题。因此，本章在铸牢中华民族共同体意识的重大背景下，以民族互嵌为研究视角，呈现呼伦贝尔市锡尼河地区糕点食品的烹饪、分配、交换和消费过程，以此分析饮食文化超越族群边界、强化社会关系、增进共同性的作用。

二、饮食、边界与认同

锡尼河地区处于内蒙古自治区呼伦贝尔市鄂温克族自治旗，包括锡尼河东苏木和锡尼河西苏木。据 2016 年统计，锡尼河东苏木和西苏木总人口 4078 户，9559 人，由鄂温克族、蒙古族、汉族、达斡尔族等民族构成。② 锡尼河地区各民族在长期共同生活中，在空间、经济、社会、文化等方面建立了全方位嵌入关系（朝克赛和阿拉坦宝力格，2022）。③ 布里亚特蒙古族和哈木尼干鄂温克族在长久的历史过程中建立了文化、社会、经济等方面的密切联系，笔者于 2015～2022年在锡尼河地区长期的田野调查，深入了解了当地各民族的经济、社会、文化、认同等多方面内容。基于文献资料和田野调查内容，了解到布里亚特和哈木尼干糕点在种类、制作方法和日常饮食习俗方面基本相似。以下内容中，布里亚特糕点概况方面参考了阿·巴达玛苏荣（2010）④ 和恩和其其格（2016）⑤ 的作品，哈木尼干糕点概况方面参考了扎·森德玛（2011）⑥ 的作品和对当地人的访谈调查⑦

---

① 郝亚明.民族互嵌与民族交往交流交融的内在逻辑［J］.中南民族大学学报（人文社会科学版），2019（3）：8-12.

② 鄂温克族自治旗史志编纂委员会.鄂温克族自治旗志（2006-2016）［M］.呼伦贝尔：内蒙古文化出版社，2018.

③ 朝克赛，阿拉坦宝力格.内蒙古牧区多民族乡村社区互嵌研究——以罕乌拉嘎查为例［J］.中华民族共同体研究，2022（3）：132-143+175.

④ 阿·巴达玛苏荣.锡尼河布里亚特蒙古历史与文化［M］.呼伦贝尔：内蒙古教育出版社，2010.

⑤ 恩和其其格.布里亚特饮食的文化人类学探析［D］.呼和浩特：内蒙古师范大学，2016.

⑥ 扎·森德玛.哈穆尼堪鄂温克研究［M］.呼和浩特：内蒙古大学出版社，2011.

⑦ 访谈对象：Handjab；访谈时间：2022 年 7 月 15 日；访谈地点：罕乌拉嘎查。

以及其他参与观察内容。

（一）糕点种类和制作方法

布里亚特和哈木尼干糕点主要包括列巴、果子、面包、千层酥、千层糕等，制作方法如下。

列巴（Hilim），将适量面粉和盐放入水中搅拌和面，用酵母发酵一个小时，将面团放入烤箱烘焙半小时。以前人们会在家中灶台制作列巴，后来使用了更加方便的烤箱，如今布里亚特和哈木尼干家庭通常使用烤箱在家中制作列巴，偶尔会从商店购买。

果子（Bob），将面粉、牛奶、奶油、白糖、碱、黄油放入水中充分搅拌和面，之后放入酵母发酵半小时，想要更加松软可添加泡打粉。将发酵面团擀、切、压或搓成各种形状，放进豆油或动物油里煎炸而成。

果酱面包（Pircke）和面包（Halashi），两者制作方式相似，区别在于是否加入果酱。将面粉、牛奶、白油（Chagan tosu）、白糖、鸡蛋、碱、蜂蜜等原料加入水中充分搅拌和面，加入酵母后发酵半小时，将发酵好的面团拧成各种不同形状放入烤箱烘焙。

千层酥（Chabchimal），将面粉、冷冻白油混合加入少量水进行和面，过程中需要切、剁，使得白油慢慢融化，让原料融合在一起，成面团状后擀平。将擀平的面饼放入烤箱烘焙，做好后一层层地叠加起来，一般为 4~6 层，在两层面饼之间放置草莓、蓝莓等果酱，或稠李子等水果。做好的千层酥冷冻储存，食用时切成小块。

千层糕（Niamal / Habchimal），基本与千层酥相似，不同点在于原料不用冷冻白油，而是用奶油和炼乳制作，千层酥里不放白糖，用果酱调出甜味儿，千层糕里放白糖。

（二）日常饮食习俗

列巴是当地各民族最常食用的糕点，通常搭配奶茶当作早点，也经常在午餐晚餐中当作主食。人们习惯在列巴上涂抹奶油、果酱或蜂蜜，或同汤和各种菜肴搭配食用。笔者在田野调查中了解到，牧区牧活儿较繁忙时，人们并不经常制作列巴，因为列巴和奶油的制作过程比较花费时间。在苏木和城镇，人们有时自己制作，也经常从商店或餐馆购买现成的列巴。无论在牧区和城镇，家里来客人时列巴都是较为正式的待客食品。当地人食用果子和面包的习惯与列巴相似，当作日常早点和待客食品。一般来说，果酱面包是节日庆典上的食品，现在变得更加日常化，如果人们愿意可以随时制作当作早点或招待客人。千层酥和千层糕口感酥软可口，但制作过程较为复杂，过去人们制作后保存起来，主要在节日庆典场合或招待贵客时使用，如今制作得更加频繁。当地人在婚礼、新年、孩子周岁礼、丰收节等节日庆典场合必须摆放糕点拼盘，通常是圆盘底层放列巴，中间放面包或果子，上面摆放千层糕或千层酥。除了这些糕点以外，也会在上面放奶制品、八宝饭、饼干等。

锡尼河地区汉族和达斡尔族的饮食习惯与蒙古族和鄂温克族有一定的相似性，他们的日常饮食包括谷类、蔬菜、水果、肉类、奶类等，其中锡尼河特色的糕点食品是他们日常饮食结构的重要组成部分，而重要的仪式庆典基本是多民族参加的场合，也进一步促进了当地各民族饮食文化的交融。当地汉族人老李表示"家里的饮食方式和饮食偏好与当地其他民族都一样，也会自己制作或从超市购买列巴，这种糕点是家中常备的食物，早餐基本以此为主"。[①] 当地汉族也在一定程度上保留了本民族特色，他们饮食中会有更多的蔬菜，也会在院子里种菜。采访当日，老李夫妇宴请调研组吃了一顿丰盛的午餐，其中包括煮牛肉、列巴、自己种的蔬菜（蘸酱菜）、米饭等。这顿午餐充分体现了多民族饮食文化交融的特点。当地达斡尔族也和蒙古族、鄂温克族一样，锡尼河特色的糕点是他们不可或缺的食物。笔者在调查期间拜访达斡尔族家庭时，他们会用奶茶、列巴和果子招待客人。与汉族家庭一样，达斡尔族家庭会自己种菜供日常食用，这在鄂温克族和蒙古族中间并不常见。

综上所述，我们通过锡尼河地区糕点文化的种类、制作方法和饮食习惯了解到，饮食文化有着建构认同和超越边界的双重意义。布里亚特蒙古族和哈木尼干鄂温克族之间由于几百年的共同经历在饮食文化上形成了很大的相似性，但他们也会强调差异，从各自民族的角度建构、表述和研究"布里亚特饮食"和"哈木尼干饮食"，这是他们各自族群认同的重要内容。汉族和达斡尔族在20世纪60年代来到锡尼河地区后，与当地的蒙古族和鄂温克族交往交流，在饮食习俗上既保持了本民族特点，也在许多方面相互影响和借鉴。因此，饮食文化一方面可以表现、建构和巩固族群认同，另一方面也可以超越族群边界，成为各民族文化互嵌和交融的途径。郝亚明（2015）指出，"互嵌"是各民族之间建立平等、和谐的内在关联，它强调各民族间纽带关系而不是覆盖或同化[②]。饮食文化所体现的

---

① 访谈对象：LiLianling；访谈时间：2022年7月7日；访谈地点：罕乌拉嘎查。
② 郝亚明.民族互嵌式社会结构：现实背景、理论内涵及实践路径分析［J］.西南民族大学学报（人文社会科学版），2015（3）：22-28.

建构认同和超越边界的双重意义正是民族互嵌的现实体现，是在文化多样性的基础上实现各民族的联结和交融，成为一个"你中有我，我中有你"的整体。

三、饮食、共餐与社交

饮食行为是一种社会交流方式，是建立、维持和巩固共同体情感的重要途径。日常生活和仪式庆典中的共餐可以促进社会文化交往，提升凝聚力，增进共同性。陈志明将共餐分为家庭共餐、亲友与社区共餐、仪式和宗教共餐、政治共餐和款待共餐五种，其中家庭共餐是最基本的共餐形式，属于日常生活中的饮食行为，可以延伸到邀请朋友、亲属和邻居在家吃饭，有增进感情的作用。而亲友与社区共餐参加的人数更多，一般发生在节日庆典时期，也伴随着更加隆重的宴席，具有加强社区社交关系的作用（陈志明等，2018）。[1]

锡尼河地区各民族居住格局具有良好的交错杂居，空间互嵌的特点，他们在日常生活中有着广泛的交流互动。邻居、亲戚和朋友之间经常相互串门做客，商讨社会经济事务，如上文所述，当地人会用列巴、果子和奶茶招待客人。亲朋好友之间也会不定期进行家庭聚餐，一般由几个家庭构成，各种糕点是聚餐中不可或缺的食品。这种日常生活中的交流和共餐是当地各民族之间表达情感、增进友谊的方式，在繁忙的牧业劳动间隙进行的聚餐有利于调节生活节奏，强化社会关系。

社区共餐是更大规模的聚餐场合，参加的人数更多，各种形式的庆典和婚宴都属于这一类。以笔者在 2022 年夏季参加的一场饭店开业典礼为例，店主夫妇邀请了社区的亲朋好友前来参加。典礼当天，店主和好友们一早便开始准备饭菜、布置场地。典礼上的食物包括手把肉、各种凉菜和一盘盘摆放精致的糕点。典礼在晚上 6:00 正式开始，前来参加的人数有近百人，都是店主夫妇的亲朋好友和社区居民，有鄂温克族、蒙古族、汉族、达斡尔族，场地是饭店的两间大厅，人们坐满了三张长桌。典礼的气氛欢乐而融洽，人们相继举杯祝愿饭店生意昌隆，享用美食，把酒言欢，载歌载舞，不分彼此，敞开心扉交流沟通。

婚宴的氛围更加隆重，以一场当地鄂温克族和蒙古族的草原婚礼为例。婚礼选择在 7 月锡尼河草原水草丰美的季节进行，仪式现场搭建了四顶绿色帆布大帐篷，招待各民族来宾，每个帐篷里有十来桌可供客人就座。婚宴主要采纳了当地布里亚特和哈木尼干的饮食习俗，在上菜之前，会将一盘盘食物摆放在大场地中

---

① 陈志明，马建福，马豪.共餐、组织与社会关系［J］.西北民族研究，2018（4）：80-90.

心的方块布料上，有手把肉、糕点拼盘和其他菜品。糕点拼盘中，列巴、果子、千层糕、八宝饭、饼干等自下而上整齐摆放。婚礼开始，新娘、新郎、伴郎、伴娘一同从蒙古包出来手拉手到场地上，由主持人介绍后逐个发言，接着由几位长辈与远道而来的贵宾上台致辞。开场仪式结束之后，一对新人向来宾敬酒，宴席中满是欢声笑语，人们尽情享用美食美酒，敞开心扉相互交流。场地中央穿着各民族服饰或便装的宾客在欢快的歌曲中手拉着手跳起布里亚特舞蹈。餐桌上的糕点、手把肉、炒菜、美酒、饮品等各色食品与这多元交融的婚礼互为映衬。婚宴从白天举行到夜晚，人们在夕阳的光辉下引吭高歌，在傍晚的篝火旁翩翩起舞。洋溢着和谐、幸福和欢乐的气氛，多民族的人物、饮食、服饰、歌舞交织在一起，促进了人们彼此的感情和认同，使整个社区真正融为了一体。

从整体来看，锡尼河地区的各民族通过家庭、亲友与社区共餐促进个体和群体间的社会文化交往。人们在互相影响互相渗透的社区空间基础上，通过糕点食品等物质文化建立各民族间相互包容、相互认同的情感和精神关系，进一步增进了社区凝聚力和共同性。这种精神层面的关联（杨鹍飞，2014）[①] 和不断加强的共同性（严庆，2015）[②] 正是民族互嵌的目的和核心。

四、饮食、变迁与市场

食物有着自然属性、社会文化属性和经济属性。全球化、现代化和城镇化过程促使饮食文化的变迁，食物的内涵和烹饪调制过程需要迎合市场供应、交换和消费环节，实现商品化、市场化"再生产"。由多民族构成的生产者、经营者、消费者共同参与了地方经济、饮食文化和身份认同的综合发展。

锡尼河地区糕点文化的商品化发展主要依托于糕点店铺，笔者 2022 年夏季在呼伦贝尔市海拉尔区与巴彦托海镇调查了类似店铺共计 11 家，大致可分为三类：第一类为糕点甜品店，一般由布里亚特家庭经营，也会雇用店员，工作人员有 4~5 人，一般为蒙古族、鄂温克族和汉族。主要商品为布里亚特奶制品与糕点甜品，注重保持传统口味，也会依据各民族消费者的需求研制新产品。店铺环境装修是优雅简洁的现代风格，店家对商品进行统一化品牌包装，注重原材料绿色品质，进行线上线下双渠道经营，商品价格较市场价齐平或偏高。消费者主要是当地各民族，店铺生意也通过网络和社会关系发展到了省内外。第二类是糕点

---

① 杨鹍飞.民族互嵌型社区：涵义、分类与研究展望［J］.广西民族研究，2014（5）：17-24.

② 严庆."互嵌"的机理与路径［J］.民族论坛，2015（11）：10-13.

面包坊，有家庭作坊和雇佣模式，一般有 1~2 名工作人员。主要商品为布里亚特糕点，销售给当地居民、饭店和超市，也通过快递向外地销售。商品与市场价基本齐平，相较于第一类店铺，面包坊制作糕点种类偏少，以传统布里亚特糕点为主，制作数量较多，以满足超市与饭店所需。第三类是布里亚特蒙餐店，主营餐饮服务，顺便销售糕点，这类店铺基本是自行在后厨制作糕点，也会从面包坊购买再销售。店内糕点种类不多，价格与市场价基本齐平，糕点制作人数为 1~2 人，经营者一般是布里亚特蒙古族，店员有蒙古族、鄂温克族和汉族。

由于饮食文化的商品化发展，以布里亚特蒙古族和哈木尼干鄂温克族为主的当地各民族消费者一般不在家制作糕点，三类糕点店铺满足了他们的日常生活和仪式庆典中所需的大量糕点食品。因此，糕点店铺十分注重保持传统手艺和程序，注重原材料的品质。笔者在调查中了解到，在重要的节庆时期，民众的糕点购买需求会暴增。糕点店铺会提前增加原材料储备并招募更多的店员协助工作，大量的订单也为店铺提供了可观的收入。有些店铺会在此基础上探索制作、售卖新产品，迎合市场消费中的现代化、多样化趋势，降低了顾客的接受门槛，使更多当地、外地的消费者了解这种饮食文化。很多消费者通过最初的尝试性购买逐渐变成了常客，一位糕点店铺经营者表示"很多人一开始不了解这些糕点，但由于物美价廉，他们品尝一次之后就会持续购买，也向周围的人进行宣传"。[1]一位汉族消费者表示："我经常来这个店铺，很爱吃这种糕点，原料是纯天然的，工艺是传统的民族文化。我觉得现在传承此类糕点制作工艺的人较少，如果能好好经营和宣传，布里亚特糕点的知名度会进一步提高，有利于这种饮食文化的传播和民族之间的交往"。[2]

由此看来，锡尼河地区糕点文化的市场化发展促进了各民族之间的交流互动，糕点店铺十分注重保持传统工艺和食物品质，也基于市场和消费者的多样化需求勇于创新，通过更广泛的社会关系、互联网和旅游业渠道争取扩大产品消费群体，提高知名度，促进了饮食文化的繁荣发展。在此过程中，本地各民族、外地各民族、糕点生产者、店铺经营者、糕点消费者共同参与了传承、享用和创新糕点文化的过程，这正是民族文化的共建共有共享实践，是建设兼收并蓄的共同体文化的过程（麻国庆，2017）。[3]

---

① 访谈对象：Siliheng；访谈时间：2022 年 6 月 25 日；访谈地点：巴彦托海镇。
② 访谈对象：Wangbin；访谈时间：2022 年 6 月 26 日；访谈地点：巴彦托海镇。
③ 麻国庆.民族研究的新时代与铸牢中华民族共同体意识［J］.中央民族大学学报（哲学社会科学版），2017，44（6）：21-27.

五、结语

本章介绍了呼伦贝尔市锡尼河地区糕点文化的传承、制作、食用和消费等内容，分析了其中的经济、社会、文化、心理意涵。首先，锡尼河地区糕点文化的种类、制作方法和饮食习惯中体现出建构族群认同和超越族群边界的双重意义，这正是民族互嵌在文化多样性的基础上实现各民族的联结和交融的价值体现。其次，民族互嵌强调各民族在空间和物质基础上进一步建立精神层面的关联。锡尼河地区的各民族在相互嵌入的空间基础上，通过各种形式的共餐活动建立相互包容和认同的精神关系，增进了社区凝聚力。最后，锡尼河地区糕点文化的市场化发展促进了各民族之间的交流互动，糕点店铺在保持传统工艺和味道的同时，十分注重创新拓展。各民族共同参与了传承和创新糕点文化的过程，这是民族文化的共建共有共享实践，通过民族互嵌增强了共同性。

锡尼河地区糕点文化中所体现的超越族群边界、强化社会凝聚力、增进共同性的作用，有着深刻的民族互嵌内涵，是地方社会各民族从微观层面巩固民族团结，推动各民族交往交流交融，不断铸牢中华民族共同体意识的实践途径。锡尼河地区糕点文化的传承和创新过程中文化自觉、认同心理、社会关系、经济消费等多层内容深刻交织一起，充分体现了各民族在空间、文化、经济、社会、心理等方面实现全方位嵌入的过程。

第十二章

民族乡旅游文化的传承、创新与融合调研报告

申偲彤 *

【内容摘要】 当前旅游业已成为民族地区的重要产业，旅游产业发展可以全面推动地方经济、政治、文化、社会和生态综合发展效益，成为民族地区发展的一条重要途径。本章立足旅游人类学研究视角，从敖鲁古雅鄂温克民族乡旅游业发展入手，采用访谈调查、问卷调查、参与观察等方法收集资料，以旅游发展对使鹿鄂温克人的文化传承、文化创新发展和民族交往交流交融等方面的影响进行研究，进而探寻如何在旅游发展的背景下有效地实现民族文化的保护和传承，东道主社会的向好发展和民族间的交流和融合。

【关键词】 旅游人类学；敖鲁古雅；文化传承；文化创新

一、引言

人类学将旅游视为一种文化接触和交往的方式（史密斯，2002）[①]，一种涵化和发展的形式（丹尼逊，2004）[②]，会对东道主社会、文化和民众产生影响。20 世纪 70 年代以来，学者们一直关注旅游对目的地社会的多方面影响（宗晓莲，2001）。[③] 国内旅游人类学研究也一直关注旅游开发对东道主社会的影响，主要包括文化的保护和传承；旅游对当地自然、文化和观念的影响；地方民众获得的实际利益和东道主与游客之间的良性互动（彭兆荣，2004）。[④] 我们可以从以下三个方面探讨旅游发展对东道主社会文化所产生的影响。

首先，旅游发展会对东道主社会文化产生消极和积极的影响。消极影响主要

---

* 申偲彤，内蒙古大学 2022 级民族学专业本科生。

① ［美］史密斯.东道主与游客：旅游人类学研究［M］.张晓萍等译.昆明：云南大学出版社，2002.

② ［美］丹尼逊·纳什.旅游人类学［M］.宋晓莲，译.昆明：云南大学出版社，2004.

③ 宗晓莲.西方旅游人类学研究述评［J］.民族研究，2001（3）：85-94+110.

④ 彭兆荣.旅游人类学［M］.北京：民族出版社，2004：262-263.

体现在"旅游者的凝视"和市场要求下，负面地表现当地文化，掠夺性开发地方文化（马晓京，2002）。① 形成东道主文化的消失、商品化、庸俗化、价值观的退化与遗失（彭兆荣，2004）。② 改变东道主文化的存续原则，割裂当地人的族群认同，为迎合取悦旅游者凝视，扭曲东道主文化再生产（孙九霞，2009）。③ 积极影响体现在旅游开发带来东道主经济的发展（赵红梅，2010）。④ 改善当地自然环境、生活设施、交通条件（宗晓莲，2001）。⑤ 增加就业机会、提高生活水平、优化经济结构、改善社区环境（周大鸣，2014）。⑥ 有助于提升对地方知识的了解，增强东道主社会对自身的认同，提高东道主社会群体凝聚力和传承能力（彭兆荣，2004）。⑦ 也有益于向外宣传本地文化，加强民族交流、文化融合，实现东道主文化的开发利用和宣传弘扬（马翀炜，2001）。⑧ 旅游发展对东道主的影响是多方面的，其中最为重要的两点是，一方面，东道主的文化资本是旅游业的发展根基，如果没有东道主传统文化，旅游开发就没有了基础；另一方面，旅游开发的目的是获得经济利益（艾菊红，2007）。⑨ 在旅游发展过程中，把传统文化"原始地"保留下来是不可能也无法实现的。而对文化进行再创造和再生产时，需要避免将文化资源变成一种交换品和消耗品，否则最终损伤的不仅是一个优良的传统文化，也将损害到当地经济的发展。

其次，旅游发展过程中需要对东道主文化进行创新发展。旅游人类学研究中，一些学者认为只要开发得当，旅游的商品化不但不会给文化真实性带来破坏，反之有利于地方文化的繁荣发展（张晓萍，2006）。⑩ 许多情况下，旅游开发背景下催生的"文化再生产"实际上拥有传承与发展的作用，东道主、游客和政府都以不同的方式参与到这一过程中，现代大众传媒也改变和形塑着东道主文

① 马晓京．民族旅游开发与民族传统文化保护的再认识［J］．广西民族研究，2002（4）：77–83.
②⑦ 彭兆荣．旅游人类学［M］．北京：民族出版社，2004.
③ 孙九霞．族群文化的移植："旅游者凝视"视角下的解读［J］．思想战线，2009，35（4）：37–42.
④ 赵红梅．论纳西东巴文化的历史际遇——旅游情境下的"文化自觉"反思［J］．旅游学刊，2010，25（7）：12–18.
⑤ 宗晓莲．西方旅游人类学研究述评［J］．民族研究，2001（3）：85–94+110.
⑥ 周大鸣．人类学与民族旅游：中国的实践［J］．旅游学刊，2014，29（2）：103–109.
⑧ 马翀炜．民族文化的资本化运用［J］．民族研究，2001（1）：18–28+106–107.
⑨ 艾菊红．文化生态旅游的社区参与和传统文化保护与发展——云南三个傣族文化生态旅游村的比较研究［J］．民族研究，2007（4）：49–58+108–109.
⑩ 张晓萍．旅游开发中的文化价值——从经济人类学的角度看文化商品化［J］．民族艺术研究，2006（5）：34–39.

化的风格与模式（光映炯和张晓萍，2010）。[1] 应重视东道主社会和文化的能动性，东道主社会和民众参与旅游的实践将重新建构地方的意义（魏雷等，2015）。[2] 因此，有必要关注和强调东道主民众的主体性和能动性。东道主社会、文化和民众的本土化实践涉及现代与传统、本土和外部的混杂交织、互为所用，这种混杂和借用可以促进本土在物质和文化方面的发展。社区参与旅游发展恰恰为这种本土现代性提供了具体、可操作的情境（魏雷和孙九霞，2017）。[3]

最后，旅游是一种文化接触和交往的方式，旅游发展过程必将影响各民族交往交流交融进程。旅游开发中伴随而来的人员流动、观念碰撞、经济交流、婚姻结合等会对于多民族地区的民族交往交流交融产生重要影响（徐海鑫和项志杰，2018）。[4] 旅游发展可以促进各族人民的交往，文化的互动和互鉴融通，因此，旅游活动中蕴含铸牢中华民族共同体意识的天然因子（张英和于沛鑫，2022）。[5] 从我国多民族地区的文化旅游（钟洁和石洪，2022）[6]、民族村寨（蒋彬和王胡林，2022）[7]、民宿（杨明月和许建英，2022）[8] 等的建设开发情况可以充分了解旅游发展的重要作用。在这些过程中，民族地区文化旅游资源得以充分利用和开发，媒体和网络也得以充分参与和支持，政府、企业、东道主与游客都可以充分参与旅游发展，引导各民族和社会各界全过程参与。促进各民族通过这一途径加强文化交流，深度体验彼此生活方式，营造各民族共居共学、共事共乐的氛围，促进各民族交往交流交融，推动铸牢中华民族共同体意识。

本章以呼伦贝尔市敖鲁古雅鄂温克民族乡（简称"敖乡"）作为调查点，深入了解当地旅游业发展情况。在丰富的田野调查资料基础上梳理、分析当地旅游业发展对当地社会文化造成的积极和消极影响；当地文化创新发展情况；各民族

① 光映炯，张晓萍.基于旅游人类学视角的民族节日传承与发展——以西双版纳傣族"泼水节"为例［J］.中南民族大学学报（人文社会科学版），2010，30（1）：45-49.

② 魏雷，钱俊希，朱竑.旅游发展语境中的地方性生产——以泸沽湖为例［J］华南师范大学学报（社会科学版），2015（2）：99-109+190-191.

③ 魏雷，孙九霞.少数民族旅游社区现代性的本土化实践——以泸沽湖大落水村为例［J］.旅游学刊，2017，32（10）：47-56.

④ 徐海鑫，项志杰.旅游对民族杂居地区经济发展与民族交往交流交融的影响研究——以四川省阿坝藏族羌族自治州为例［J］.青海社会科学，2018（3）：42-46.

⑤ 张英，于沛鑫.西部地区旅游发展与铸牢中华民族共同体意识［J］.中南民族大学学报（人文社会科学版），2022，42（2）：37-44+182-183.

⑥ 钟洁，石洪.文化旅游促进各民族交往交流交融的价值与路径［J］.旅游学刊，2022，37（12）：9-10.

⑦ 蒋彬，王胡林.民族旅游村寨铸牢中华民族共同体意识的实践路径——基于川西北上五村的田野调查［J］.民族学刊，2022，13（6）：15-23+139.

⑧ 杨明月，许建英.民宿促进民族地区交往交流交融的价值与路径［J］.旅游学刊，2022，37（12）：10-12.

文化在旅游实践中的交往交流交融情况。

二、使鹿鄂温克人与敖鲁古雅鄂温克民族乡概况

如今生活在呼伦贝尔市根河市敖乡的鄂温克族属于我国鄂温克族三个支系其中之一，在学术研究中一般称他们为使用驯鹿鄂温克人①、使鹿鄂温克人②③，满洲驯鹿通古斯人（史禄国，1984）④等（本章使用"使鹿鄂温克人"这一称谓）。俄国学者史禄国于1915～1917年在使鹿鄂温克人中进行田野调查时了解到，在他们的传说中，是在1835年或更早的时期，从雅库兹克州迁徙到额尔古纳河右岸（史禄国，1984）。⑤1957年，郭布库、吕光天、乌云达赛等对额尔古纳旗的使鹿鄂温克人进行调查，了解到他们的故乡是雅库特州勒拿河，因野兽数量减少，在三百多年前迁徙到额尔古纳河流域。在勒拿河流域时他们拥有12个氏族，而来到中国的包括布利拖天、卡尔他昆、索罗共、给力克等4个氏族，共75户，700多人。后来又迁来了索罗拖斯氏族，从布利拖天氏族分出新的固德林氏族。⑥他们的具体迁徙路线为首先从勒拿河流域来到漠河流域的森林中游猎生活，再从那里迁徙到额尔古纳河右岸，在大兴安岭北部贝尔茨河流域，游猎于乌玛河、阿巴河、根河、得耳布尔河流域（吴守贵，2008）。⑦

20世纪初，史禄国在进行田野调查时，使鹿鄂温克人主要在额尔古纳河右岸、激流河流域、莫尔道嘎河流域生活，人数在40户左右。1918年俄国十月革命胜利后，很多俄罗斯人移到中国境内，在奇乾村建立了交易地与使鹿鄂温克人进行交易。1948年，呼伦贝尔盟额尔古纳旗政府在奇乾建立了供销合作社，并在使鹿鄂温克人中间进行广泛的宣传，使他们转向定居生活。建立民族初级小学，民族卫生所等，帮助他们开辟了新的猎场，更换了旧枪支，发给并逐年提高生活补贴费，实行免费医疗。1957年，根据党的民族区域自治政策，在这里建立了"奇乾鄂温克民族乡"，当年有8户猎民定居下来。使鹿鄂温克人开始在奇乾营造木房，实现定居生活。这一时期，他们的人口为32户，136人（男70人，女66人），他们在狩猎季节进山打猎，也从汉族农民那里学习种植技术，开始种

---

①⑥　内蒙古自治区编写组.鄂温克族社会历史调查［M］.呼和浩特：内蒙古人民出版社，1986.

②　《鄂温克族简史》编写组.鄂温克族简史［M］.北京：民族出版社，2009.

③⑦　吴守贵.鄂温克族社会历史［M］.北京：民族出版社，2008.

④⑤　［俄］史禄国.北方通古斯的社会组织［M］.吴有刚，赵复兴，孟克译.呼和浩特：内蒙古人民出版社，1984.

植农作物。[①]1960 年，以使鹿鄂温克人为主的奇乾人民公社成立。由于他们的狩猎需要沿着森林的边缘地带进行，定居不能完全意义上实现，因此除了乡长、供销社主任常年定居以外，大多数猎民都是在定居与游猎之间交替，长时间在山林里游猎，短时间在定居点生活（孔繁志，1989）。[②]

1965 年，由于狩猎区域的转换，奇乾鄂温克民族乡整体搬迁至激流河畔的敖鲁古雅（鄂温克语），意为"杨树林茂盛的河湾"，国家为使鹿鄂温克人建立了许多木刻楞房屋。并成立东方红猎业生产队，是饲养驯鹿和狩猎的生产队（董联声，2007）。[③]使鹿鄂温克人 35 户，137 人全部在这里安家（孔繁志，1989）。[④]并于同年建立满归鄂温克族乡，9 月 1 日，在敖鲁古雅召开猎民定居暨敖鲁古雅鄂温克民族乡成立大会，从此使鹿鄂温克人进入"定居行猎"和"定居放鹿"的新阶段。在内蒙古自治区人民政府制定的"护、养、猎"并举的猎业方针指导下，保护森林资源，驯养驯鹿并狩猎（吴守贵，2008）。[⑤]1968 年，建立满归镇，乡镇合一，归额尔古纳左旗管辖。1973 年单设民族乡，乡址迁至敖鲁古雅河畔，命名为敖鲁古雅鄂温克民族乡。20 世纪 80 年代之后，使鹿鄂温克人开始实施"以饲养驯鹿为主，多种经营，综合发展"的政策，实行了驯鹿包产到户，边狩猎，边饲养驯鹿，同时发展饲养业、加工业、民族工艺品业、商业等各业生产。到 20 世纪 90 年代初，仅有 3 个狩猎点，共有猎民 33 人，共饲养驯鹿 933 头（董联声，2007）。[⑥]因此，在这一时期，使鹿鄂温克人的经济方式逐渐从狩猎业转向了驯鹿业，居住与生活方式为定居与游猎，山上山下的二元形式（孔繁志，2002）。[⑦]20 世纪 60 年代至 21 世纪初使鹿鄂温克人分为五个氏族，即布利拖天（布）、索罗共（索）、卡尔他昆（何或葛）、固德林（古）和捷力克夫。其人口数和户数情况如表 12-1 所示。

表 12-1　1960 ~ 2004 年使鹿鄂温克人姓氏与人口统计[⑧]　　　（单位：户、人）

氏族	布利拖天		卡尔他昆		固德林		索罗共		捷力克夫		总	
户与人口	户	人口	户	人口	户	人口	户	人口	户	人口	户	人口
1960 年	6	23	9	35	8	45	10	38	1	2	33	148
1979 年	6	21	6	27	15	67	12	54	—	—	39	169

———————

① 《鄂温克族简史》编写组 . 鄂温克族简史 [M].北京：民族出版社，2009.

②④⑦ 孔繁志 . 敖鲁古雅的鄂温克人 [M].天津：天津古籍出版社，1989.

③⑥⑧ 董联声 . 中国最后的狩猎部落 [M].呼和浩特：内蒙古人民出版社，2007.

⑤ 吴守贵 . 鄂温克族社会历史 [M].北京：民族出版社，2008.

续表

氏族	布利拖天		卡尔他昆		固德林		索罗共		捷力克夫		总	
户与人口	户	人口	户	人口	户	人口	户	人口	户	人口	户	人口
1993 年	5	18	13	51	24	89	10	38	—	—	52	196
2004 年	5	14	9	31	19	49	17	40	—	—	50	134

2003 年，为保护地区生态环境，国家实施生态移民政策，敖乡从满归附近的旧址迁至根河近郊，建立了敖鲁古雅新村，也称为敖鲁古雅鄂温克民族乡。此次搬迁包括 62 户 173 名鄂温克族人（其中 51 户 115 人为使鹿鄂温克人）。从 2004 年开始，敖乡启动旅游业，乡民开始以不同方式参与到旅游业中。2024 年，敖乡共有 62 户，400 多人，包括达斡尔、蒙古族、俄罗斯族、回族、汉族、满族、鄂伦春族，其中鄂温克族有 212 人。旅游业已经成为乡民的最重要的生计方式，旅游业收入在乡民的全部收入中占很大甚至全部比重。

三、使鹿鄂温克人旅游业发展

（一）概况

如上文所述，2003 年 8 月，敖乡实现了整体生态移民，在根河近郊建立了敖鲁古雅新村。此次搬迁的目的为"敖乡新址建设坚持高起点、高水平、高品位的原则，以现代化小康村为建设标准，以发展生态旅游和畜牧养殖业为主要产业，准备将其建设成为一个融现代气息与浓郁民族风情为一体的生态旅游型的民族乡"（谢元媛，2010）。①乡政府鼓励当地居民发展旅游业，首先在新址附近建了一个民俗村，但因"民俗村"地点太偏僻，缺乏"生气"而失败。另外，乡政府鼓励猎民们制作具有民族特色的手工艺品作为旅游的附带产业，也不了了之（谢元媛，2010）。②2004 年，敖乡正式启动旅游业，开始建设旅游基础设施，共规划 1 个旅游接待区、1 个民俗风情区以及 5 个驯鹿放牧区（张晨等，2020）。③但因驯鹿未能实现"圈养"，不适应在根河市郊生存，部分猎民和驯鹿陆续重返

①② 谢元媛.生态移民政策与地方政府实践——以敖鲁古雅鄂温克生态移民为例［M］.北京：北京大学出版社，2010.

③ 陈晨，张志豪，段宏宇，等.敖鲁古雅使鹿鄂温克民族文化的旅游开发及社区参与研究［J］.现代营销（信息版），2020（4）：141-142.

森林，政府鼓励乡民以猎民点为基础发展旅游业。

随着景区建设不断完善，敖乡旅游业获得初步发展。2007 年，使鹿鄂温克人古革军在政府的帮助下建立了"敖鲁古雅鄂温克原始部落景区"，并不断丰富景区内的娱乐项目，起初只有驯鹿观赏和喂养的内容，后来成为集秋千、索桥、跷跷板、鹿奶列巴和烧烤等多元化项目为一体的景区（阿荣娜，2023）。[1]2008 年，根河市以打造"敖鲁古雅风情、使鹿文化特色"为目标，聘请芬兰专家对敖乡进行了整体规划设计，投入近亿元资金改善基础设施，实施景区综合建设工程，将社区打造为具有北欧风格的景区，策划并推出了居民社区与景区一体化的敖鲁古雅使鹿部落景区。同年，乡民陆续开展"家庭游"项目以获取旅游收入。2010 年，敖鲁古雅使鹿部落景区被评为国家 3A 级旅游景区。2018 年，敖鲁古雅原始部落和敖鲁古雅旅游管理公司开始合作。2022 年，敖鲁古雅鄂温克民族乡和敖鲁古雅原始部落景区被划分在一起开展旅游业，敖鲁古雅乡居民的生活社区成为敖鲁古雅鄂温克原生态民俗展示为一体的综合性旅游生态景区的重要组成部分（阿荣娜，2023）。[2]2022 年，敖鲁古雅使鹿部落景区也升级为国家 4A 级旅游景区。

如今，敖鲁古雅使鹿部落景区是呼伦贝尔市民族旅游重要目的地之一，其中包括敖鲁古雅乡社区（猎民新村）、敖鲁古雅原始部落（鹿苑）、博物馆、艺术中心等部分。旅游业已经成为敖乡居民最重要的生计方式，62 户中超过 1/3 的家庭不同程度地参与旅游业，主要分为三类：第一类为依托驯鹿资源在林区开设旅游点的经营者，简称为鹿营主；第二类为依托敖鲁古雅乡社区内的房屋开设民宿、餐厅和商铺的社区经营者；第三类为受聘于旅游景区的员工（阿荣娜，2023）。[3]笔者在 2023～2024 的田野调查中了解到，像布东霞猎民点、阿尤莎猎民点等属于第一类参与方式，是依托使鹿鄂温克人在森林中保留的猎民点开设旅游点。第二类参与具体情况为，2024 年，敖乡社区有鹿产品店 16 家、餐厅 6 家、民宿 16 家、手工体验坊 4 家、手工艺品店 11 家和列巴店 8 家。

（二）敖鲁古雅乡社区

敖鲁古雅乡社区是敖鲁古雅使鹿部落景区的重要组成部分，敖乡居民主要利用社区内的房屋建筑开设鹿产品店、手工艺品店、民宿、列巴店、手工体验坊等，旅游收入已经成为乡民的最主要收入。社区居民 SY 经营着景区内规模最大的"乌热呼特旅游纪念品商店"，她说："旅游业占我们家收入的全部比重，我们

---

[1][2][3] 阿荣娜.社会时间：乡村旅游地居民生活变迁［M］.上海：上海人民出版社，2023.

没有其他收入，挣 1~2 个月（旅游季）的钱，我们一年 12 个月的生活费都是源自旅游收入，冬季钱不够的话我们会再想办法。"①

乡民经营的鹿产品店中会售卖鹿茸、鹿心血、鹿鞭、鹿筋、鹿胎膏、鹿角粉、鹿茸血酒、鹿心、鹿尾等产品。手工艺品店内售卖的商品种类十分丰富，有手工艺品鹿角摆件、鹿角尖挂饰、驯鹿皮毛毯子、鹿骨手串、鹿皮制品、驯鹿玩偶等。未割鹿茸的驯鹿冬天时自然脱落的鹿角会被制成鹿角摆件，价格在几千元到一万多元不等，驯鹿皮毛毯子是驯鹿死亡后剥下来的皮毛经过鄂温克妇女传统的"熟皮子"工艺而制成的柔软厚实的皮革。店铺中也有鄂温克族特色工艺品太阳花、桦树皮手工艺品、撮罗子手工艺品等。游客们更倾向于购买价格不是十分昂贵的鹿角尖挂饰、太阳花、桦树皮手工艺品、撮罗子手工艺品、鹿骨手串等产品。

2024 年，敖乡民宿有 16 家，由敖乡社区居民经营，这在一定程度上与政府政策有关。XFY 指出："政府给予了优惠政策以鼓励社区居民开展旅游业，比如政府给每个民宿发放两张门票，游客住进民宿就可以获赠两张价值 180 元的敖鲁古雅原始部落门票。"②2008 年给敖乡居民建造了三室一厨一卫的二层小洋楼，后来又给每户建造了仓库，这为如今经营民宿旅游业提供了有利条件。一幢民宿一般能住 6~8 个人，价格为 700~800 元。在旅游季节，社区居民经营的民宿一般都会被订满，收入情况较为乐观。

鹿奶列巴店的规模一般较小，除了原始部落和游客大厅售卖列巴以外，社区居民经营的列巴店一般就是在居住房屋前的"撮罗子"内进行制作和售卖。列巴的价格在 20~30 元不等，以驯鹿奶、糖、盐、鸡蛋、面粉、小苏打为原料，纯炭火打制，一次只能烤一个，烤一个需要 15~20 分钟。鹿奶列巴很受游客欢迎。手工体验坊是为了满足游客的"研学"需求，包含制作太阳花、撮罗子、桦树皮烫画等手工艺品，一般是游客带着自己的孩子进行体验。

综上所述，敖乡社区依托内部的民宿、餐厅和商铺已成为敖乡旅游的重要内容，社区居民也通过开设店铺的参与模式获取可观的收入（见图 12-1）。2024 年，敖乡居民开展旅游业的意愿更加强烈，利用自己的房屋开展旅游业店铺的数量不断增加，店铺经营理念、硬件设施等越来越规范化。其中，鹿产品店、手工艺品店、列巴店等经营情况较为乐观。

---

① 访谈对象：SY；访谈时间：2023 年 7 月 27 日；访谈地点：乌热呼特旅游纪念品商店（便利店）。
② 2024 年 7 月 22 日于 XFY "冷极多加一"视频号获取资料。

图 12–1　敖乡社区

资料来源：www.sohu.com/a/475797886_101238。

（三）敖鲁古雅原始部落

敖鲁古雅原始部落（鹿苑）是敖鲁古雅使鹿部落景区核心部分，其凭借驯鹿吸引着远近的游客（见图 12–2）。该景区是在根河市近郊的一片森林中建造，内部包括以白桦树、落叶松为主的森林和河流山泉，也有魔王鼠、花栗鼠、兔子等野生动物出没，具有自然、"原始"风景特征。2007 年，古革军在政府的帮助下建立了景区，如今该景区已经成为集驯鹿观赏、驯鹿骑乘、驯鹿喂养、舞台演绎、讲解服务等多元化项目为一体的景区。敖鲁古雅原始部落建有环形木栈道，游客可以顺着木栈道环绕景区一圈，欣赏景区风景。顺着环形道设有零食商铺、工艺品和鹿产品商铺，制作鹿奶列巴的撮罗子，进行"萨满祈福"表演的祈福桥，狍子苑，体现使鹿鄂温克人的"万物有灵"信仰的神树，射击场等。也包括旅拍店，驯鹿苑，森鹿服装租赁处，表演舞台剧的演艺平台，售卖鹿产品、兽皮、手工艺品的撮罗子。

2024 年，景区中的核心部分是"驯鹿苑"，其中有 25 头驯鹿。进入驯鹿苑有一个绿色的帐篷，那里是骑乘驯鹿、租赁驯鹿的地方，也售卖一些手工艺品和鹿产品。游客可以购买苔藓喂食驯鹿。2024 年 7～8 月，提供骑乘服务的是三头较为健壮的公鹿，它们实行"轮班制"。喂食驯鹿是景区内最受欢迎的项目，各年龄段的游客都愿意购买苔藓体验喂食驯鹿的过程。租赁驯鹿拍照的比较少，一般只在旅拍项目中进行。早晨及上午，拿着苔藓从帐篷里出来的游客们会被告知"把手高举起来往林子深处走"，因为苔藓的出现会导致驯鹿抢食的情况，十几头驯鹿会蜂拥而至把拿着苔藓的游客围起来抢食。到了下午和晚上，驯鹿就不会太积极地抢游客手里食物了，一般是等着游客来投喂，或者一直趴在地上休息。

从驯鹿苑出来后，就会路过演艺平台。从 2023 年 7 月开始，《敖鲁古雅婚礼》舞台剧在此进行演出，演出场次为上午和下午各一场。演员主要为演艺公司的演员和一些暑假放假回来的大学生们，笔者在 2023 年担任过这里的演员。2024 夏季，敖鲁古雅使鹿部落景区重磅打造沉浸式演艺，在《敖鲁古雅婚礼》基础上围绕"额尔古纳河右岸"IP，改编成了《我们的敖鲁古雅》舞台剧，对敖鲁古雅歌舞《我们的敖鲁古雅》《森林中的"考考乐"》等进行演绎。此次舞台剧由专业演员登台演绎，场次也增加到了 3 场 / 天。2024 年景区的票价从 70 元涨到了 90 元，人们都说是因为增加了演出的缘故。

图 12-2　敖鲁古雅原始部落

资料来源：2023 年 8 月 2 日笔者摄。

（四）猎民点

使鹿鄂温克人在森林中的猎民点共有 14 个，其中开展旅游业的有 7 个，猎民点中的旅游业经营是使鹿鄂温克人旅游开发的三种模式之一，和敖鲁古雅使鹿部落景区开展模式相类似，即通过售卖门票、苔藓、鹿产品及手工艺品获得收入，这种旅游收入也是对使鹿鄂温克人单一驯鹿饲养业的补充。对于使鹿鄂温克人来说，猎民点可能是一种"两全其美"的既能饲养驯鹿又能开展旅游业的方式。下面介绍"布冬霞驯鹿部落"和"卡尔他昆猎民点"。

笔者于 2024 年 7 月 30 日到访了布冬霞猎民点，即"布冬霞驯鹿部落"（见图 12-3）。猎民点的大门上有"中国唯一的始鹿部落"标识。猎民点内共有 10

头驯鹿，游客可以购买苔藓投喂驯鹿，与驯鹿进行互动。营地内有三个撮罗子，两个用来打制鹿奶列巴，一个被用来堆放杂物。林子边有一块被木栅栏围起来的空地，摆放着两张长桌子招待游客。木栅栏上放着驯鹿皮、鹿角，挂着鹿骨项链、鹿角尖，还有鹿心血、鹿角粉、鹿尾、鹿鞭等产品供游客购买。比较特别的是猎民点内还有"鄂温克民族服饰体验""桦树皮画教室""太阳花教室"三个帐篷，游客不仅可以租赁使鹿鄂温克的民族服饰，还可以体验太阳花和桦树皮烫画的制作过程。另外，营地内两棵树间悬挂着"额尔古纳河右岸的故事还在继续"的横幅，并配有布冬霞和驯鹿的照片。横幅与郁郁葱葱的树林相互映衬，是猎民点中一道独特的风景线，让人不禁联想到《额尔古纳河右岸》中宁静的山林和呦呦的鹿鸣。

卡尔他昆猎民点位于距离敖鲁古雅鄂温克民族乡东南 55 公里左右的森林深处。该猎民点拥有中国数量最多的驯鹿群，大概有 300 多头。旅游季时，使鹿鄂温克人琪琪·卡尔他昆的丈夫 HL（汉族）在猎民点经营旅游业。2024 年，猎民点中有驯鹿 20 头左右，游客可以购买苔藓喂食驯鹿，猎民点旅游经营情况为，售卖门票、投喂驯鹿，以及售卖各类工艺品和鹿产品，游客也可以在猎民点就餐。猎民点的基本设施包括打制鹿奶列巴的撮罗子、供游客住宿的防蚊帐篷、被当作仓库的棉帐篷和房车。笔者在卡尔他昆猎民点期间，共有两个大的旅游团来到这里，每个旅游团 20～30 人，还有五六个散团。受访者 HL 说："除了售卖猎民点门票和喂食驯鹿的苔藓可以获得一部分收入以外，很多游客也会购买一些鹿产品和手工艺品。昨天我还卖了一张驯鹿皮呢。"①

图 12-3 布冬霞猎民点

资料来源：2024 年 7 月 30 日笔者摄。

---

① 访谈对象：HL；访谈时间：2024 年 7 月 31 日；访谈对象：卡尔他昆猎民点。

（五）博物馆

敖鲁古雅鄂温克族驯鹿文化博物馆也是敖鲁古雅使鹿部落景区中不可或缺的一部分，是使鹿鄂温克民族文化的集中展示地（见图12-4）。敖鲁古雅鄂温克族驯鹿文化博物馆于1985年成立，是一座地方性民族文化博物馆，2020年9月国家文物局信息显示，博物馆内现有藏品226件（套）、珍贵文物29件（套）。博物馆内共有五个常设展厅，分别是"我们的生活：游猎与牧养驯鹿""我们在行动：非物质文化遗产与民族志影像""我们的家园：敖鲁古雅鄂温克民族乡""我们和世界：泛北极圈文化""我们在祖国——大家庭的怀抱里"。

敖鲁古雅使鹿部落景区配备单项讲解和整体讲解服务。单项讲解是在博物馆和敖鲁古雅原始部落配备的讲解服务，其中博物馆的讲解服务由馆内工作人员承担。在2024年7~8月的旅游旺季，博物馆内部有4~5位讲解员，1位是敖乡使鹿鄂温克人，3位是敖乡汉族居民。需要博物馆讲解的游客数量较多，经常会遇到讲解员不够的情况。2024年旅游季期间，敖鲁古雅原始部落景区讲解员有3~4人，其中一位是暑期回家的大学生，据说是每年放假都来这里讲解，都是来自敖鲁古雅社区的居民。讲解内容一般为驯鹿习俗、打猎的小故事，使鹿鄂温克民族文化等。讲解员在平时也会去原始部落内的商铺售卖鹿产品和手工艺品。整体讲解一般由导游来承担，要带领游客走完"游客大厅——艺术中心——猎民新居——博物馆——鹿苑"整条路线，其中包含对艺术中心和博物馆的讲解服务。在2024年7~8月的旅游旺季，景区内有5位导游承担整体讲解服务，其中有2位是敖乡的使鹿鄂温克人，2位是临时在景区工作的汉族人，最后一位是笔者（鄂温克族）。

图12-4　敖鲁古雅鄂温克族驯鹿文化博物馆

资料来源：2023年8月3日笔者摄。

四、敖鲁古雅鄂温克民族乡旅游发展的旅游人类学分析

（一）旅游发展对当地社会文化的影响

正如族称所体现，使鹿鄂温克人是我国唯一饲养驯鹿的群体。驯鹿的习性也决定了使鹿鄂温克人需要寻找人烟稀少，苔藓石蕊丰富的森林地带。需要常年迁移场地，半野生状态饲养。驯鹿对于鄂温克人来说，是交通工具和生产工具，具有重要的经济地位和役用价值、食用价值与药用价值（卡丽娜，2006），[①]在 20 世纪 60 年代以前，驯鹿的主要价值在于役用价值和食用价值（郝时远，1996），[②]20世纪 60~80 年代，国家长期收购驯鹿茸，鹿茸收入成为使鹿鄂温克人经济的重要来源。1979 年以后，驯鹿饲养业成为使鹿鄂温克人经济的核心，使鹿鄂温克人对于驯鹿的依赖性进一步加强。1984 年，使鹿鄂温克人实行承包责任制，驯鹿集体所有，个人饲养，按饲养头数和增加头数取酬，鹿茸统一加工，统一销售，这一变化提高了个人饲养驯鹿的积极性（孔繁志，1989）。[③]

在长期饲养驯鹿过程中，驯鹿文化也深刻影响了使鹿鄂温克人的文化。语言方面，关于驯鹿的词汇十分丰富，例如，对于不同年龄、毛色、体型、性别的驯鹿都用不同的词汇表达。驯鹿在使鹿鄂温克人的各种萨满教仪式、祭典和治疗中充当重要角色（孔繁志，1989）。[④]使鹿鄂温克人的物质文化和造型艺术中也有很多内容与驯鹿有关。驯鹿文化体现了使鹿鄂温克文化的民族性，传承性和宗教性等特点（卡丽娜，2006）。[⑤]使鹿鄂温克人对驯鹿也产生了深厚的情感，他们并不愿意将驯鹿卖出，如果有人有很多驯鹿，他宁可把驯鹿借给别人，也不愿意卖出，因为怕驯鹿卖给别人后劳累消瘦。也有一些人因舍不得自己的驯鹿不愿意定居。[⑥]

20 世纪 90 年代以来，驯鹿业面临着经营管理方式不符合时代背景、饲养管理人员后继无人、驯鹿体制退化、驯鹿业与林业发展不协调、偷猎现象影响、专业性服务部门功能取向弱化等诸多问题（卡丽娜，2006）。[⑦]导致驯鹿业基本没有得到发展。也有一些学者指出在中华人民共和国成立初期到 20 世纪 80 年代曾成

---

①⑤⑦ 卡丽娜.驯鹿鄂温克人文化研究［M］.沈阳：辽宁民族出版社，2006.

② 郝时远.取代与改造：民族发展的方式选择——以鄂温克族猎民的发展为例［J］.民族研究，1996（4）：32-39.

③④ 孔繁志.敖鲁古雅的鄂温克人［M］.天津：天津古籍出版社，1989.

⑥ 内蒙古自治区编写组.鄂温克族社会历史调查［M］.呼和浩特：内蒙古人民出版社，1986.

为使鹿鄂温克人经济支柱的驯鹿茸经济并不符合市场发展环境的趋势（谢元媛，
2010）。^①对此，郝时远早在 1996 年便提出使鹿鄂温克人的经济社会发展应当选择
适应当地生态环境、符合当地人文化心理的发展路径。^②因此，在狩猎业无法继续，
驯鹿业并不能成为重要产业的情况下，使鹿鄂温克人和敖乡在旅游业中探索发展
方向，驯鹿文化与他们自然环境、森林文化等一同成为发展旅游业的重要条件。

自 2004 年正式开展旅游业至今，驯鹿和驯鹿文化一直是敖乡旅游业开发的
支撑内容，"中国驯鹿之乡""中国唯一饲养驯鹿的群体"的品牌知名度不断提高，
敖乡居民经常说："有驯鹿才有使鹿鄂温克人，才有敖乡旅游业的发展。"我们在
上文旅游业开发内容中已经了解到驯鹿和驯鹿文化的重要性，主要体现在三个方
面。首先，在敖鲁古雅使鹿部落景区中最能吸引游客的就是"敖鲁古雅原始部
落"。其中共有 20 多头驯鹿，大多数游客千里迢迢来到这里就是为了看它们，体
现了驯鹿的旅游观赏价值。其次，驯鹿产品、手工艺品的销售在敖乡旅游业中也
扮演重要角色。鹿产品、鹿奶食品和驯鹿相关工艺品的售卖为当地居民带来可
观的收入。最后，景区中包含的"敖鲁古雅鄂温克族驯鹿文化博物馆"是对使鹿
鄂温克人驯鹿文化的集中展示，涉及驯鹿基本情况、驯鹿用具、食物、迁徙情况
等。想要了解驯鹿和使鹿鄂温克人的游客会进入博物馆参观。

从旅游发展对东道主社会带来的积极影响来看，旅游确实促进了使鹿鄂温克
人的经济和文化的发展，在国家政策和地方政府的不断支持和建设下，敖鲁古雅使
鹿部落景区的设施条件一步步得到改善，成为如今呼伦贝尔市民族旅游的重要目的
地，敖乡社区的基础设施也逐渐完善，居民的收入增加并获得了更多就业机会，社
区居民成为旅游经济的直接受益者。旅游业为驯鹿文化进一步传承和发展提供了
有利空间，毕竟在驯鹿业面临困境时，敖乡政府和民众在旅游业中获得了发展方
向，其核心吸引力便是使鹿鄂温克人的驯鹿和驯鹿文化。因此，驯鹿业也得到了
持续的扶持和开发，使鹿鄂温克人可以同时经营驯鹿业和旅游业维持生计，在此
过程中，当地人对驯鹿文化的珍视和认同会进一步加强，驯鹿文化得到传承和发
展，以驯鹿文化为代表的当地文化得到向外宣传的机会，促进了文化的交流与融合。

伴随旅游业发展而来的消极影响也十分明显，主要体现在以下三个方面：
①旅游商品同质化。笔者在调研时发现，敖乡出售的工艺品和其他旅游景区的产
品基本一样，社区居民们经营的店铺中的商品都是完全一样的。旅游商品的过

---

① 谢元媛.生态移民政策与地方政府实践——以敖鲁古雅鄂温克生态移民为例［M］.北京：北京大
学出版社，2010.

② 郝时远.取代与改造：民族发展的方式选择——以鄂温克族猎民的发展为例［J］.民族研究，1996
（4）：32–39.

度同质化，可能导致文化底蕴的丧失，不利于民族文化的传承和创新。②过度商品化。例如，在 2024 年的原始部落景区"萨满祈福"旅游项目中，演出人员在萨满教的"万物有灵"观念的基础上出售"祈福牌"。"来到这里的人都是有福报的，敖鲁古雅万物有灵，你把心愿写在祈福牌上，把愿望、心事说给山川湖泊，日月星辰听，他们会回馈你的"，① 这种将民族文化过度商品化的结果无疑会损害和破坏文化，损害神圣意义或象征意义的文化要素。③旅游业与驯鹿业存在矛盾。虽然旅游开发促进了使鹿鄂温克人的经济文化发展，但旅游业和驯鹿业也存在着内部的不协调。一方面，旅游业可能会导致驯鹿种群的缩小。如使鹿鄂温克人 TJYN 所说："如果游客摸过宠物狗再触摸驯鹿的话，就会使驯鹿染上传染病，这样会让我们驯鹿的数量越来越少"。② 游客的增多也会使景区内的污染加剧，驯鹿误食垃圾死亡的情况也时有发生。受访者 HL 也表示："旅游业的开展让我的驯鹿越来越少了。"③ 工作人员经常表示"看不住游客，有些游客就是会做出伤害驯鹿的行为"。④ 另一方面，每年秋天是驯鹿未被割掉的鹿茸骨化成鹿角的时间，鹿茸会经历一个"蜕掉茸皮"的过程。这个季节驯鹿的鹿角一般是凌乱地挂着茸皮，沾着茸血，需要等到驯鹿自己去树上把茸皮蹭掉变成鹿角。但是景区中的驯鹿会被人为地割掉茸皮，只为了给游客留下"好"印象，与驯鹿生长的自然规律相违背。

综上所述，旅游发展对东道主社会和文化具有消极和积极的影响，旅游人类学主要认为，一方面，东道主的文化资本是旅游业的发展根基，如果没有东道主传统文化，旅游开发也就没有了基础；另一方面，旅游开发的目的是获得经济利益（艾菊红，2007）。⑤ 在旅游发展过程中，把传统文化"原始地"保留下来是不可能也无法实现的。而对文化进行再创造和再生产的同时，需要避免将文化资源变成一种交换品和消耗品，否则最终损伤的不仅是一个优良的传统文化，也将损害到当地经济的发展，断绝了可持续发展的条件。

（二）旅游发展中的创新实践

旅游人类学研究主要强调旅游开发过程中地方文化的传承与再造。在此过程中，应注重东道主社会和民众、游客和政府的参与性；现代大众传媒和网络环境

---

① 笔者于 2024 年 8 月 9 日在敖鲁古雅原始部落"萨满祈福"地获取资料。
② 访谈对象：TJYN；访谈时间：2024 年 8 月 11 日；访谈地点：敖鲁古雅原始部落。
③ 访谈对象：HL；访谈时间：2024 年 7 月 31 日；访谈地点：卡尔他昆猎民点。
④ 笔者于 2024 年 8 月 5 日在敖鲁古雅原始部落获取资料。
⑤ 艾菊红.文化生态旅游的社区参与和传统文化保护与发展——云南三个傣族文化生态旅游村的比较研究［J］.民族研究，2007（4）：49-58，108-109.

的作用；东道主社会和文化的能动性。近年来，随着大量旅游者的到来，敖乡社区不可避免地被裹挟进现代化的浪潮中，社区居民努力协调"本土"和"现代"的关系，促进了社区在经济、观念、文化、社会关系等方面的创新实践。

敖乡通过旅游业快速步入现代经济体系，经济得到发展，当地人也迅速适应了这一变化。例如，敖乡居民主动寻找致富门路，开展"家庭游"等旅游业经营方式。20年来，他们依靠经营民宿、猎民点旅游业、鹿产品店、手工艺品店等在旅游旺季获得收入以支撑一年的家庭支出。除了旅游季的收入以外，就通过积攒下来的零散客源向游客售卖产品作为经济来源。大规模的旅游流动裹挟着不同地域与不同民族的文化要素、思想观念、生活方式等一并流动和交融（孙九霞，2020）。[①]大量旅游者的到来也给敖乡居民带来了"新"的消费观念，物质的富足明显提升了居民的生活水平，敖乡居民开始模仿他们的消费观念，将剩余财富投入到精神需求之中，追求更高品质的生活，改变了原有"原始富足"的经济方式（詹姆斯，2024）。[②]正如雨果所说："你可以去坚持传统，那你没收入啊，偶尔出去下个馆子也要百十块钱，再说年轻人谁不用电脑、手机，谁没个爱好，人都有精神需求"。[③]SRH讲述她的经历时谈道："2003年我们刚来的时候还要坐公交，但现在基本家家都有车了，条件越来越好了"。[④]因为发展旅游业，本地人很容易结识外来的旅行者，社会交往的范围扩大到全国、全球。旅游业促进了东道主与游客之间社会联系的多元化发展，促进了社区社会关系的创新。随着敖乡游客量不断增加，敖乡居民对外部世界认知不断加深，与外部社会的交往增加。例如，笔者在调研中了解到，有的游客在民宿居住后，和居民成了好朋友，每年互相邮寄特产，联系密切，甚至还会回访敖乡。伴随着敖乡旅游业发展，旅游公司、个体户、表演团队等不断进驻当地，东道主民众、游客和企业等主体通过旅游业联系在一起。但旅游发展并未对敖乡传统的社会关系造成较大的冲击，敖乡社区依然以血缘和氏族关系为主体。

敖乡旅游发展在一定意义上是在文学、影视和网络的推动下实现的。2008年，迟子建的长篇小说《额尔古纳河右岸》获得第七届茅盾文学奖。小说中以被誉为"中国最后一位女酋长"的使鹿鄂温克人玛利亚·索的自述口吻，讲述了一

---

① 孙九霞.旅游流动影响下的民族交融与认同凝聚：对"多元一体格局"的再思考 [J].中央民族大学学报（哲学社会科学版），2020，47（5）：75-86.

② ［英］詹姆斯·苏兹曼.原始富足：布须曼人的生活之道 [M].赵宏译.北京：中译出版社，2024.

③ 笔者于2024年8月15日王静远在央视网公众号发表的《当大兴安岭的孩子准备离开森林》文章中获取资料。

④ 访谈对象：SRH；访谈时间：2023年7月31日；访谈地点：敖鲁古雅社区。

个民族顽强的抗争和优美的爱情，使"额尔古纳河右岸"的使鹿鄂温克人走进人们的视野，被广大读者誉为"一部令人震撼的民族史诗"。如今，敖乡旅游业发展中，很多场景都采纳"额尔古纳河右岸"的影响力。比如，布冬霞猎民点内悬挂着大大的横幅"额尔古纳河右岸的故事还在继续"，布冬霞作为国家级非物质文化遗产"驯鹿习俗"的传承人，十分善于运用网络资源。她的抖音账号"布冬霞（使鹿鄂温克人）"拥有 8.2 万粉丝，她的自媒体创作内容主要是猎民点的驯鹿、生活和文化，吸引着无数的游客慕名而来。"额尔古纳河右岸"的内容也出现在敖乡景区的官方公众号、抖音号等宣传平台，"额尔古纳河右岸"已成为敖鲁古雅使鹿部落景区开展宣传工作的重要途径。2000 年以后，顾桃摄制的"鄂温克三部曲"：《敖鲁古雅·敖鲁古雅》《雨果的假期》《犴达罕》十分出名，展现使鹿鄂温克人生活状况的这三部纪录片在国内外广泛的关注和讨论，成为使鹿鄂温克人对外宣传的一个重要途径。20 年以后，柳霞的儿子，《雨果的假期》的主角雨果，已经成长为使鹿鄂温克人的代表人物，他在网络上被誉为"驯鹿妈妈"柳霞的儿子，被迟子建称作"森林娇子"。很多人通过雨果的自媒体平台继续关注柳霞、维佳、雨果和使鹿鄂温克人。雨果作为使鹿鄂温克人的年青一代，积极利用互联网平台抖音、小红书等平台宣传民族文化，也一定程度上投入了使鹿鄂温克人的旅游业发展中，例如，接待一些喜欢呼伦贝尔和使鹿鄂温克民族文化的研学团和旅游团等。由此看来，雨果正在通过经营驯鹿业、旅游业、自媒体等多种途径思考和探索民族的处境和未来发展。

因此，网络平台成为宣传民族文化和旅游内容的重要途径，如"TJYN 敖鲁古雅使鹿鄂温克"在抖音平台对驯鹿的日常活动进行直播，琪琪·卡尔他昆利用抖音平台售卖自己制作的太阳花、民族头饰等手工艺品。越来越多的居民把抖音等互联网平台作为旅游业和文化的宣传方式，拓展了文化及旅游业传播的路径，提高了其传播效率，敖乡社区知名度得以提高。另外，2024 年 8 月，敖鲁古雅旅游公司通过官方抖音、视频号等互联网平台全天、多时段直播驯鹿的生活，还利用互联网平台进行旅行推荐、旅游攻略和景区宣传等，对敖乡旅游业进行多角度、全面的宣传。这使得游客能够较全面地了解敖鲁古雅使鹿部落景区的设施和各类旅游活动。

从整体来看，敖乡旅游业发展中，政府、社区居民、旅游公司乃至游客等多元主体积极参与进来。敖乡政府对社区居民参与旅游业起到了有力的推动作用。旅游公司对景区设施、项目等的打造以及利用大众传媒进行宣传是敖乡旅游业发展的关键原因。社区居民以"猎民点"旅游、旅游商铺、旅游公司员工等不同方式参与到旅游业发展中。而游客对各种旅游项目的参与和互动则是景区持续发展的不竭动力，促进了旅游业的可持续发展。敖乡东道主社会及其文化的能动性使得"商品化"产生积极作用。因此，旅游开发中，应当注重民族性和地方性为主体的内生性发展，将东道主的文化生态贯穿在旅游开发过程中，满足当地居民日常生活和人际交往的需求，可持续地维护和传承地方传统生产、生计和生活的基本要素的内在活力，在此基础上鼓励和培育当地居民进行文化产品和生活景观的开发和创意再生产（麻国庆，2017）。①

（三）旅游发展中的民族关系

敖鲁古雅使鹿部落景区旅游业作为各民族接触和互动的场所，在促进文化传承，经济增长，改善民生的同时，也促进各民族语言相通、文化认同和社会交往，产生了全面推动地方经济、政治、文化、社会和生态综合发展效益，在促进各民族交往交流交融等方面有着多重价值。旅游发展中的多民族关系方面，由于旅游是一种文化接触和交往的方式，因此有利于各族群、民族间的交流和融合。

敖鲁古雅鄂温克民族乡是敖鲁古雅使鹿部落景区的一部分，是一个多民族聚居的少数民族地区，生活着鄂温克族、汉族、达斡尔族、鄂伦春族、俄罗斯族、满族和回族等民族，是典型的民族杂居地区。在20年的旅游发展进程中，社区各民族共同参与，交往互助，促进敖乡旅游业的迅速发展。没有敖乡社区居民参与的旅游业是不完整的。正如社区汉族居民XFY所说："旅游要形成一盘棋，它不是一个人，一个部落能经营得起来的，是各民族在相互合作的过程中，互相取长补短，借势借力，互相学习，才形成了一个敖乡旅游的大景区。"② 各民族居民同处一个旅游景区、共享相同的旅游资源，在交往过程中，各民族间产生了"合作互惠"关系，彼此间的情感联系加深，关系更加密切。例如，社区内各民族都可以售卖使鹿鄂温克族的产品，且已经成为敖乡的普遍现象，被使鹿鄂温克人所接受。使鹿鄂温克人SY解释说："敖乡里的其他民族也会售卖我们民族的产品，我们都会很高兴，因为这是在传承民族文化。刚开始这种民族的东西我们只在内部传承和消化，搬家之前也没有其他民族来传承学习我们的文化，但是现在我们认识到我们的民族数量很少，力量很弱，越多人知道使鹿鄂温克人我们越高兴，他们也在传承我们的文化，为什么不好呢？"③

伴随着旅游业的快速发展，外来投资不断增加，企业家、创业者带资金带项

---

① 麻国庆.民族村寨的保护与活化［J］.旅游学刊，2017，32（2）:5-7.

② 访谈对象：XFY；访谈时间：2024年8月3日；访谈地点：敖鲁古雅鄂温克民族乡。

③ 访谈对象：SY；访谈时间：2023年7月27日；访谈地点：乌热呼特旅游纪念品商店（便利店）。

目纷纷落地入驻，如敖鲁古雅酒店等，与当地社会产生利益联结。2018 年，敖鲁古雅原始部落和敖鲁古雅旅游管理公司开始合作。旅游公司入驻敖乡使得敖乡社区的多民族互动更加强烈。社区居民和不同民族的公司员工处在同一个景区内，形成了更多互动交流机会。从 2023 年 7 月开始，敖鲁古雅使鹿部落景区开始打造敖鲁古雅歌舞剧演艺，汉族、鄂温克族、达斡尔族、蒙古族、满族的演员们进入景区，为敖鲁古雅文化的传承与发展贡献力量。旅游业的发展使得敖乡形成了大杂居小聚居的多民族互嵌式社会结构。在旅游情境中，各族人民共同团结奋斗，共同繁荣发展。正如在景区内随处可见的"中华民族一家亲、同心共筑中国梦""铸牢中华民族共同体意识""民族团结手牵手"标语，是"铸牢中华民族共同体意识"在敖乡旅游业中生根发芽的例证。

　　旅游是不同民族体验彼此生活的重要方式，也是各民族交往交流交融的有效手段，促进各民族间情感联结的加强。Chris Ryan 提出了"旅游者—朋友模型"，他认为旅游者与目的地居民关系发展会经历从"旅游者"到"宾客"到"朋友"的过程，他们可以在更为平等的基础上参与到社区的某些事件中去。[①] 旅游活动的进行不仅拉近了各民族的空间距离，还促进了各民族在语言、文化、社会、情感等方面的交融，也有利于进一步形成共同体。正如笔者在田野中了解到，敖乡社区居民与游客在出售—购买旅游产品或居住民宿的过程中，不止于形成"旅游者"和"宾客"关系，还会形成朋友等较为亲密的关系。比如社区居民 SYH 家里还摆放着游客朋友给他邮寄过来的礼物，"在我家民宿居住后，我俩成了好朋友，每年都会互相邮寄特产，经常联系，还会再来我家串门"。[②]2024 年旅游季在敖鲁古雅原始部落上演的《我们的敖鲁古雅》舞台剧的结尾，不同民族的游客与演员们伴随着歌曲《最炫民族风》共同跳舞，欢乐互动；在篝火晚会上，在场的所有人手拉手载歌载舞，共同跳起敖鲁古雅的篝火舞。

　　综上所述，现代社会的旅游流动，使各民族在生活上相互交流，经济上相互促进，文化上互鉴融通，构建了更加紧密联系、有机互动、相互促进的中华民族共同体。[③]敖鲁古雅使鹿部落景区旅游业的开展构成了社区居民之间接触的场所、游客与社区居民接触的场所、各民族就业群体接触的场所、本地人与外来主体接触的场所，是对民族交往交流交融的生动实践（张英和于沛鑫，2022）。

---

　　① 　Chris Ryan. Recreational tourism: a social science perspective［M］.Romedge Press，1991: 36–37.
　　② 　访谈对象：SYH；访谈时间：2023 年 7 月 31 日；访谈地点：敖鲁古雅鄂温克族乡。
　　③ 　张英，于沛鑫．西部地区旅游发展与铸牢中华民族共同体意识［J］.中南民族大学学报（人文社会科学版），2022，42（2）：37–44，182–183.

参考文献

［1］Ara E, Tucker H, Coetzeewj. Handicrafts-enacted : Non-human agency and tourism realities ［J］. Journal of Hospitality and Tourism Management, 2022（50）: 345-354.

［2］Bathelt H, Schuldt N. International trade fairs and global buzz, Part I : Ecology of global buzz ［J］. European Planning Studies, 2010, 18（12）: 1957-1974.

［3］Chris Ryan. Recreational tourism : A Social Science Perspective ［M］. Romedge Press, 1991.

［4］Nonaka I. A dynamic theory of organizational knowledge creation ［J］. Organization science, 1994, 5（1）: 14-37.

［5］Storper M, Venables A J. Buzz : The economic force of the city ［C］//Druid Summer Conference.2002.

［6］Unesco.Convention for the Safeguarding of the Intangible Cultural Heritage ［EB/OL］.（2003-10-17）［2024-07-12］. https://atom.archives.unesco.org/recommendation-on-safeguarding-of-traditional-culture-and-folklore.

［7］Unesco.Recommendation on the Safeguarding of Traditional Cultural and Folklore ［EB/OL］.（1989-11-15）［2024-07-12］. https://www.unesco.org/en/legal-affairs/recommendation-safeguarding-traditional-culture-and-folklore.

［8］阿·巴达玛苏荣.锡尼河布里亚特蒙古历史与文化［M］.呼伦贝尔：内蒙古教育出版社，2010.

［9］阿拉坦苏布达.象征人类学视角下婚礼礼物交换研究——以乌珠穆沁婚礼为例［D］.内蒙古大学硕士学位论文，2022.

［10］阿拉坦巴根.蒙古族四胡演奏家孙良［M］.呼和浩特：内蒙古人民出版社，1985.

［11］［美］安德森.中国食物［M］.马孆，刘东译.南京：江苏人民出版社，

2003.

［12］艾菊红.文化生态旅游的社区参与和传统文化保护与发展——云南三个傣族文化生态旅游村的比较研究［J］.民族研究，2007（4）：49-58，108-109.

［13］宝音达来，乌云达来，雷波.游牧生活——美食［M］.呼和浩特：内蒙古教育出版社，2019.

［14］阿荣娜.社会时间：乡村旅游地居民生活变迁［M］.上海：上海人民出版社，2023.

［15］巴拉登，达林台.察哈尔蒙古族风俗［M］.呼和浩特：内蒙古人民出版社，2009.

［16］［英］巴吉尼.吃的美德：餐桌上的哲学思考［M］.闫佳译.北京：北京联合出版公司，2016.

［17］白永芳.哈尼族女性传统服饰及其符号象征［D］.中央民族大学硕士学位论文，2005.

［18］包永兰.蒙古族萨满仪式结构与象征研究［D］.内蒙古大学硕士学位论文，2013.

［19］鲍可心.翁牛特蒙古族刺绣的象征人类学阐释［D］.内蒙古师范大学硕士学位论文，2019.

［20］包克诚.科尔沁地区蒙古族四胡文化的传承研究［D］.中央民族大学硕士学位论文，2009.

［21］布林特古斯主编.蒙古族民俗百科全书［M］.呼和浩特：内蒙古教育出版社，2015.

［22］陈红.民族服饰与民族身份——基于内蒙古蒙古族服饰口述史、"老照片"和文献记载材料［D］.内蒙古大学硕士学位论文，2012.

［23］崔思朋.北方农牧交错带与北疆文化研究［J］.内蒙古大学学报（哲学社会科学版），2023，55（6）：24-25.

［24］陈锦均.度戒：对公母山瑶族一项宗教仪式的民族志研究［D］.广西民族大学硕士学位论文，2014.

［25］陈旸.乐书：卷128［M］.郑州：中州古籍出版社，2019.

［26］陈海东，林桦，杨博涵.论非遗产业化过程中传承人的困境与发展出路——以东莞莞香为例［J］.文化创新比较研究，2023，7（1）：84-88.

［27］陈彩虹.有限的"钱"［J］.书屋期刊，2024（2）：12-18.

［28］陈纪，张笑语.共享资源建设视域下中华民族共同体意识的铸牢路径［J］.中南民族大学学报（人文社会科学版），2021（5）：26-33.

［29］陈祥军.阿尔泰山游牧者［M］.北京：社会科学文献出版社，2012.

［30］陈运飘，孙箫韵.中国饮食人类学初论［J］.广西民族研究，2005（3）：47-53.

［31］陈志明，马建福，马豪.共餐、组织与社会关系［J］.西北民族研究，2018（4）：80-90.

［32］朝克赛，阿拉坦宝力格.内蒙古牧区多民族乡村社区互嵌研究——以罕乌拉嘎查为例［J］.中华民族共同体研究，2022（3）：132-143，175.

［33］成尚荣.地方性知识视域中地方性课程开发［J］.课程教材法，2009（9）：3-8.

［34］陈晨，张志豪，段宏宇，等.敖鲁古雅使鹿鄂温克民族文化的旅游开发及社区参与研究［J］.现代营销（信息版），2020（4）：141-142

［35］丁木乃.洁净与污秽——凉山彝族尼木措毕中祛污洁灵仪式案例研究［D］.西南民族大学博士学位论文，2020.

［36］董继梅.多民族互嵌格局中的集体记忆与中华民族共同体认同［J］.贵州民族研究，2024，45（3）：99-105.

［37］丁骋骋.从洗儿钱到压岁钱［J］.金融博览，2023（1）：26-27.

［38］段义孚.恋地情结［M］.北京：商务印书馆，2018.

［39］［美］丹尼逊·纳什.旅游人类学［M］.宋晓莲译.昆明：云南大学出版社，2004.

［40］董联声.中国最后的狩猎部落［M］.呼和浩特：内蒙古人民出版社，2007.

［41］鄂温克族自治旗统计局.鄂温克族自治旗2023年国民经济和社会发展统计公报［Z］.2024.

［42］鄂温克族自治旗史志编纂委员会编.鄂温克族自治旗志（2006-2016年）［M］.呼伦贝尔：内蒙古文化出版社，2018.

［43］《鄂温克族简史》编写组.鄂温克族简史［M］.北京：民族出版社，2009.

［44］恩和其其格.布里亚特饮食的文化人类学探析［D］.内蒙古师范大学，2016.

［45］郭寅曼，季铁，闵晓蕾.非遗手工艺的文化创新生态与设计参与价值［J］.装饰，2021，337（5）：102-105.

［46］高丙中.非物质文化遗产保护实践的中国属性［J］.中国非物质文化遗产，2020（1）：49-53.

［47］光映炯，张晓萍．基于旅游人类学视角的民族节日传承与发展——以西双版纳傣族"泼水节"为例［J］．中南民族大学学报（人文社会科学版），2010，30（1）：45-49.

［48］［美］格尔茨．地方知识［M］．北京：商务印书馆，2016.

［49］海涛．从日常饮食到文化体验：宁夏吴忠早茶文化的饮食实践与社会交往研究［J］．回族研究，2021，31（4）：86-93.

［50］郝时远．文化自信、文化认同与铸牢中华民族共同体意识［J］．中南民族大学学报（人文社会科学版），2020，40（6）：1-10.

［51］郝时远．取代与改造：民族发展的方式选择——以鄂温克族猎民的发展为例［J］．民族研究，1996（4）：32-39.

［52］郝亚明．民族互嵌式社会结构：现实背景、理论内涵及实践路径分析［J］．西南民族大学学报（人文社会科学版），2015（3）：22-28.

［53］郝亚明．民族互嵌与民族交往交流交融的内在逻辑［J］．中南民族大学学报（人文社会科学版），2019（3）：8-12.

［54］何元凯，周超，郝国强．饮食文化叙事与铸牢中华民族共同体意识：广西米粉文化溯源［J］．民族学刊，2021，12（12）：16-22，125.

［55］胡周艳，李若青．姚安县彝族女性服饰文化的象征人类学考察［J］．文山学院学报，2020，33（5）：12-14.

［56］黄启香．象征人类学视野下布依族丧葬礼物研究——以册亨县丫他镇八窝村为例［D］．贵州大学硕士学位论文，2021.

［57］哈日盖．鄂尔多斯"奈日"仪式中的乐器表演——以蒙古四胡传统技法的演奏为例［J］．民族音乐，2022（1）：60-62.

［58］呼伦贝尔市妇联权益和发展联络部．京蒙协作呼伦贝尔市太阳花手工艺品培训成果展示活动圆满举办［Z］．呼伦贝尔市巾帼风采，2024.

［59］胡雯雯．跨文化交际中逆向文化冲击的原因及对策［J］．吉林工程技术师范学院学报，2022，38（5）：38-41.

［60］哈·丹碧扎拉桑编著．蒙古民俗学［M］．辽宁：辽宁民族出版社，1995.

［61］呼和宝音编著．蒙古风俗追溯［M］．呼伦贝尔：内蒙古文化出版社，1988.

［62］黄树贤，兰恩华．中华人民共和国政区大典（内蒙古自治区卷）［M］．北京：中国社会出版社，2018.

［63］黄胜进．作为"地方性知识"的非物质文化遗产之文化价值探微［J］．天府新论，2006（6）：108-110.

［64］哈斯.浅谈"阿巴嘎黑马"地理标志畜产品可持续发展［J］.内蒙古科技与经济，2023（19）：23-25，29.

［65］蒋星梅，杨甫旺.彝族村落社会中女性择偶观的转变及影响——滇中Z村的个案研究［J］.贵州民族研究，2008（2）：95-100.

［66］简小文.论"北疆文化"的基本问题［J］.内蒙古社会科学，2023，44（6）：2，19-25.

［67］金永兵.文艺的文化担当：建构新的社会共识和身份认同［J］.文艺参考报，2019（2247）：11-15.

［68］蒋彬，王胡林.民族旅游村寨铸牢中华民族共同体意识的实践路径——基于川西北上五村的田野调查［J］.民族学刊，2022，13（6）：15-23，139.

［69］科尔沁右翼中旗志编纂委员会.科尔沁右翼中旗志［M］.呼和浩特：内蒙古人民出版社，1993.

［70］康建国，翟禹.北疆文化的时代价值［J］.内蒙古社会科学，2023，44（5）：40-46，213.

［71］孔繁志.敖鲁古雅的鄂温克人［M］.天津：天津古籍出版社，1989.

［72］孔繁志.敖鲁古雅鄂温克人的文化变迁［M］.天津：天津古籍出版社，2002.

［73］卡丽娜.驯鹿鄂温克人文化研究［M］.沈阳：辽宁民族出版社，2006.

［74］拉姆央金."温巴顿"的仪式象征建构与文化功能表述研究［D］.西藏大学硕士学位论文，2022.

［75］李小芳，阿华.作为通过仪式的凉山彝族"尼木措毕"及其象征意义——基于甘洛县格尔家支的田野调查［J］.原生态民族文化学刊，2020，12（3）：151-156.

［76］李玉琴.沟通人神：藏族服饰的象征意义及解读［J］.西藏大学学报（社会科学版），2010，25（2）：86-91.

［77］廖璇.民族艺术、集体记忆、符号象征——贵州水族马尾绣研究［D］.西南民族大学博士学位论文，2020.

［78］林纯洁.龙与鹰：中德政治符号与文化象征的比较［J］.云南大学学报（社会科学版），2016，15（3）：81-86，112.

［79］刘志雄，杨静荣.龙与中国文化［M］.北京：人民出版社，1992.

［80］刘春呈.铸牢中华民族共同体意识的饮食文化认同进路［J］.广西民族研究，2021（2）：43-52.

［81］刘慧.从象征人类学的视角解析贵州盘县淤泥乡彝族丧葬仪式［J］.毕

节学院学报，2013，31（11）：29-32.

［82］刘吉平.太阳、月亮、星星及鱼——白马藏族人服饰中的符号语言特征探析［J］.天水师范学院学报，2010，30（4）：45-49.

［83］刘志扬.饮食、文化传承与流变——一个藏族农村社区的人类学田野调查［J］.开放时代，2004（2）：108-119.

［84］龙珠多杰.藏式佛塔建筑的象征体系探析［J］.古建园林技术，2016（2）：43-48.

［85］刘武斌.蒙古族四胡作品创作及相关问题研究［D］.内蒙古大学硕士学位论文，2012.

［86］吕龙，吴悠，黄睿等."主客"对乡村文化记忆空间的感知维度及影响效应——以苏州金庭镇为例［J］.人文地理，2019，34（5）：69-77，84.

［87］刘玄宇，张争胜，牛姝雅.南海《更路簿》非物质文化遗产集体记忆的失忆与重构［J］.地理学报，2017，72（12）：2281-2294.

［88］李大龙，刘壮壮.试论北疆文化的范畴、内涵与价值［J］.内蒙古社会科学，2023，44（5）：2，33-39.

［89］林南生.春节后的文化反思［J］.广西教育，2014（12）：35-36.

［90］陆静.让压岁钱回归祝福和心意的本质［N］.钦州日报，2018-02-23.

［91］李维坚.给晚辈送"精神压岁"［J］.今日海南，2008（1）：40.

［92］梁洁.从文化人类学的角度看压岁钱［J］.大众文艺，2018（7）：236.

［93］刘晓佳.新时期乡村知识分子问题研究［D］.浙江农林大学硕士学位论文，2016.

［94］李静，于晋海.从地域认同到文化共享——牧区民族互嵌式社区的实践路径［J］.贵州民族研究，2019，40（4）：41-44.

［95］李文华.农业文化遗产的保护与发展［J］.农业环境科学学报，2015，34（1）：1-6.

［96］李飞龙.从"门当户对"谈起：论中国农村社会的择偶观（1950到1980年代）［J］.晋阳学刊，2011（4）：33-37.

［97］罗萍.武汉人婚姻家庭观念现状分析［J］.浙江学刊，1999（5）：46-48.

［98］刘威.悖论及治理：爱情"剩"世背后的"新城乡二元结构"［J］.学术论坛，2017，40（5）：45-52.

［99］廖勇，刘怡，李庆芳.传统手工艺创新——共创视野下传统工匠与时尚设计师的合作机制研究［J］.装饰，2021，335（3）：120-123.

［100］刘相军，张士琴，孙九霞．地方性知识对民族旅游村寨自然环境的治理实践［J］．旅游学刊，2021，36（7）：27-42.

［101］朗雅娟．地方性知识的产生与阐释——以侗族歌谣分类研究为例［J］．民族文学研究，2020，38（5）：117-122.

［102］廖四顺．乡村非物质文化遗产保护传承与旅游高质量互动发展［J］．社会科学家，2024（2）：86-92.

［103］李晓明．论"社区"与非遗整体性保护［J］．贺州学院学报，2016（3）：21-24.

［104］李朝辉．集体记忆：铸牢中华民族共同体意识的重要资源［J］．探索，2023（3）：65-75.

［105］罗意．欧美学界中国阿尔泰山游牧社会的人类学研究［J］．北方民族大学学报（哲学社会科学版），2017（3）：83-87.

［106］马海云，晏妮．清真寺建筑的象征人类学分析［J］．学术探索，2016（12）：56-62.

［107］马成明．多元文化社会中的日常饮食实践与群体共生——基于宁夏银川的人类学考察［J］．贵州民族研究，2021，42（3）：133-141.

［108］麻国庆．民族研究的新时代与铸牢中华民族共同体意识［J］．中央民族大学学报（哲学社会科学版），2017，44（6）：21-27.

［109］麻国庆．民族村寨的保护与活化［J］．旅游学刊，2017，32（2）：5-7.

［110］莫幼政，何厚棚．中国传统文化传承人保护研究［J］．广西师范学院学报（哲学社会科学版），2019，40（2）：46-51.

［111］木其尔．蒙古四胡艺术研究——以民间艺人特布沁白乙拉为例［D］．内蒙古师范大学硕士学位论文，2020.

［112］孟根其其格，青山编著．蒙古族传统习俗文化［M］．辽宁：辽宁民族出版社，2008.

［113］蒙古学百科全书《民俗卷》编辑委员会．蒙古学百科全书·民俗［M］．呼和浩特：内蒙古人民出版社，2010.

［114］麻国庆，朱伟．文化人类学与非物质文化遗产［M］．北京：生活·读书·新知三联书店，2018.

［115］马雯．民族地区非遗融入学校教育的文化困境与优化路径——以宁夏L县非遗进校园活动为例［J］．民族教育研究，2024，35（2）：129-135.

［116］莫其尔．新世纪阿巴嘎——阿巴哈纳尔潮尔道传播研究［D］．内蒙古大学硕士学位论文，2021.

［117］马晓京.民族旅游开发与民族传统文化保护的再认识［J］.广西民族研究，2002（4）：77-83.

［118］马翀炜.民族文化的资本化运用［J］.民族研究，2001（1）：18-28，106-107.

［119］娜布其.蒙古族传统奶食文化探析［J］.语文学刊，2010（21）：131-132.

［120］聂静虹，左翊廷，郑汉卿.谁是对的人：社交媒体如何影响青年人的择偶观［J］.中国地质大学学报（社会科学版），2024（4）：143-156.

［121］纳日碧力戈.论作为中华民族现代文明组成部分的北疆文化［J］.内蒙古大学学报（哲学社会科学版），2023，55（6）：18-19.

［122］内蒙古自治区党委关于全方位建设模范自治区的决定［N］.内蒙古日报（汉），2023-07-10.

［123］内蒙古自治区编写组.鄂温克族社会历史调查［M］.呼和浩特：内蒙古人民出版社，1986.

［124］彭阳.符号与象征：剑河县苗族红绣、锡绣之图案研究［D］.贵州大学硕士学位论文，2016.

［125］彭兆荣.饮食人类学［M］.北京：北京大学出版社，2013.

［126］彭兆荣，肖坤冰.饮食人类学研究述评［J］.世界民族，2011（3）：48-56.

［127］彭兆荣.旅游人类学［M］.北京：民族出版社，2004.

［128］蒲清平，向往.AI虚拟男友青年女性玩家的择偶观：畸变、症因与矫治［J］.中国青年研究，2022（4）：86-93，77.

［129］潘安成，常玉凡，曹耀."父子有亲"文化背景下中国传统技艺传承性创新的动力机制研究［J］.南开管理评论，2023，26（3）：167-179.

［130］祁庆富.论非物质文化遗产保护中的传承及传承人［J］.西北民族研究，2006（3）：114-123，199.

［131］秦艳.赓续中华文脉弘扬北疆文化打响"亮丽内蒙古"品牌［N］.中国文化报，2023-11-10.

［132］荣丽军.现代蒙古高音四胡的形制结构研析［J］.产业与科技论坛，2017，16（13）：52-53.

［133］施爱东.16-20世纪的龙政治与中国形象［M］.北京：生活·读书·新知三联书店，2014.

［134］赛哈娜.内蒙古东部敖包祭祀的象征人类学研究——基于翁牛特旗村落

的田野调查［D］.兰州大学硕士学位论文，2020.

［135］苏雅.个体·传统与新视界——吴云龙四胡艺术研究［D］.内蒙古大学硕士学位论文，2013.

［136］孙海悦，李美霖，张博.锚定建设中华民族现代文明，以创新创造推动文化传承发展［N］.中国新闻出版广电报，2023-06-19.

［137］散普拉傲日布编著.蒙古族饮食文化［M］.辽宁：辽宁民族出版社，1997.

［138］萨仁格日勒.蒙古民俗文化探源［M］.北京：民族出版社，2018.

［139］尚会鹏.中原地区村落社会中青年择偶观及其变化——以西村为例［J］.青年研究，1997（9）：1-7.

［140］孙发成.当代语境下民间手工艺人的身份转向与群体特征［J］.民族艺术，2015，123（2）：61-65.

［141］孙绍骋.关于《内蒙古自治区党委关于全方位建设模范自治区的决定》的说明［N］.内蒙古日报（汉），2023-07-10.

［142］施慧.民间压岁钱习俗小考［J］.神州民俗（学术版），2010(1)：8-10+7.

［143］孙九霞.旅游流动影响下的民族交融与认同凝聚：对"多元一体格局"的再思考［J］.中央民族大学学报（哲学社会科学版），2020，47（5）：

［144］［美］史密斯.东道主与游客：旅游人类学研究［M］.张晓萍，等，译.昆明：云南大学出版社，2002.

［145］［俄］史禄国.北方通古斯的社会组织［M］.吴有刚，赵复兴，孟克译.呼和浩特：内蒙古人民出版社，1984.

［146］孙九霞.族群文化的移植："旅游者凝视"视角下的解读［J］.思想战线，2009，35（4）：37-42.

［147］图力古日，吴海霞."游动"的食物生产方式——13世纪的蒙古奶食品技术研究［J］.内蒙古师范大学学报（哲学社会科学版），2022，51（5）：48-54.

［148］图力古日，胡日查，吴海霞.《蒙古秘史》中的奶食文化研究［J］.古今农业，2021（4）：35-44.

［149］陶伟，蔡浩辉，高雨欣等.身体地理学视角下非物质文化遗产的传承与实践［J］.地理学报，2020，75（10）：2256-2268.

［150］唐智松.教育原理：研究与教学［M］.重庆：西南师范大学出版社，2017.

［151］谭洋洋，李纶，张瑞.哈尼族服饰图纹的象征及美学特点［J］.美与时代（上月），2006（6）：20-23.

［152］吴守贵.鄂温克族社会历史［M］.北京：民族出版社，2008.

［153］王平.经营、认同与互动：清真拉面经济的人类学解读［J］.青海民族研究，2014，25（1）：46-50.

［154］王垚磊.科尔沁蒙古四胡制作工艺及音乐研究——主要以民间艺人伊丹扎布为例［D］.内蒙古大学硕士学位论文，2012.

［155］汪丽珍.狩猎鄂温克民族文化和驯鹿学释［C］.鄂温克研究第三集，1997：151.

［156］王彦龙.多民族杂居地带族际通婚与铸牢中华民族共同体意识研究——基于祁连蒙古族的田野调查［J］.青海社会科学，2024（1）：68-81.

［157］王孔敬，佟宝山.论古代蒙古族的生态环境保护［J］.贵州民族研究，2006（1）：95-98.

［158］吴文浩，王永桂.文化资本视角下民族传统手工技艺生产性保护［J］.贵州民族研究，2015，36（7）：37-40.

［159］吴兴帜，罗沁仪.手工艺遗产保护传承研究：回顾与思考［J］.云南师范大学学报（哲学社会科学版），2015，47（1）：56-62.

［160］吴子成.消费之从众心理与攀比心理比较［J］.中学政治教学参考，2007（10）：50-52.

［161］魏彤儒，张刚.中国现代社会“城市剩女”问题的思考［J］.中国青年研究，2010（5）：22-24.

［162］魏雷，朱竑.地理学视角下非物质文化遗产的跨地方实践［J］.地理学报，2022，77（2）：492-504.

［163］魏雷，钱俊希，朱竑.旅游发展语境中的地方性生产——以泸沽湖为例［J］.华南师范大学学报（社会科学版），2015（2）：99-109，190-191.

［164］魏雷，孙九霞.少数民族旅游社区现代性的本土化实践——以泸沽湖大落水村为例［J］.旅游学刊，2017，32（10）：47-56.

［165］吴鲁平.农村青年择偶观从传统向现代的位移［J］.中国青年研究，2000（3）：12-13.

［166］王孔敬，佟宝山.论古代蒙古族的生态环境保护［J］.贵州民族研究，2006（1）：95-98.

［167］巫达.从诓鬼的烧肉到宴客的烧烤——彝族饮食文化的同质化和异质化过程的人类学阐释［J］.西北民族研究，2017（1）：56，148-155.

［168］习近平.高举中国特色社会主义伟大旗帜为全面建设社会主义现代化国家而团结奋斗［N］.人民日报，2022-10-26（001）.

［169］习近平在参加内蒙古代表团审议时强调完整准确全面贯彻新发展理念铸牢中华民族共同体意识［J］.实践（党的教育版），2021（3）：18-19.

［170］习近平.论坚持人民当家做主［M］.北京：中央文献出版社，2021.

［171］习近平.习近平谈治国理政（第一卷）［M］.北京：外文出版社，2018.

［172］习近平.习近平谈治国理政（第四卷）［M］.北京：外文出版社，2022.

［173］习近平.在文化传承发展座谈会上的讲话［J］.奋斗，2023（17）：4-11.

［174］夏启平."压岁言"胜过"压岁钱"［J］.金融博览，2009（3）：75.

［175］谢玮.呼伦贝尔草原上的"致富经"："太阳姑娘"诞生记［J］.中国经济周刊，2019（19）：102-103.

［176］徐新建，王明珂.饮食文化与族群边界：关于饮食人类学的对话［J］.广西民族学院学报，2005，27（6）：83-89.

［177］徐海鑫，项志杰.旅游对民族杂居地区经济发展与民族交往交流交融的影响研究——以四川省阿坝藏族羌族自治州为例［J］.青海社会科学，2018（3）：42-46.

［178］谢元媛.生态移民政策与地方政府实践——以敖鲁古雅鄂温克生态移民为例［M］.北京：北京大学出版社，2010.

［179］亚力坤·吐松尼牙孜.和田维吾尔族民居象征意义探析——非物质文化遗产保护的视角［J］.西北民族研究，2017（4）：141-148.

［180］杨昌国，李宁阳.历史·记忆·情感·符号——西江苗族服饰文化的文化人类学阐释［J］.原生态民族文化学刊，2020，12（2）：149-156.

［181］杨婷婷.身体认知体系下的洁净观——回族"逊奈"仪式的象征人类学研究［J］.昌吉学院学报，2012（2）：8-11.

［182］杨鹍飞.民族互嵌型社区：涵义、分类与研究展望［J］.广西民族研究，2014（5）：17-24.

［183］姚远.中国传统龙纹的图像与符号学意义研究［D］.南京师范大学硕士学位论文，2006.

［184］伊西旺姆.象征与符号：拉卜楞寺院门文化研究［D］.兰州大学硕士学位论文，2017.

［185］余舒.象征人类学视野下的彝族丧葬仪式研究——以威宁县浆子林村为例［J］.西南民族大学学报（人文社会科学版），2011，32（3）：42-47.

［186］闫蒙.传承视角下东蒙四胡的发展历史［J］.戏剧之家，2017（8）：66-67.

［187］严庆."互嵌"的机理与路径［J］.民族论坛，2015（11）：10-13.

［188］云丹.蒙古四胡制作工艺研究［D］.内蒙古师范大学硕士学位论文，2011.

［189］于千涵.非遗绒花工艺的发展与传承［J］.美术教育研究，2021（1）：49–50.

［190］玉荣.当代城镇蒙古族女性婚姻家庭观的社会学探析——以乌拉特中旗海流图镇为例［D］.内蒙古师范大学硕士学位论文，2008.

［191］杨永年.三代悬殊"压岁钱"［J］.当代江西，2007（4）：58–59.

［192］姚立迎.新中国十七年（1949–1966）婚姻观念的嬗变［J］.首都师范大学学报（社会科学版），2009（5）：10–14.

［193］阎云翔.礼物的流动［M］.上海：上海人民出版社，2000.

［194］阎云翔.汉堡包和社会空间：北京的麦当劳消费［A］//戴慧思，卢汉龙.中国城市的消费革命［M］.上海：上海社会科学院出版社，2003，231–259.

［195］杨明月，许建英.民宿促进民族地区交往交流交融的价值与路径［J］.旅游学刊，2022，37（12）：1002–1006.

［196］扎·森德玛.哈穆尼堪鄂温克研究［M］.呼和浩特：内蒙古大学出版社，2011：257–258，264–267.

［197］张展鸿.饮食人类学［A］//招子明，陈刚.人类学［M］.北京：中国人民大学出版社，2008，240–254.

［198］中央党史和文献研究院编.全面建成小康社会重要文献选编（下）［M］.北京：人民出版社，2022.

［199］瞿天凤.石林彝族撒尼人刺绣象征文化研究［D］.云南大学博士学位论文，2011.

［200］钟璞.永顺土司建筑艺术王权独尊和国家认同的文化象征与隐喻［J］.怀化学院学报，2023，42（6）：14–19.

［201］周传斌，马文奎.回族砖雕中凤凰图案的宗教意蕴——基于临夏市伊斯兰教拱北建筑的象征人类学解读［J］.北方民族大学学报（哲学社会科学版），2014（3）：101–107.

［202］周莹.意义、想象与建构——当代中国展演类西江苗族服饰设计的人类学观察［D］.中央民族大学博士学位论文，2012.

［203］赵月梅.我国蒙古族奶食文化的起源与早期发展——以内蒙古地区为例［J］.黑龙江民族丛刊，2021（2）：104–109.

［204］张茜.历史学和人类学视野下的中国奶食文化［J］.美食研究，2017，34（3）：10–15.

［205］周亚成 . 哈萨克族的食奶习俗及其文化［J］. 民俗研究，1995（2）：28-33.

［206］周大鸣 . 人类学概论［M］. 北京：中国人民大学出版社，2020.

［207］郑思萍 . "压岁钱"的文化内涵与翻译［J］. 宜宾学院学报，2014，14（8）：91-92.

［208］郑宇，杜朝光 . 哈尼族长街宴饮食的人类学阐释——以云南省元阳县哈播村为例［J］. 西南边疆民族研究，2014（2）：13-19.

［209］翟梓琪，陈奕冰 . 压岁钱变"压力钱"会计人怎么看［N］. 中国会计报，2024-02-23.

［210］周子元 . 让春节红包回归"本意"，这届年轻人有新招［N］. 工人日报，2024-03-01.

［211］祝庆芳 . "压岁钱"与"压岁书"［J］. 农村百事通，2000（2）：43.

［212］张夫也 . 对中国手工艺未来走向的思考［J］. 美术观察，2022（11）：5-7.

［213］赵喜顺 . 农村的社会变迁与婚姻流动［J］. 西南民族学院学报（哲学社会科学版），1992（5）：64-68.

［214］张茜 . 历史学和人类学视野下的中国奶食文化［J］. 美食研究，2017（3）：10-15.

［215］钟迪茜，卢颖，罗秋菊 . 从陶瓷生产中心到文化创意旅游地：知识视角下的景德镇传统手工艺当代复兴与创新［J/OL］. 旅游学刊，1-23［2024-11-03］.https：//doi.org/10.19765/j.cnki.1002-5006.2023.00.032.

［216］张旭东 . 民营企业参与扶贫攻坚的困境及对策——以唯品会贵州 Z 县"非遗"工艺扶贫项目为例［J］. 决策与信息，2019（12）：27-37.

［217］赵雪妮 . 阿巴嘎黑马与乌珠穆沁白马鲜马奶发酵前后品质特性比较分析［D］. 内蒙古农业大学硕士学位论文，2021.

［218］邹玺 . 生态民族学视域下张家界山区传统稻作文化研究［J］. 黑龙江粮食，2023（9）：119-121.

［219］宗晓莲 . 西方旅游人类学研究述评［J］. 民族研究，2001（3）：85-94，110.

［220］赵红梅 . 论纳西东巴文化的历史际遇——旅游情境下的"文化自觉"反思［J］. 旅游学刊，2010，25（7）：12-18.

［221］周大鸣 . 人类学与民族旅游：中国的实践［J］. 旅游学刊，2014，29（2）：103-109.

［222］张晓萍 . 旅游开发中的文化价值——从经济人类学的角度看文化商品化

［J］.民族艺术研究，2006（5）：34-39.

［223］张英，于沛鑫.西部地区旅游发展与铸牢中华民族共同体意识［J］.中南民族大学学报（人文社会科学版），2022，42（2）：37-44，182-183.

［224］钟洁，石洪.文化旅游促进各民族交往交流交融的价值与路径［J］.旅游学刊，2022，37（12）：9-10.

［225］［英］詹姆斯·苏兹曼.原始富足：布须曼人的生活之道［M］.赵宏译.北京：中译出版社，2024.